漫畫 comics

昭和史 3

コミック昭和史

水木しげる

水木茂

酒呑童子──訳

Mizuki Shigeru
Showa: A History of Japan

1944 ──→ 1953

Mizuki Shigeru
Showa: A History of Japan

目次 Contents

●太平洋戰爭後半

第1章 英帕爾的悲劇 …… 13
第2章 絕望的敗走 …… 35
第3章 遇上塗壁 …… 51
第4章 中部太平洋戰事 …… 63
第5章 中國戰線和馬里亞納海戰 …… 85
第6章 敵軍登陸前的日子 …… 115
第7章 麥克阿瑟歸來 …… 129
第8章 國民生活陷入困境 …… 145
第9章 雷伊泰灣海戰 …… 153
第10章 敵軍登陸，中隊長自殺 …… 173
第11章 最後的死鬥 …… 207
第12章 幽靈部隊現身 …… 229
第13章 槍斃 …… 249

コミック昭和史 3

從終戰至韓戰

第1章 東條還在逞強……277
第2章 森之人……293
第3章 波茨坦宣言……313
第4章 終戰……333
第5章 終戰前後的我們……351
第6章 人間天皇與復員……369
第7章 新憲法與戰後改革……389
第8章 飢餓與混亂與活力……401
第9章 與空腹作戰……415
第10章 美蘇冷戰構造成形……439
第11章 不幹魚販，改當學生……455
第12章 謎案接連登場……467
第13章 當上紙芝居畫家……481
第14章 復興的徵兆……501
第15章 朝鮮半島開火……521
第16章 紙芝居的凋零……531
主要參考文獻……540

——塞班島
的玉碎——
犧牲了許多老百姓，
島上的慘狀實在
不忍卒睹……
而這也成為東條內閣
下台的原因之一——
昭和史
太平洋戰爭後半

45
USAF
101
——東京大空襲——
B29從塞班島基地
起飛，發動了數十次
東京空襲——
當炸彈從家人頭上
凌空而降，遠比戰場
上的恐怖還來得更加
煎熬痛苦……

47
KANSAS
E-14

——特 攻——
空中有神風特攻隊，
海裡則有人間魚雷
回天直衝敵艦——
將人類化為兵器，
這是唯有日本才想得
出的駭人創意……

——敵軍登陸——
在糧食不足的南方
島嶼——
兵力是我軍六倍的
敵人開始登陸……
日本軍人在此仍擅於
以肉體作為兵器，
高呼著玉碎——
ふ

は
は
はは

戰爭終於落幕
究竟該怎麼
向戰死者解釋呢……

第1章 英帕爾的悲劇

從昭和十九年（一九四四）初
至秋天為止、發生於緬甸的
英帕爾作戰，是太平洋戰爭中
規模最大的陸戰，
戰死三萬人、傷病四萬人，
死傷十分慘重，
為此應該特別記上一筆。

不僅如此，
這場戰役也將
「太平洋戰爭」
亦即當時稱為
「大東亞戰爭」
的矛盾
集於一身，
就這點來說
也該記上
一筆——

首先，作為藉口的「殖民地解放戰爭」進展得相當順利，將英國勢力一舉趕出緬甸、印度，實現了緬甸獨立、印度獨立。

但事實上，這不過是近代日本進軍亞洲這個巨大野心的一環罷了。再者，就軍事方面來說，
不僅輕視了補給問題，高層指揮官為了成就個人功名，不惜犧牲大批將兵的性命，這種舊日軍獨有的缺陷也比比皆是。

昭和十八年（一九四三）十一月五、六日，於東京召開了「大東亞會議」，其背景出自以下局勢——

同年八月一日，緬甸獨立，並對英美宣戰；同年十月十四日，菲律賓獨立，並與日本結為同盟；同年十月二十三日，日本承認了自由印度臨時政府；
同年十月三十日，中國※汪兆銘政府亦與日本同盟……畫了好一個大餅！

不，就算只是謊言，當時的日本國民仍自居為中國、菲律賓、緬甸、印度的盟主，感覺自然也不會差到哪裡去。
而「大東亞會議」便是這麼一場盛大表演。

※「汪兆銘」（一八八三～一九四四）……號精衛。中國政治家。為國民黨左派的領導人物之一。中日戰爭時，主張「和平救國」，昭和十五年（一九四〇）與日本聯手，建立南京國民政府。

不過，在東京齊聚一堂
的「大東亞」諸國
最高領袖們，未必各個
對「盟主」日本忠心
耿耿——
對「盟主」
日本的蠻橫行徑
深感不滿者，
自然大有人在。
而在此之中，
對日本最抱持好感的，
就是自由印度
臨時政府領袖
※錢德拉·鮑斯。

為了讓印度獨立，
鮑斯主張積極出擊，
因此在翌年
昭和十九年
（一九四四）
一月七日——

日本
決定採取
英帕爾
作戰。

但在
抵達英帕爾之前，
路上遍佈山谷、
河流、沼澤，
熱帶獨有的瘧疾、
霍亂也四處蔓延，
即便在當地也人人
避之唯恐不及。

※「錢德拉·鮑斯」（一八九七～一九四五）……印度政治家。參與印度革命運動。太平洋戰爭爆發後倒向日本，於一九四三年十月二十一日自由印度臨時政府，並協助日軍的英帕爾作戰。

牟田口他都拍胸脯保證沒問題了，就讓他去幹吧。
作戰負責人是第十五軍司令官※牟田口廉也中將。

中國蘆溝橋事變時，我在當地擔任連隊長。
這個嘛，大東亞戰爭也算是我的責任，這場戰爭該由我來收尾。

真的沒問題嗎？
我的信念一向是「死中求活」。

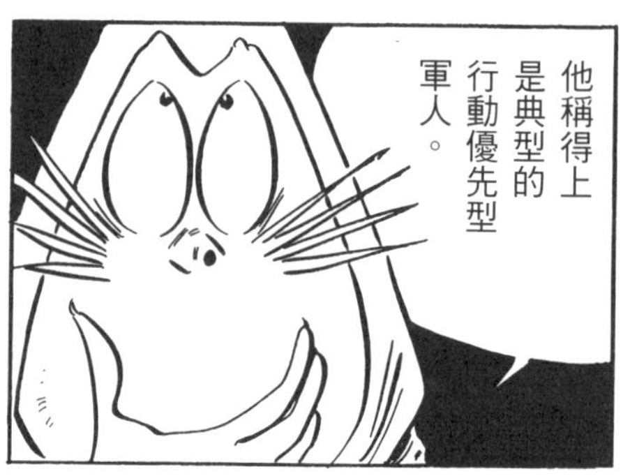
他稱得上是典型的行動優先型軍人。

雖然作戰的關鍵在於補給……
他卻決定依賴當地人、馬、牛、水牛和大象。

※「牟田口廉也」（一八八八～一九六六）……陸軍中將。曾參與蘆溝橋事變、新加坡攻略戰、馬來亞戰役等。在英帕爾作戰中，以軍司令官的身份指揮作戰，卻在指揮失誤之下招致慘敗。

然而日軍卻無法
適應在叢林地帶
操縱動物。
此時，制空權
已完全掌握在
英美軍的
手中了。

*轟——

補給、制空權、
地形，無視於
所有不利條件，
作戰就此開始。

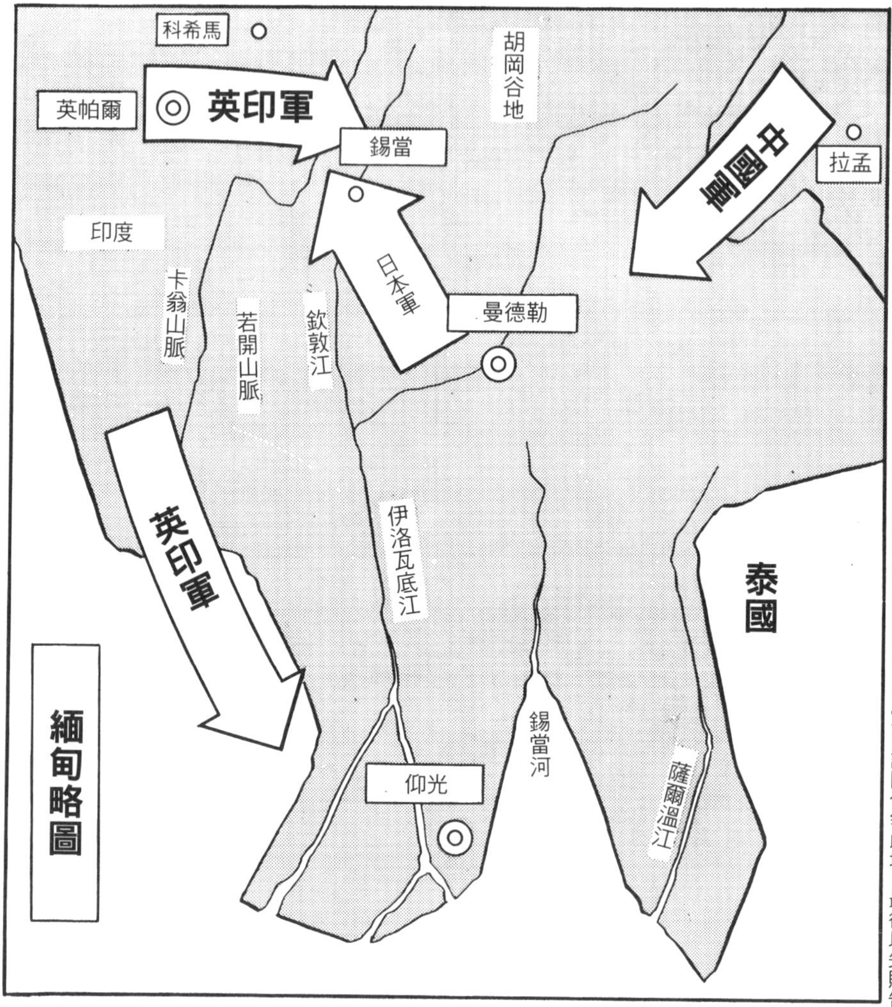

緬甸略圖

科希馬
英帕爾
英印軍
錫當
胡岡谷地
中國軍
拉孟
印度
日本軍
曼德勒
卡翁山脈
若開山脈
欽敦江
伊洛瓦底江
英印軍
泰國
錫當河
仰光
薩爾溫江

※「英帕爾」……位於印度東北端、與緬甸接壤的城市。第二次世界大戰中，日軍曾試圖佔領此地，最後以失敗告終。

我等第十五軍將分為三方進擊，
計劃在短短二十天內突襲※英帕爾。

三月八日，
柳田元三中將率領的
第三十三師團
從南方出兵。
ザッ ザッ ザッ ザッ
*噠、噠、噠、噠

三月十五日，
山內正文中將率領的
第十五師團、
佐藤幸德中將率領的
第三十一師團，
兩軍也開始行動。
ザッ ザッ ザッ ザッ
*砰——隆

作戰一開始
進行得十分順利，
第十五師團將英軍
蒙巴頓中將逼入困境，
而第三十一師團
也佔領了英帕爾後方
的科希馬。

佔領科希馬的是宮崎繁三郎少將。
他奪走了敵軍糧食，打起仗來十分高明，在日軍中被譽為無敵名將。
原本以為能就此壓制英帕爾，但從四月中開始，戰況就顯得越來越吃力。

非但無法衝破英軍的堅固陣勢，

補給路線也遭切斷，更進入了雨季……

彈藥匱乏、糧食不足，疾病也開始蔓延。

這場作戰本來就毫無勝算可言。

都怪牟田口軍司令官定下如此草率的作戰。

那傢伙該不會是為了立下大功才出兵的吧？
噓！

尤其柳田師團長、山內師團長都是理性冷靜型的軍人，才會覺得這場作戰實在行不通。
牟田口軍司令官雖然一一發下命令，卻因為上述狀況而動彈不得。

甚至出現了「牟田口太無能了」的聲浪。
因為命令始終窒礙難行，作風強硬的牟田口終於以違反軍令為由，向上頭要求將柳田、山內兩位中將解任，

並打算重啟作戰。
三位師團長中，只有佐藤一人免於解任。不過在重啟作戰之後，他卻擅自下令撤退，最後還是遭到解任。

到了七月四日，終於下令全軍撤退。

＊噠噠噠噠

不僅全陸軍都嚇了一跳，就連在緬甸的海軍也大吃一驚。
ダダダダ

哥哥宗平當時在仰光擔任海軍高角砲隊長（大尉），被隆加夜戰的田中賴三中將叫了過去，

仰光的海軍將立刻撤退。

因為命令下得太慢，英印軍已經入侵了，
不管走海路還是陸路，要抵達泰國國境都難如登天。

無論如何，敵軍都已經逼到面前了，立刻展開行動。
遵命！

你們打算怎麼辦？
只能聽天由命了，我要坐船。

坐船太危險了，我要走陸路。
我也是。
怎麼，只有我們這一隊要坐船呀。

*隆隆隆隆隆

宗平沒等到入夜就出航了，一行共計六艘船。

ドドドドドド

＊嗡——

英國空軍戰機隨即來襲。

前方敵機！

準備射擊！

＊軋—

開砲！

＊劈啪劈啪劈啪

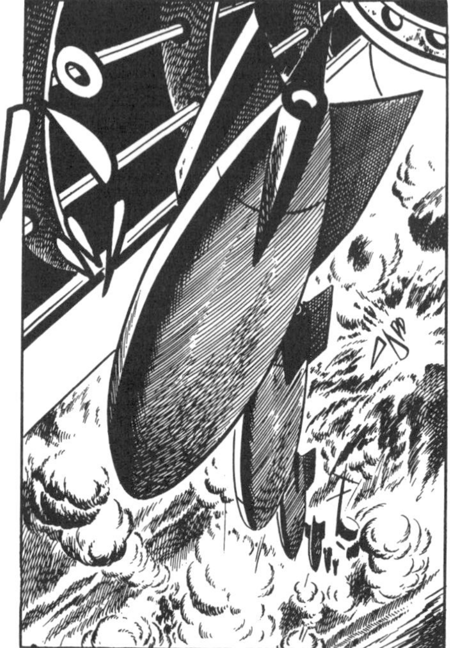
＊磅、磅

＊轟轟隆

＊砰隆、磅

＊砰砰砰砰砰

＊劈啪劈啪——

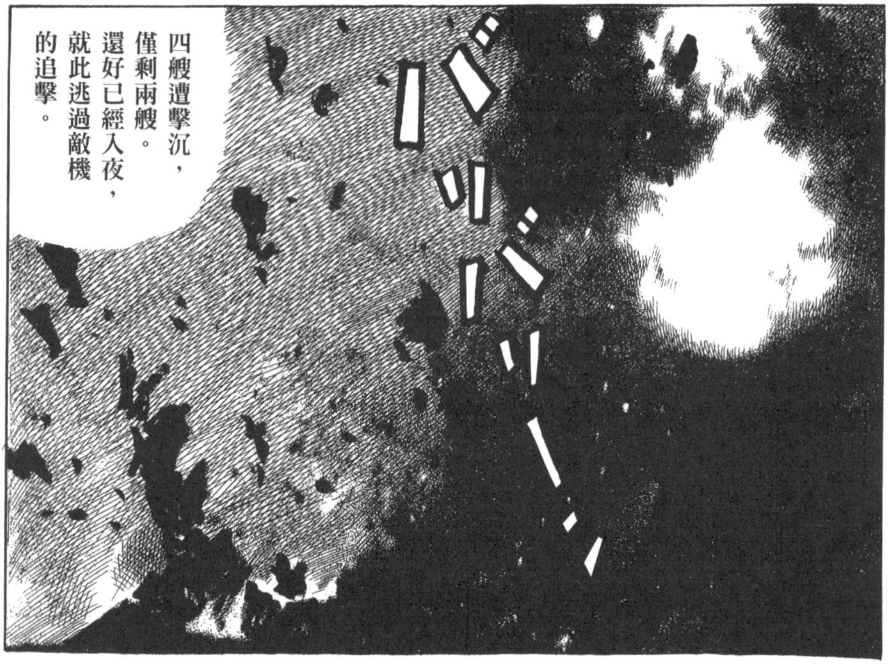

四艘遭擊沉，
僅剩兩艘。
還好已經入夜，
就此逃過敵機
的追擊。

快點！
快點！

仰光
好像已經
被敵軍
佔領了。

哥哥的部隊原本打算穿越緬甸，朝泰國國境前進。

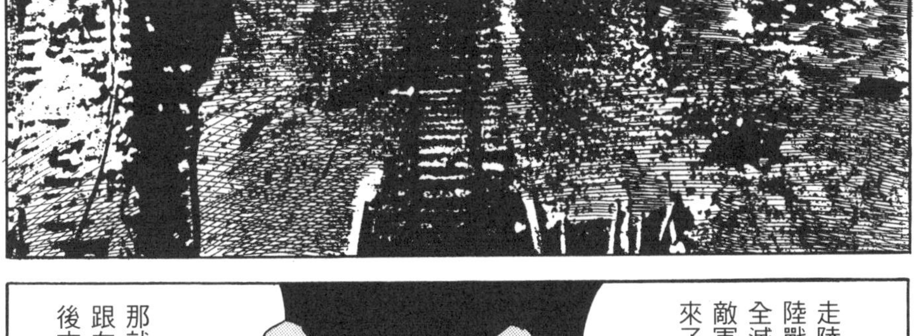

走陸路的陸戰隊全滅……敵軍已經來了。
那就只好跟在陸軍後方撤退了。

＊磅磅磅磅磅
最後方必須一邊交戰、一邊撤退……
＊頭暈腦脹
怎麼了？
這是阿米巴痢疾，
再加上營養失調。
＊呼哈——
哥哥宗平曾在新幾內亞以高角砲擊墜飛機，殺害了美軍飛行員，
因此日後將以※乙級戰犯的身份被關進巢鴨監獄。

※「乙級戰犯」……第二次世界大戰後，在遠東國際軍事法庭（東京審判）所判定的戰犯中，將犯有「戰爭罪行」者訂為乙級。另外兩類分別為甲級（破壞和平、發動侵略戰爭）、丙級（違反人道罪行）。

跟海軍一樣，
陸軍的撤退戰
也十分悲慘，
身上不僅
毫無糧食，

染病和重傷
的士兵們
也一一倒地，
就這麼嚥了氣。

被稱為
「靖國街道」
的逃亡路線上，
遍佈著士兵
的屍體，
撤退
一直持續到
十月才結束。

三師團的
殘餘兵力
都剩下不到
十分之一，
士兵
傷亡人數
足足是「餓島」
瓜達康納爾島
的四倍之多。

所有師團長
都在作戰中
遭軍司令官解任，
這在日本陸軍史上
可說是毫無前例，
而這場作戰打從一開始
就無勝算可言。

第2章 絶望的敗走

我當時人在前線的※分哨，
卻因遭受敵軍夜襲而
跳下斷崖，獨自一人得救。

?

※「分哨」……陸軍在前線布陣時，會以分隊為單位，一邊偵察敵情，一邊在此衛戍。

啊，前方
有火炬
過來了。

＊咻嗚—
ピュー

前有強敵，
後有追兵？
旁邊則是
斷崖
絕壁……

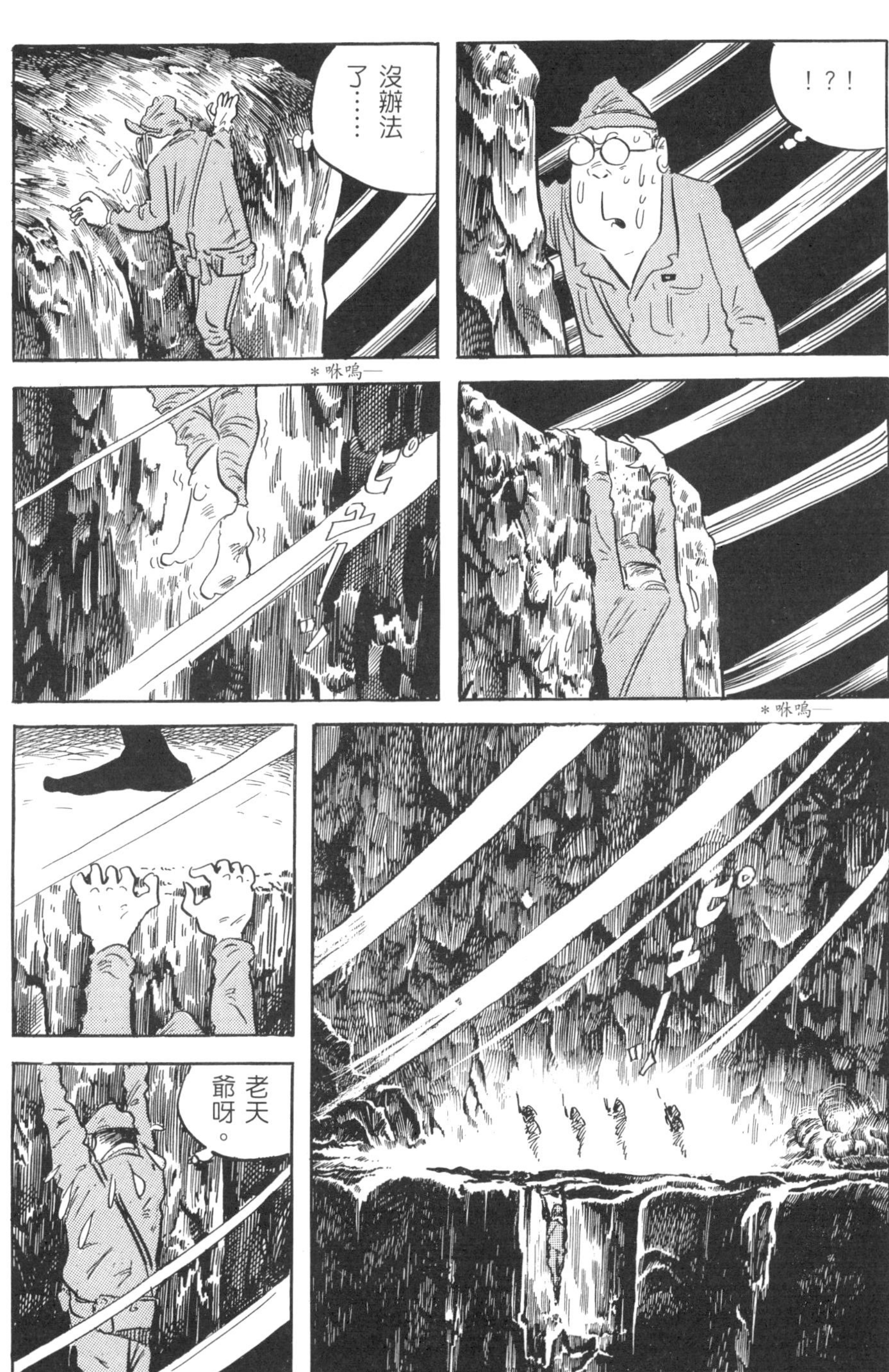

！？！
沒辦法了……
＊咻嗚—
ピュー
＊咻嗚—
ピュー
老天爺呀。

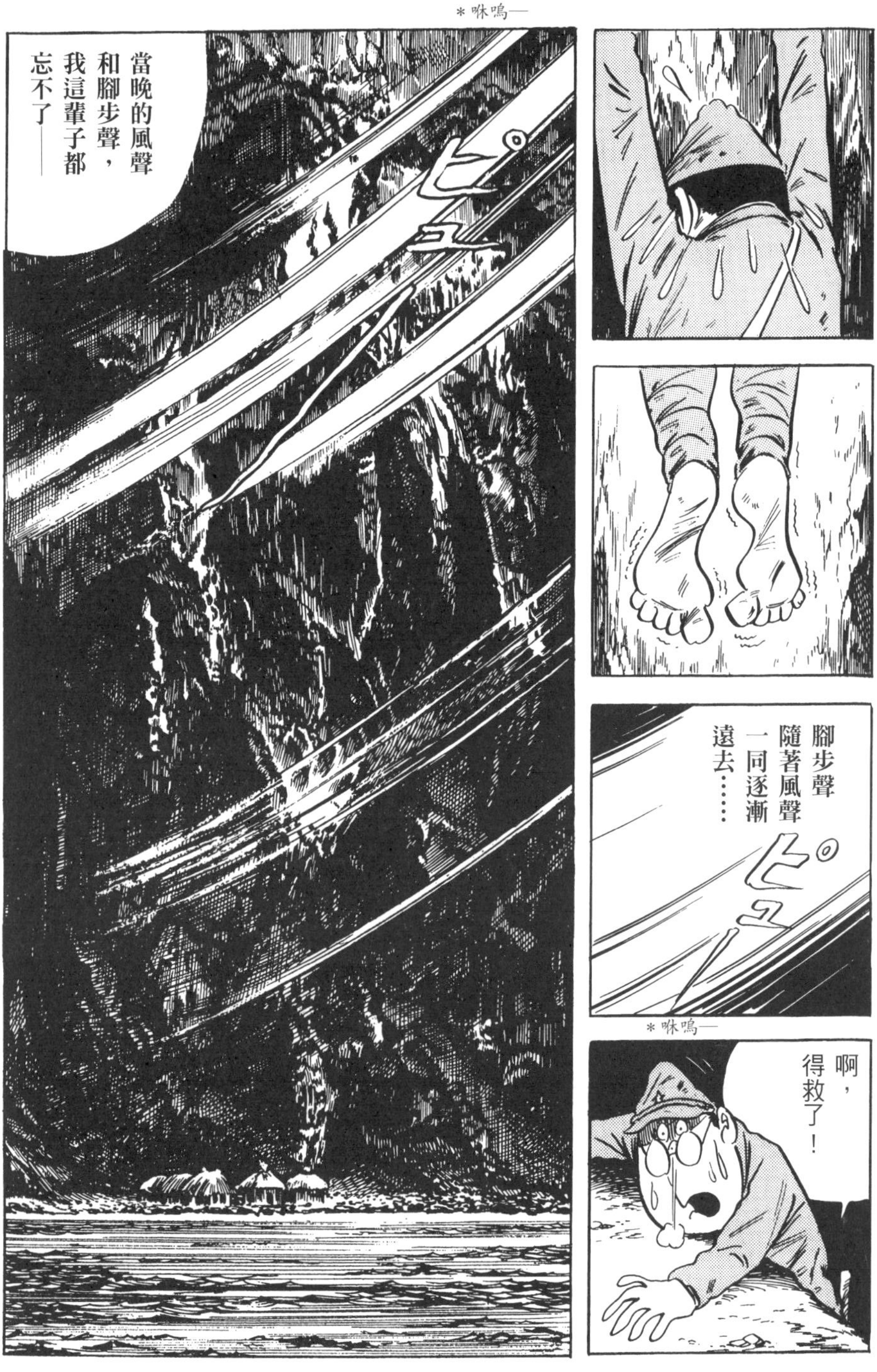

腳步聲隨著風聲一同逐漸遠去……
ピュー

＊咻嗚—

啊，得救了！

＊咻嗚—

當晚的風聲和腳步聲，我這輩子都忘不了——

這一天好不容易得救，我便安下心來
睡覺。隔天站上山丘眺望，雖然看來
很危險，但也只剩海岸這條路可走了。
換言之，根本沒別條路了——

直到昨天為止，
這一帶都還是友軍
地盤，如今已落入
敵軍手中。只要被
抓到，就代表著
「死亡」。

日本，要走山路，還是走海路？

噫，噫噫！
不關你的事。

日本，要走海路，還是走山路？

＊嗚哇—

要走山路——！

那傢伙一定不懷好意。

＊撲通

那就反其道而行吧。

在游經下個村落時，不知為何的，所有原住民都手持竹槍……俗話說的好：「君子不近險地。」因此我決定不要輕易靠近。

但這麼做反而鑄下了大錯（我在兩、三個小時後才發現）。如此一來，我就得一直這麼游下去了。我心想，乾脆直接游回中隊算了。不過仔細一想，在抵達中隊之前，就會先遇到河裡的大量鱷魚（海裡也有鱷魚）。跟動物園裡的鱷魚不同，真正的鱷魚速度非常快。

說不定要完蛋了……

ふー

*呼—

還好水面上漂著五、六顆椰子，我便把頭冒出水面、跟椰子差不多高，

但仍然瞞不過原住民的雙眼。

與我游泳的速度相同，手持竹槍的原住民始終跟在後頭。

如此直到傍晚，搞得我一整天都在游泳。

＊嘩啦—
到了傍晚，我游近海岸，試圖站起身來，但不知怎麼著我就是站不起來。
＊嘩啦—
＊嘩啦—
應該是累壞了。
在我跨出步伐的同時……
＊轟—
眼前冒起了火燄！

他們熄去了火炬，悄悄躲在椰子樹的陰影之中。當二、三十人一起將熄滅的火炬丟向同一個地方時，就會頓時化為火球，將這一帶照得無所遁形。他們十分熟知這種技巧。

啊—

一名原住民緊抓住我，沒想到自己居然還留有力氣將他大力甩開。

＊嗚哇—嗚哇—

＊嘩啦、嘩啦

＊騷動

がや
がや
がや
海岸底下都是珊瑚礁，把我的下半身割得遍體鱗傷。
錯就錯在，我在夜裡的大海裡游得太安心了。

啊，是獨木舟！

要是從獨木舟上一刺，我肯定小命不保，趕快逃吧。

原住民們乘著獨木舟緊追在後。

＊嘰哩呱啦

ガヤ
ガヤ
ガヤ
ガヤ

糟了，夜光蟲也跟來了。

他們為何會想把我抓起來？我實在難以理解。不過他們出動如此人馬窮追不捨，應該也不是為了救我吧。

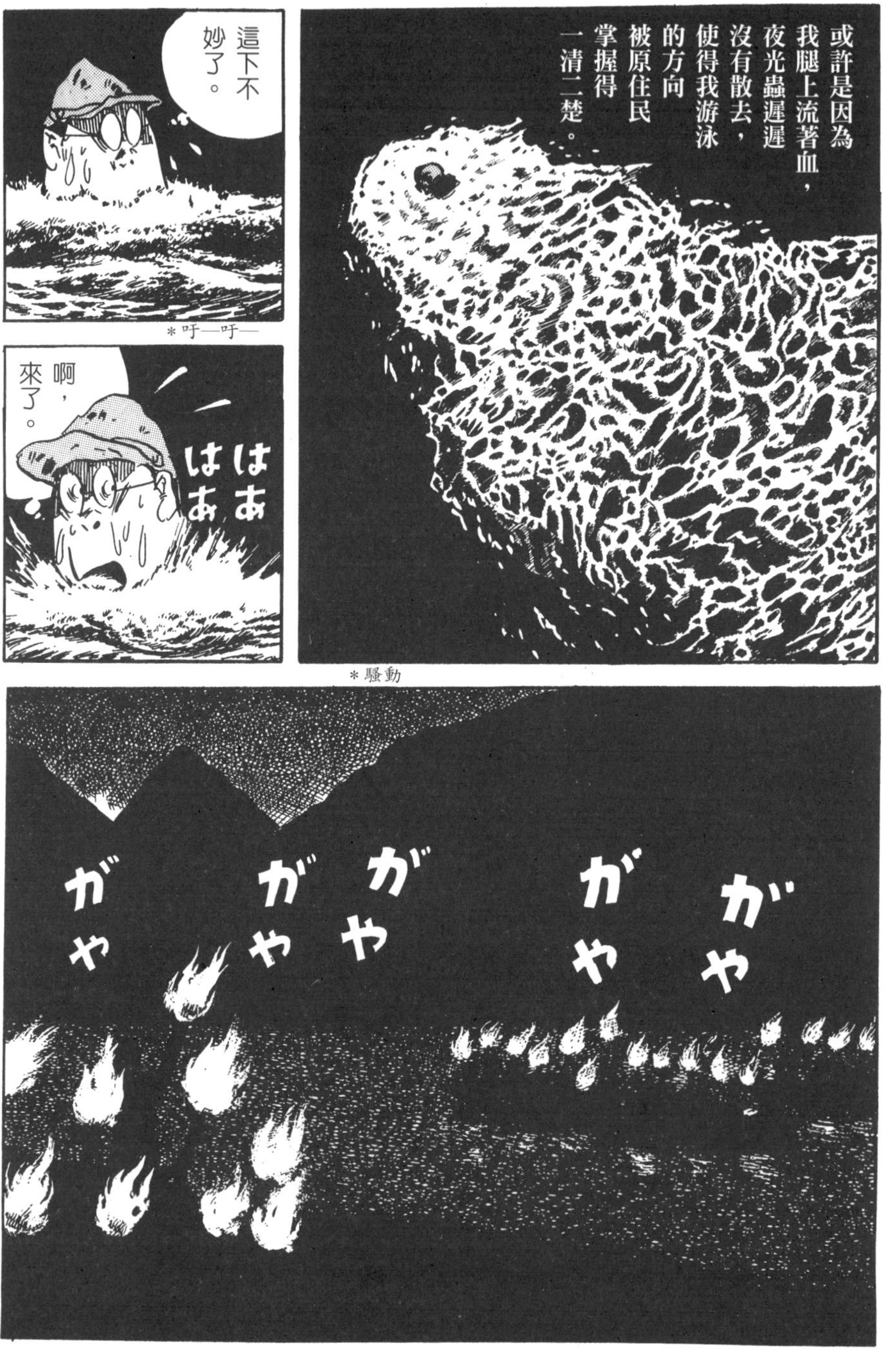

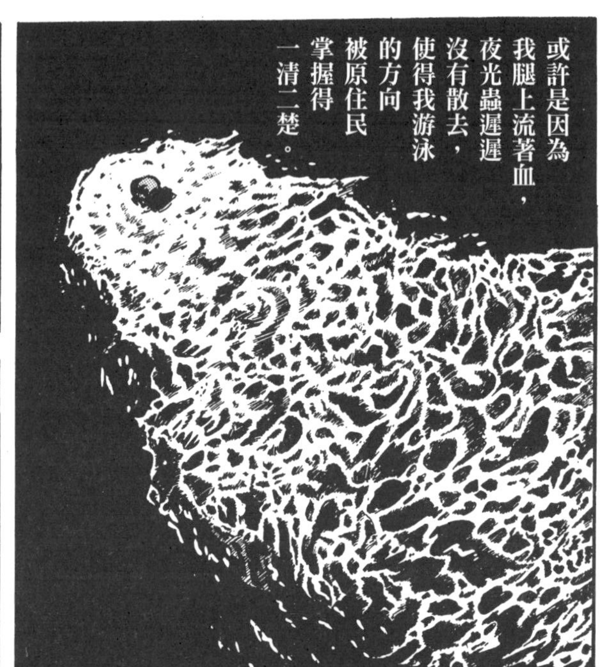
或許是因為我腿上流著血，夜光蟲遲遲沒有散去，使得我游泳的方向被原住民掌握得一清二楚。

這下不妙了。

＊吁—吁—

啊，來了。
はあはあ

＊騷動

がやがや
がやがや
がや
がやがや

沒救了。
與其淪為南太平洋的藻屑⋯⋯

不如游向敵人那邊，躲在岸邊那棵大樹之下。

＊嘰哩呱啦

ガヤガヤガヤ

幸運的是，那棵大樹是空心的。

如果那棵大樹不是空心的，我的命運應該就大不相同了吧。逃出近三十公尺的空心大樹後，我終於得以喘息。

*吁—吁—吁—
はあ
はあ
はあ

*呼、呼、呼
ふう
ふう
ふう

*沙沙、沙沙
ガサ
ガサ
ガサ

*呼—呼—呼—
呃，
終於來了
是吧！

*呼哈—呼哈—
原來
在這裡
埋伏著。
はあ
ふー
はあ
ふー

*呼哈—呼哈—
*吁—吁—吁—
はあ
はあ
はあ
はあ
ふー
はあ
ふー

*吁—吁—
對峙了
二十分鐘
之後，
我實在
累壞了。
はあ
はあ

*沙沙沙沙沙沙—
這個
混帳！
ガサガサガサガサー

第3章 遇上塗壁

＊嚄嚄嚄—　＊嗚喔

うほっ

什麼，原來是山豬呀！

總之，不快點逃出敵人的掌握就不妙了，於是我在叢林裡一路往前衝，但不知為何的，卻突然變得寸步難行。

這實在太讓我意外了，
我在黑暗中試著伸手一推，
指尖卻傳來有如焦油
稍微融化一般的觸感。
一推，手指就陷了進去。
我深感不可思議，
試著碰觸左右兩方，
卻彷彿在面前豎起了
一面看不見的「塗壁」，
怎麼樣也無法前進。
實在太莫名其妙了，
我只好坐倒在地。

怎麼回事，莫名其妙。累死了，睡覺吧。
不過還真奇怪……

再摸一次看看。
奇怪，什麼都沒有。

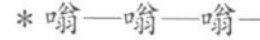
＊嗡—嗡—嗡—

我該不會是遇上狐狸作祟了吧……累死了，睡吧。

嗚哇，叢林裡蚊子好多！

＊嗚哇—

うわーっ

什麼，已經天亮了。
我還睡得真甜呢——

搞什麼，我再多走一步的話，就墜落斷崖了。
如果沒遇上「塗壁」的話，我就沒命了。此時我的腳重得像鉛塊一樣。

喉嚨好乾…

水，
給我水。

腳步自動朝著水流聲而去。

＊咕嚕、咕嚕

終於到了，
有水了！

唷，有蝦子。

*嘩啦啦

光是抓這隻蝦子，就花了兩、三個小時。

*嚼嚼嚼
吃下肚才發現，這蝦只有外殼和水，沒什麼肉。

即便如此，還是在吃了東西的滿足感之下，重新振作。

對了，只要溯流而上，
一定能通往中隊的炊事場。

*呱呱、呱呱、呱呱
受了奇妙的妄想所蠱惑，
我便朝上游前進。

*撲通
分不出浮萍和地面的差別，

*呼—
一下落水、一下爬起，真辛苦。
即使是南方，夜裡仍舊很寒冷。
*顫抖

不過……我仍舊沒放棄。

沒多久，
就來到了
彷彿世外桃源
的地方。
ザクザクザク
*嘰喳嘰喳

不太
對勁。
這裡感覺
會跑出金剛
之類的。

這裡
究竟是
什麼地方？

不久後，
原住民
開始在
河川對岸
跳起舞來。
*淙淙

看著看著，
不禁湧上
睡意。
*砰咚

一睡著，
頭就
撞到。

早上起來一看，
滿頭都是包。

往河川對岸
看去，一個
人都沒有。
昨晚的舞蹈
簡直就像
夢境。

實在
太奇怪
了。

好像
沒有人
在。

啊，
爐灶裡的
灰燼還是
熱的。

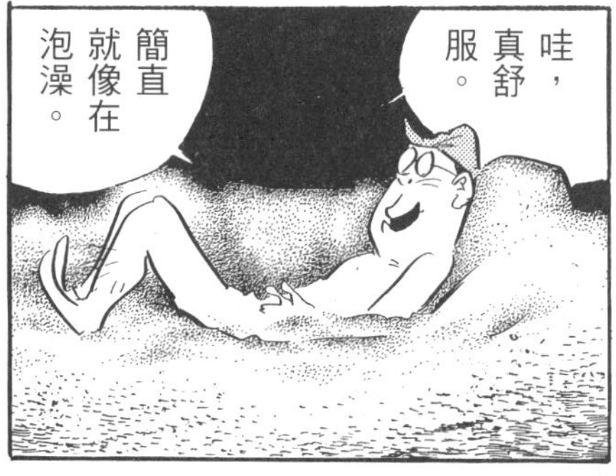
哇，
真舒
服。
簡直
就像在
泡澡。

*鼾——鼾——

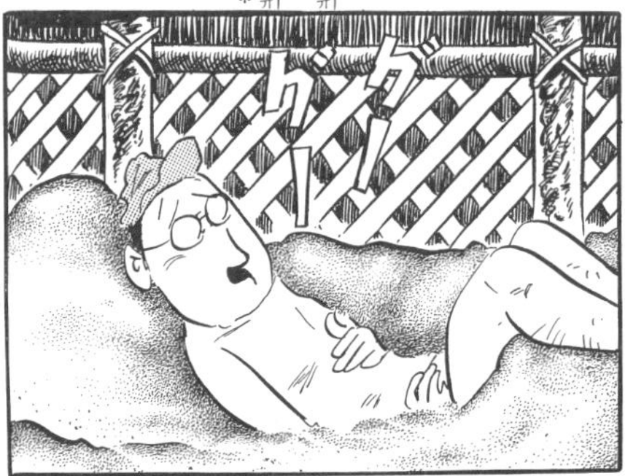

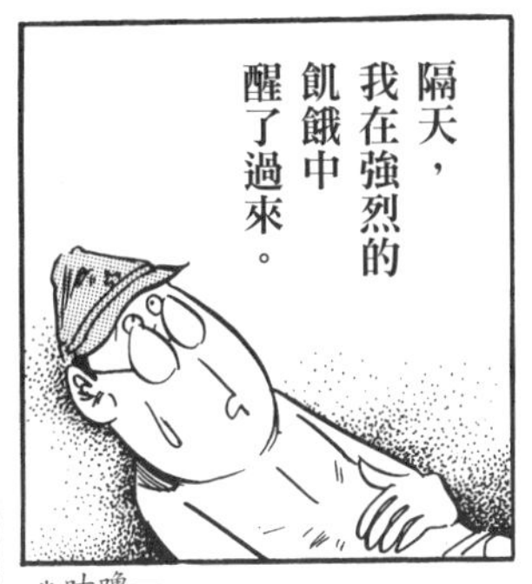
隔天，我在強烈的飢餓中醒了過來。

＊咕嚕——

這是什麼玩意兒？

グ——

＊狼吞虎嚥

哇——有香蕉！
むしゃ
むしゃ

卡啪啪啊嗶噗呸。

糟了，我跑進村裡了。

＊抓抓

好險沒被發現，就這麼錯開了。

啊，那裡有間屋子。

ポリポリ

＊騷動

有沒有什麼東西可以吃。

真奇怪。

ガヤガヤ
啊！

混帳！

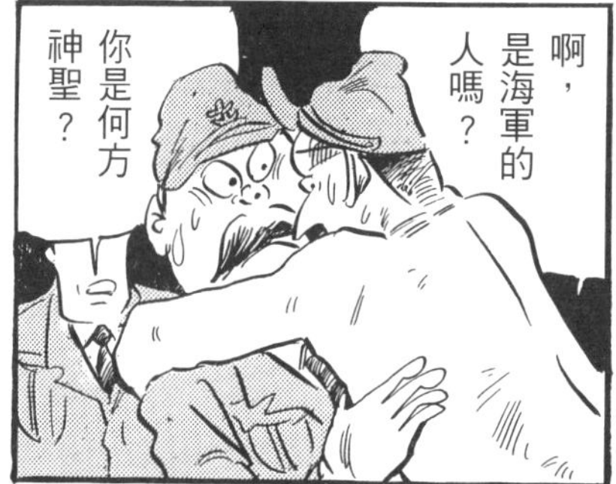
啊，是海軍的人嗎？
你是何方神聖？

這個嘛，我是陸軍，從拜恩逃過來的。
拜恩！

啊，是倖存者呀！
喂，大夥們，讓這個阿兵哥喝點糖水吧。

就像這樣，海軍的待遇向來不錯，陸軍可就沒這麼好過了。

怎麼，你還活著啊？
啊，隊長大人，我是來傳達戰況的。

我才剛向師團司令部報告你們分隊已經全體陣亡了。
你這個殘兵敗卒！

殘兵敗卒？
隊長大人如果處在跟我相同的狀況之下，

也會做出一樣的舉動喔。
什麼？這傢伙！

＊碰咚

你以為你是誰啊？這裡可是軍隊。

＊啪啪啪啪啪

儘管不勝惶恐，但陛下授予的步槍跑到哪裡去了？
啊，被漩渦一捲就脫手了。

混帳！

就像這樣，好像我平安生還是件壞事一樣。我原以為自己會被好好稱讚一番，所以受到了不小的打擊。
但士兵們可就不一樣了。

還真虧你能活著回來。
你接下來可以輕鬆一陣子了。

喂，你該不會得了瘧疾吧？
這是兩、三天之後的事了。

嘰哩咕嚕。
？

＊呼——

這傢伙得了瘧疾。
這應該有燒到四十二度。

第4章 中部太平洋戰事

在日本敲定※「絕對國防圈」的同一時期，美國也重新擬定作戰，將海軍的反攻路線改為中部太平洋。由於拉包爾經過嚴密的陣地修築，美國判斷拉包爾攻略將會演變成一場消耗戰。

就這麼的，從昭和十八年（一九四三）末到翌年十九年，戰局重心轉移至中部太平洋。
於是，拉包爾的補給也隨之完全中斷，在不可能撤退的狀態下，迎向了終戰。

※「絕對國防圈」……太平洋戰爭後期，隨著同盟國的反擊越來越激烈，昭和十八年（一九四三）九月三十日在御前會議上，敲定了非守住不可的重要防衛圈。區域範圍包括千島、小笠原、內南洋、西部新幾內亞、巽他、緬甸（可參照第二集第四七五頁）。

哎呀，千萬不能就此安心，因為新不列顛島附近還有澳軍在等著呢。

他們始終糾纏不休，直到終戰前都還在不停逼進。

＊嗡—

昭和十九年（一九四四）一月三十一日，展開攻略「燧發槍作戰」※馬紹爾群島的日軍連防禦陣勢都擺不出來，就遭受了攻擊。
＊噠噠噠噠噠

※「馬紹爾群島」……位於北太平洋、屬密克羅尼西亞群島的一部分。歷經日本的委任統治領、美國的信託統治領，現已於一九八六年成立共和國。

※「楚克島」……位於中太平洋、為加羅林群島的一部分。曾作為日本的委任統治領，島上曾設有海軍基地。現為密克羅尼西亞聯邦最大的城市。

而且美軍還記取了塔拉瓦一戰的教訓，
除了準備足以貫穿碉堡的砲彈之外，
更大量備妥了水陸兩用車，
雙方之間的差距不可以道里計，
日軍只能單方面遭到殲滅——

接著是日本海軍
在太平洋最大
的根據地，

※「楚克島」
遲早都會被
當成目標。

不過當時
航母全在
內地進行
維修，

少了航母，
聯合艦隊
就如同
缺了
一隻胳臂。

古賀峰一長官不得不下令，
將聯合艦隊調至內地或帛琉
避避風頭，

不過美軍
機動部隊
早就朝
楚克群島
前進了…

＊嗡—

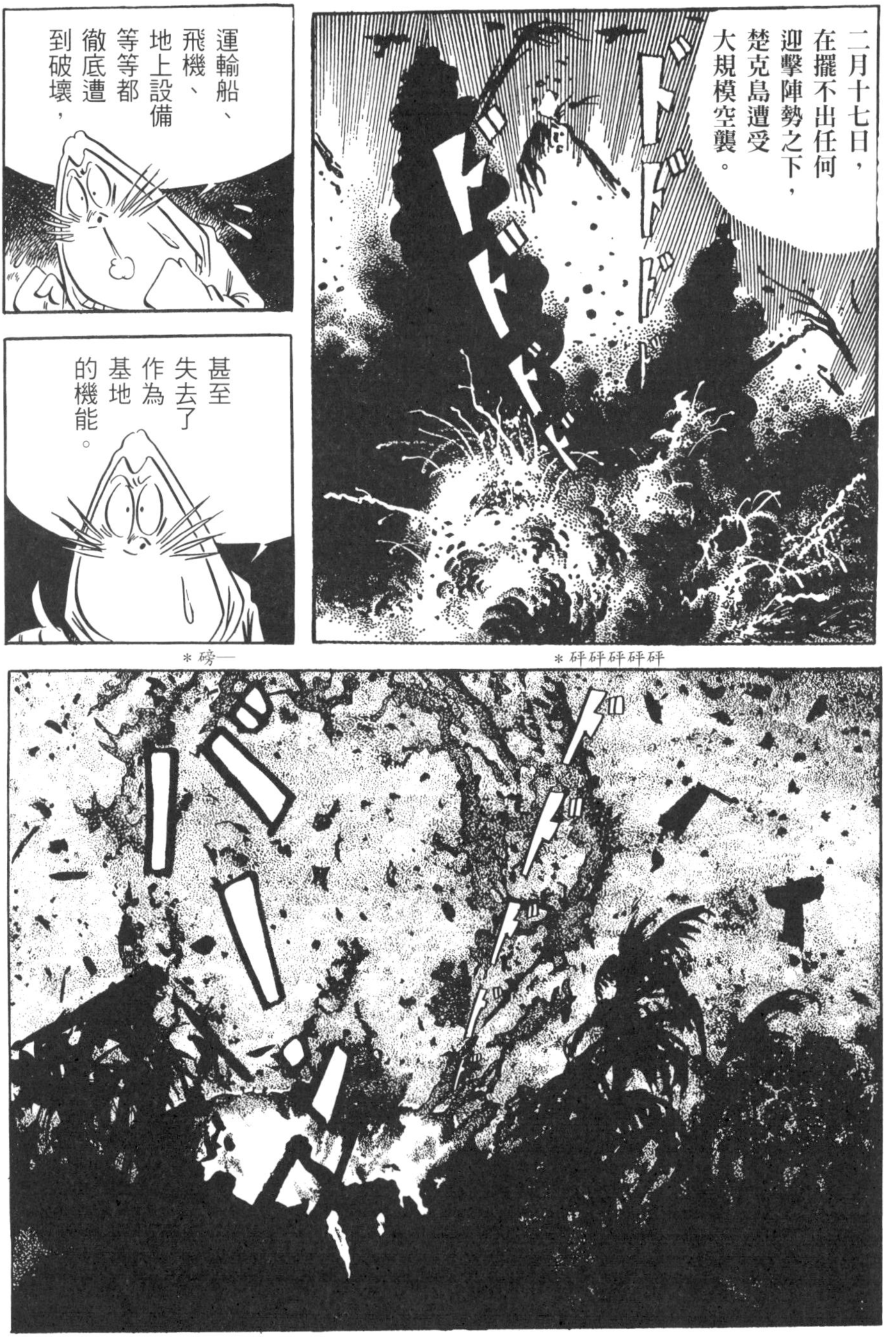

二月十七日，在擺不出任何迎擊陣勢之下，楚克島遭受大規模空襲。

運輸船、飛機、地上設備等等都徹底遭到破壞，

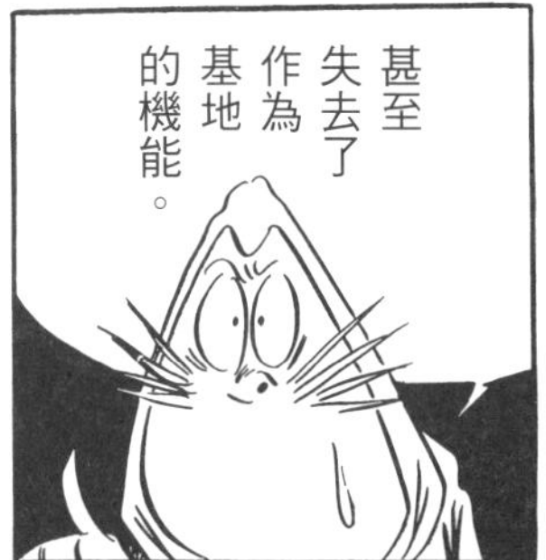
甚至失去了作為基地的機能。

＊砰砰砰砰砰

＊磅—

＊轟—隆
＊砰砰砰砰

幾乎同一時間，馬紹爾群島的埃內韋塔克環礁也遇襲，

＊嗡—

馬紹爾群島因此落入了美軍手中。

日本海軍喪失了自信，陸軍則是對海軍越來越不信任。
古賀長官於是將小笠原、馬里亞納群島、加羅林群島加以串連，訂為「死守決戰線」。

以這條線為界，海軍就不能再退半步。
此處則是由陸軍來防守，請多加放心。
死守決戰線
美軍
中國
菲律賓
新幾內亞

海軍定下大舉運用航空戰力的「雄作戰」，
試圖以「雄作戰」扳回一城。

＊砰砰砰、砰——隆

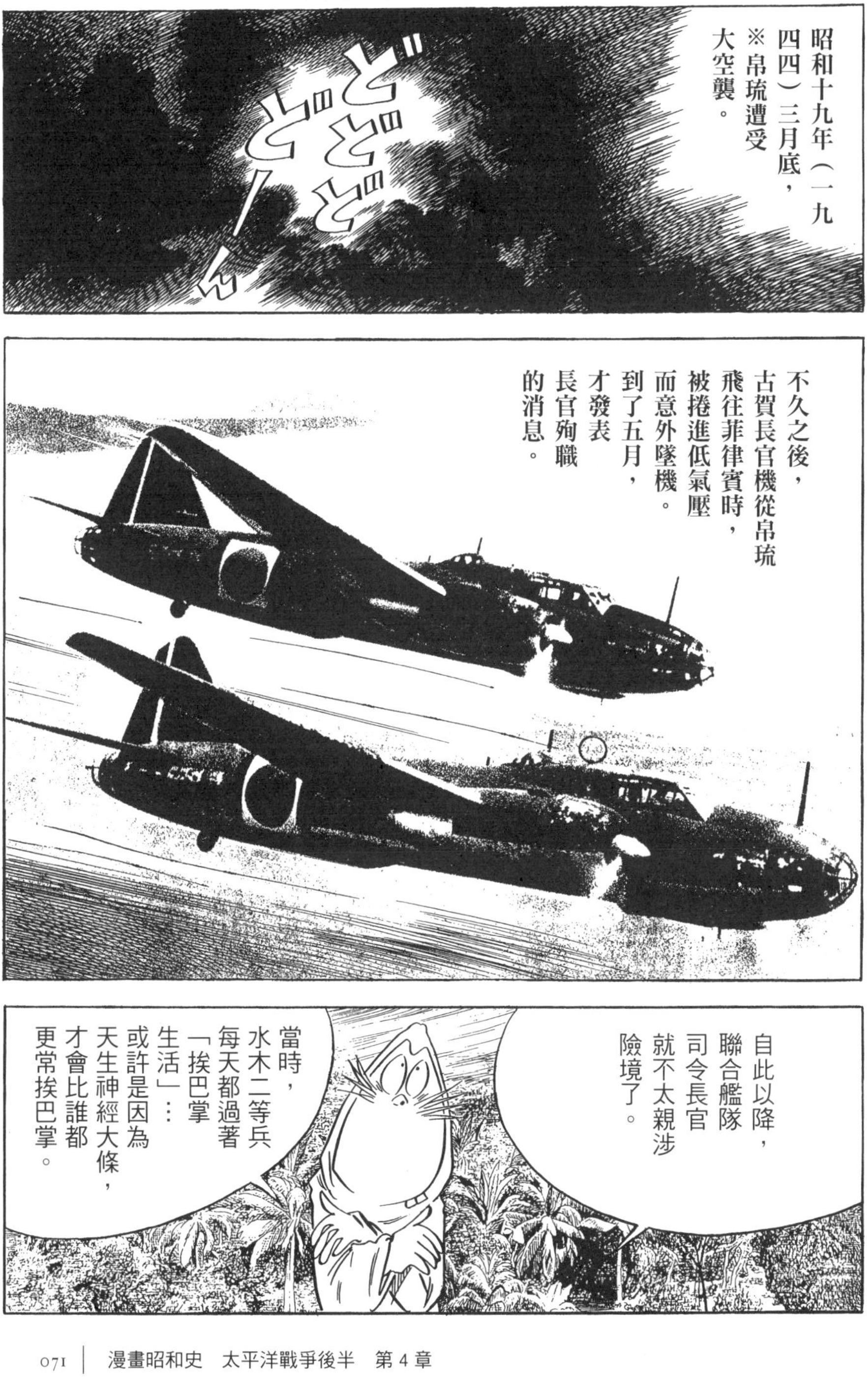

昭和十九年（一九四四）三月底，※帛琉遭受大空襲。
どどどどーん

※「帛琉」……位於西太平洋密克羅尼西亞的小島群。歷經日本的委任統治領、美國的信託統治領，現已於一九九四年完全獨立。

不久之後，古賀長官機從帛琉飛往菲律賓時，被捲進低氣壓而意外墜機。到了五月，才發表長官殉職的消息。

自此以降，聯合艦隊司令長官就不太親涉險境了。
當時，水木二等兵每天都過著「挨巴掌生活」……或許是因為天生神經大條，才會比誰都更常挨巴掌。

＊啪啪啪啪啪

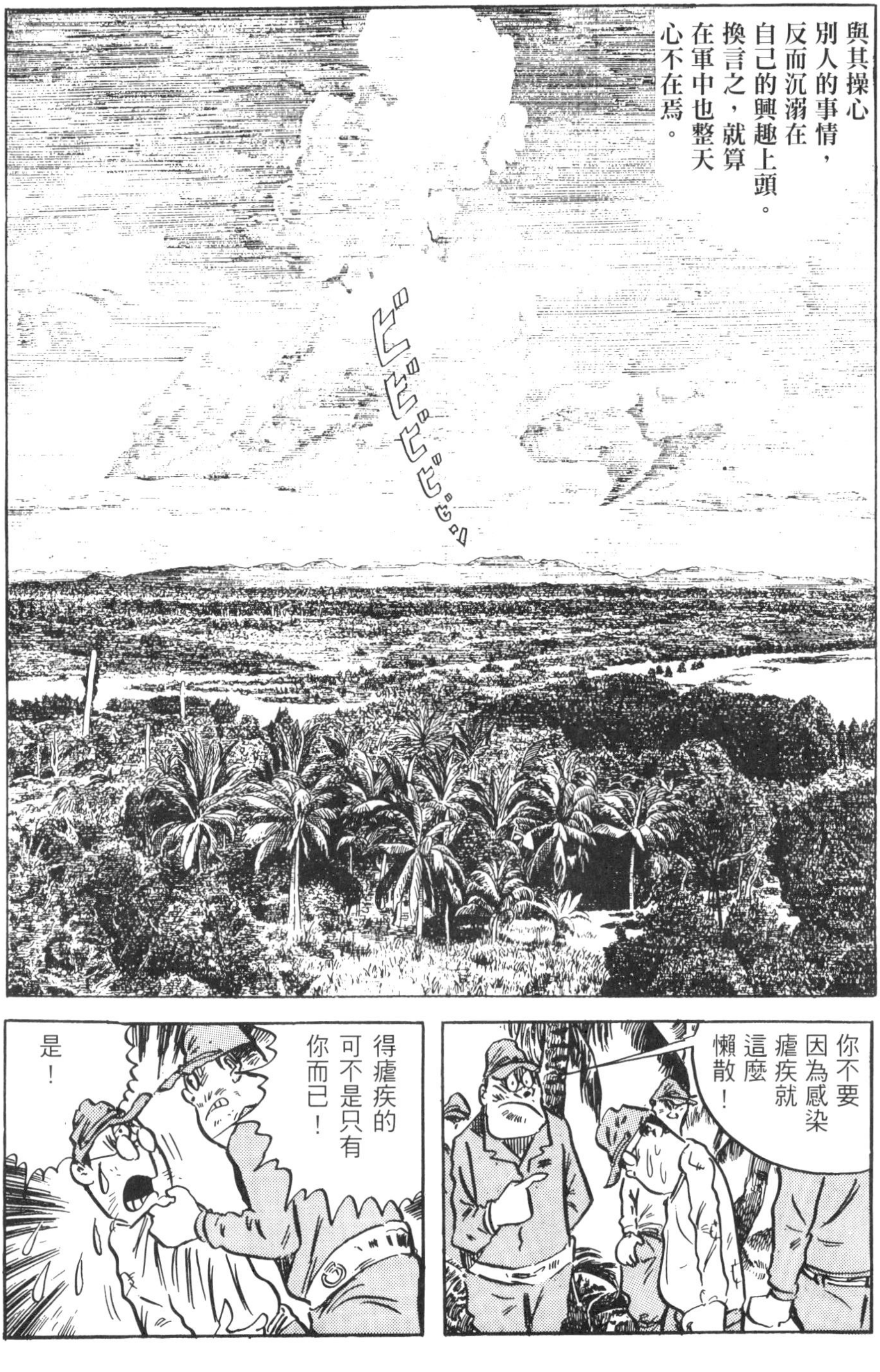

與其操心別人的事情，反而沉溺在自己的興趣上頭。換言之，就算在軍中也整天心不在焉。

你不要因為感染瘧疾就這麼懶散！

得瘧疾的可不是只有你而已！
是！

敵軍都已經逼近眼前了，
不趕快蓋好陣地的話，

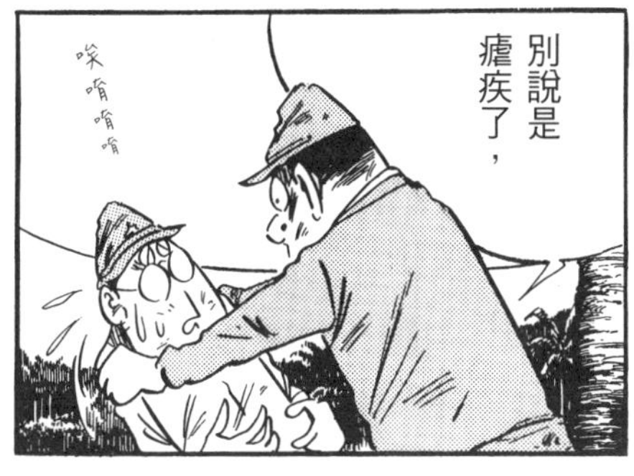
別說是瘧疾了，
唉唷唷唷

那可是會全軍覆沒的喔！

班長大人，雖是區區瘧疾，太亂來還是會死人的。

混帳傢伙
ころころ

＊碰咚碰咚

すてん

＊磅

喂，快點去搬椰子樹。
實在太過份了⋯

跟我一起搬吧。

這麼重的東西怎麼可能搬得動。

＊滑溜

＊磅啷

啊，小川，你怎麼了？

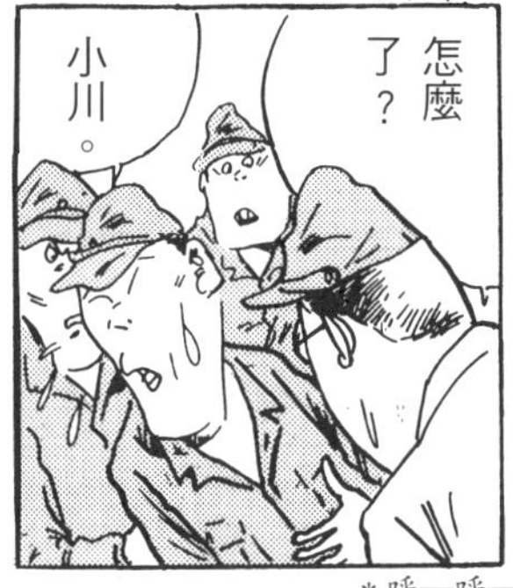
＊啪嚓
怎麼了？
小川。

啊，手斷了！

＊呼—呼—
啊，軍曹來了。

※「精勤章」……日本陸軍為表揚勤奮工作者所授予的徽章。為「《」形的臂章。

＊啪啪啪啪啪
混帳傢伙！
ビビビビビビビ

＊碰咚
バ
ダ

再怎麼說，也不必揍斷了手的士兵吧。

剛剛是誰在抱怨啊？

原來是你啊，中隊長大人說要頒※精勤章給你呢。

是中隊長指名嗎……
沒錯，就是中隊長親自指名，快去！

中隊長大人，我前來報到。

啊，是你呀。託你的福，讓我在死前
還可以好好享受玩花牌的樂趣。

這就是精勤章。你得了瘧疾對吧？這給你吃。
實在感激不盡！

軍中偶爾還是有好的地方呢。
咔滋咔滋

＊噠噠噠噠噠噠

從這時候起，敵軍魚雷艇開始頻繁出沒，以測量岸邊的水深。此外，到了晚上，還會朝陣地發射機關砲。

ダダダダダダ

＊磅磅磅磅磅磅

山上陣地鬧成一團，大家都醒了。
哇，是機關砲！

＊鼾—鼾—

大家瞧，那傢伙還在睡！
這傢伙還真帶種。

＊呼—

我雖然知道發生什麼事，不過機關砲是從海面射來，呈現傾斜的角度，
所以躺著睡覺還比較安全。
看大家都吃了一驚，我才故意鼾聲大作。

*嘎—

聽，這個鼾聲。
真是有一套。
*悉悉窣窣

不知從何時起，隊上皆公認我膽識過人，我因此被派去離陣地很遠的水源地，擔任分隊上的炊事值勤。

ガサ
ガサ
ガサ

喂，有聽到聲音吧。
你說什麼？

小心會跑出來喔。
什麼東西？

不知該稱之為幽靈，還是什麼的……

是妖怪嗎？

算了，總之就拜託你了。

是。

*洗洗刷刷

ゴシゴシ

偶爾自己一個人也不錯。

有點開心，又有點高興……

*滴答

ペチャッ

*咕咕咕

クオ
クオ
クオ

搞什麼，是鸚鵡啊。

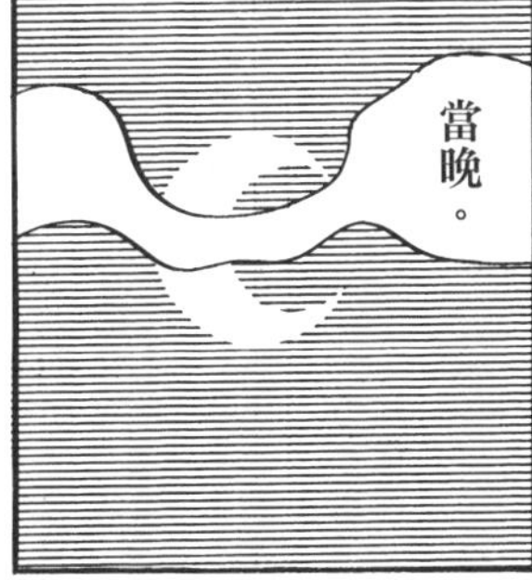
當晚。

＊砰砰砰砰

どどどどどどーっ

地鳴聲轟然而響，更聽到樹枝折裂之聲。
沒多久，傳來了大樹攔腰折斷的巨響……
而在樹幹砰然倒地時也響起了地鳴聲。

我還以為是有大樹折斷了，隔天一看，卻什麼都沒有。

這也太奇怪了吧。
哪有這麼莫名其妙的事。

我日後才知道，在日本也會發生這種名為※「天狗倒」的現象。

原來**妖怪現象**不只出現在日本，一查之下才發現全世界都曾出現過這種現象。

＊嗚啊、嗚啊、嗚啊、嗚啊、

更奇妙的是，我還聽到鳥類發出不像鳥的叫聲，

讓人不禁湧上一股既異樣又奇妙的感覺。

ふあ
ふあ
ふあ
ふあ
ふあ

我最喜歡叢林了。

※「天狗倒」……在深山中突然發出巨大聲響的現象，聲音聽起來就像是樹木被伐倒了。相傳為妖怪所為。

喂，有你的信。
啊，居然寄得到這裡……

是母親寄來的……
一讀之下……

信中寫著：「如果你戰死的話，我也不要活了。」
有好一陣子，我都把這封信珍藏在口袋裡。

我突然高興了起來。
班長大人，有衣服要洗嗎？

兜襠布也拜託你一起洗了。
是。

嘖，居然要我洗內褲，還這麼多件。

ふぁ

＊哇啊

喂，第二小隊要前往米勒姆，快穿上全副武裝整隊！

啊，敵軍這麼快就來啦。

根據憲兵隊的情報指出，敵軍間諜就躲在米勒姆深處，就此前往討伐。

是收拾掉拜恩的那些傢伙吧……

小隊在此出發！

ザッ
ザッ
ザッ

此時，敵軍的大運輸船隊正朝新不列顛島前進，敵軍登陸只是遲早的問題了。

第5章 中國戰線和馬里亞納海戰

太平洋戰爭雖始於昭和十六年（一九四一）末……
但以昭和六年（一九三一）九月的滿洲事變為開端、爆發的中日十五年戰爭，亦是源頭之一。

當太平洋、緬甸不斷上演死鬥的同時，中國的戰火當然不可能就此平息。

八路軍（共產黨）

在太平洋戰爭爆發當時，日軍對中國採取了維持現狀、封鎖強化的戰略，
因為日軍遲遲無法打破持久作戰的僵局。

昭和十七年（一九四二）一月四日，※阿南惟幾中將率領的第十一軍佔領了長沙（長沙作戰），藉此牽制重慶政府，並支援日軍的南方攻略。

不過中國軍的反擊十分激烈，在某種程度上確實達到了牽制的目的，於是便撤退至瀋陽河以北。

四月，在南方作戰成功之下，再次計劃進攻重慶，

※「阿南惟幾」（一八八七～一九四五）……陸軍大將。鈴木貫太郎內閣的陸軍大臣。為敗戰負起責任而切腹自殺。

透過進軍重慶、成都等四川省要地，確保在軍事和政治雙方的優勢。
不過昭和十七年（一九四二）秋天以降，隨著南方戰線陷入敗勢，進攻重慶的作戰只得延期。

如各位所知，中國有蔣介石這麼一位特級上將（大元帥）。蔣介石一路巧妙撤退，手邊兵力也沒什麼折損。此外，更受到英美的大力援助，即便兵力不斷現代化，也不會魯莽躁進。

蔣介石

在戰線陷入膠著之下，只好把重心放在政治上。
陸軍的主力有百萬大軍被困在中國戰線，始終動彈不得。

昭和十七年十二月二十一日，御前會議上敲定了「為完成大東亞戰爭的**對支**處理根本方針」。

內容是為了對應預估的美軍反攻形勢，並以中國佔領地區的治安維護和兵站基地化為目標，好強化汪兆銘政府的力量。

不過戰線仍處於膠著狀態，佔領地區的治安也始終沒有起色，
兵站基地化則引起了當地農民的反彈。

昭和十八年，中共軍解放區的範圍越來越廣，
戰線為對抗游擊隊而焦頭爛額。

在這種狀態之下，昭和十九年（一九四四）一月二十四日，大本營敲定了大陸打通作戰（豫湘桂會戰），
要從華北貫穿至華南（大陸打通），好完成一條巨大的縱斷戰線。

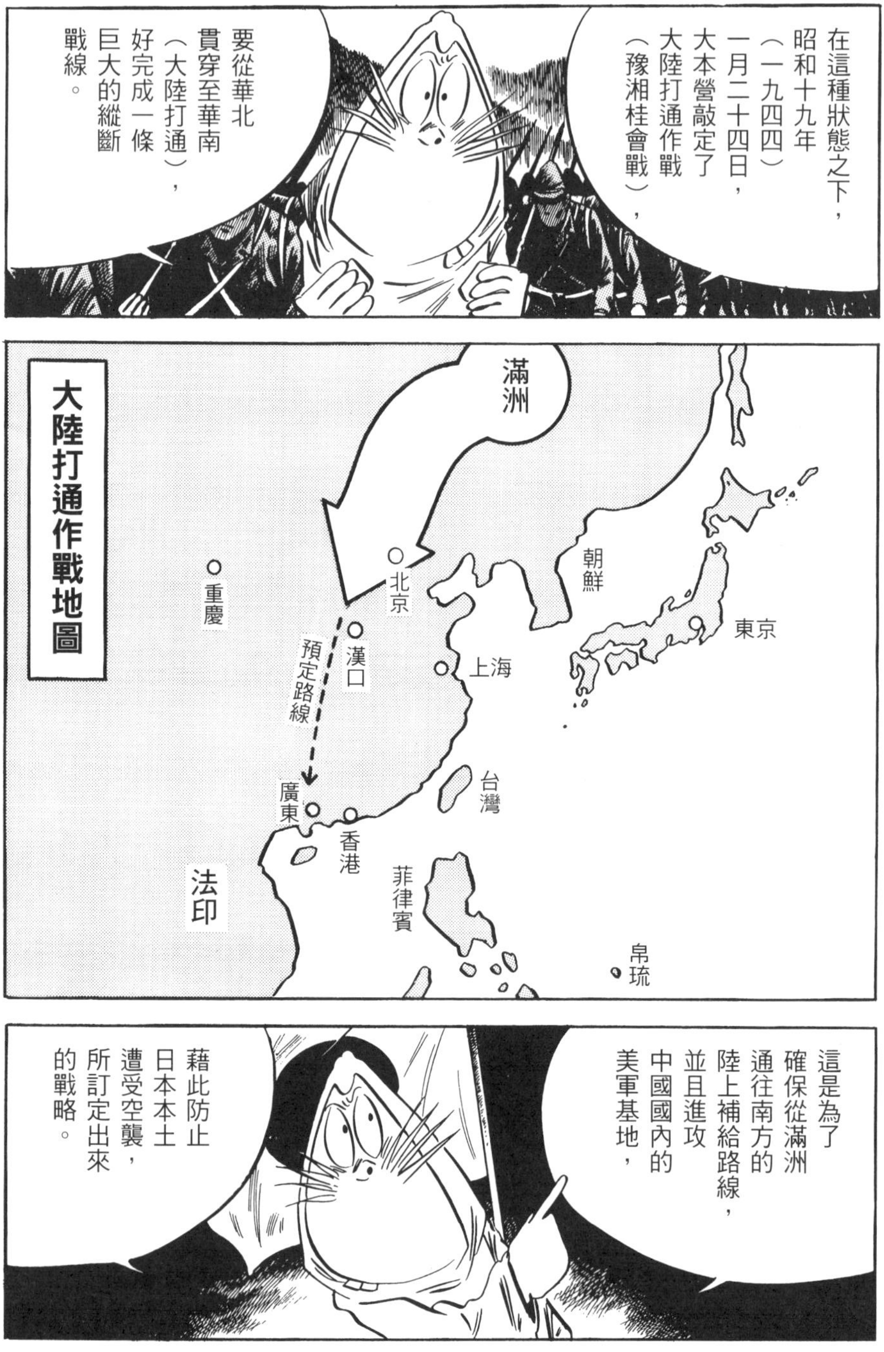

大陸打通作戰地圖

滿洲
北京
朝鮮
東京
重慶
漢口
上海
預定路線
台灣
廣東
香港
法印
菲律賓
帛琉

這是為了確保從滿洲通往南方的陸上補給路線，並且進攻中國國內的美軍基地，
藉此防止日本本土遭受空襲，所訂定出來的戰略。

四月先以京漢作戰攻下京漢鐵路（北京—漢口），五月以湘桂作戰奪得湘桂鐵路（漢口—柳洲），十一月佔領南寧。

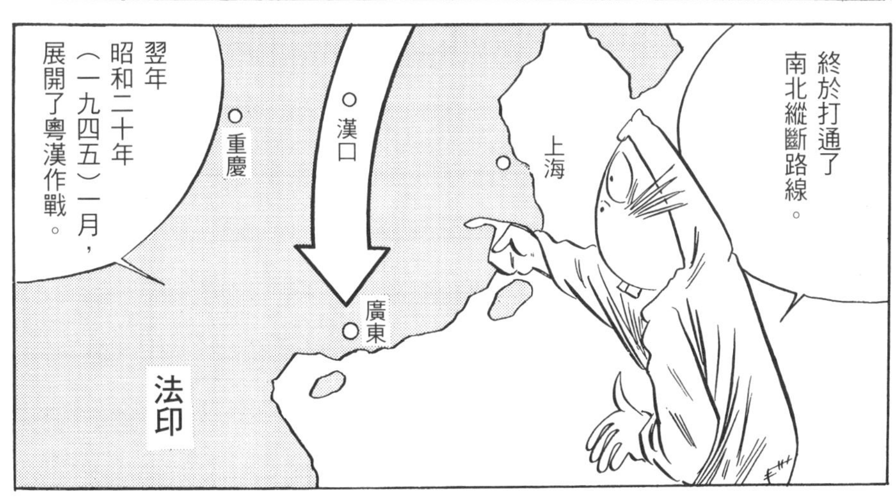
終於打通了南北縱斷路線。
翌年昭和二十年（一九四五）一月，展開了粵漢作戰。
上海
漢口
重慶
廣東
法印

如此也確保了
通往廣東的路線，
完成打通作戰。
不過要在大陸上
維持長達二千公里
的縱斷路線，
實在是難如登天，
反而引來中共軍
的強烈反攻。

＊砰砰砰砰砰

作為通往南方的補給路線，非但起不到任何作用，美國空軍也改從
日本未佔領的地區發動空襲，實在防不勝防。

真是一場白費力氣的大作戰。
在幅員遼闊的中國，日本所能掌握的僅止於點和線。

日本百萬陸軍就這麼被困在中國，迎向名為「終戰」的敗仗……

至於南方這邊，還是一樣持續上演著激烈戰事。
隨著反攻一路大有斬獲，美軍打算接著進軍馬里亞納群島。

因為美軍在昭和十七年（一九四二）九月
完成了長距離轟炸機※B29的第一號試作機後，量產化進行得十分順利之故。

※「B29」……美國於第二次世界大戰期間的主力戰略轟炸機。由於美軍常以此來空襲日本本土，因此成為日本國民恐懼的對象。

B29機上裝有四噸炸彈，可以在免受高射砲威脅的三萬英呎（一萬公尺）以上高空，半徑二千英哩（三千二百公里）的廣大範圍中行動，被稱為空中要塞，

也是第二次世界大戰中最龐大的飛機。只要將B29駐紮於塞班島，就能對日本主要領土進行空襲。

這實在是個令人毛骨悚然的計劃。

※「疏散」……在第二次事件大戰中，為將空襲的傷害減到最低，而將都市的居民、物資、產業等遷移至鄉下。

考慮到接下來的發展，不排除進行※疏散……
你說疏散是什麼意思？

不，這是因應敵軍空襲……
說什麼傻話，就連挖防空壕，在我看來都是懦弱的行徑。

只有懦夫才會幹疏散這種事！
是！

也曾經上演過像這樣的對話……
這是因為※東條大將一人身兼首相、陸相、參謀總長等多職。為了避免各式各樣的意見不合，

※「東條英機」（一八八四～一九四八）……陸軍大將。為統制派永田鐵山的接班人。於二戰時期（一九四一～一九四四）擔任內閣總理大臣，任內爆發太平洋戰爭。戰後，在東京審判中以甲級戰犯的身份被判處絞刑。

以及陸海軍之間的協調等因素，由※嶋田海相兼任海軍軍令部總長，

東條則兼任陸軍參謀總長。

一人身兼陸軍大臣和參謀總長，這可是前所未聞。
說得沒錯。

針對這一類的疑問，

※「嶋田繁太郎」（一八八三～一九七六）……海軍大將。東條內閣的海軍大臣，後兼任軍令部總長，輔佐東條英機。戰後雖被定為甲級戰犯而被判處終身監禁，但日後獲得釋放。

國務和統帥全由御上一人（天皇）所定奪，
本人東條則立足於這條本義之上，對此拳拳服膺，

實在無須多加擔心。在回歸國家本義之下，
若本人東條犯下什麼疏失，或有任何未盡臣節之處，必當在御前切腹謝罪。

東條是個認真過了頭的男人，
曾發生過這麼一件事：當擔任少佐的親戚偷握了首相官邸女侍的小手時，他還特地把這位少佐叫來……

＊啪啪啪啪啪

就這麼賞了他一頓巴掌。

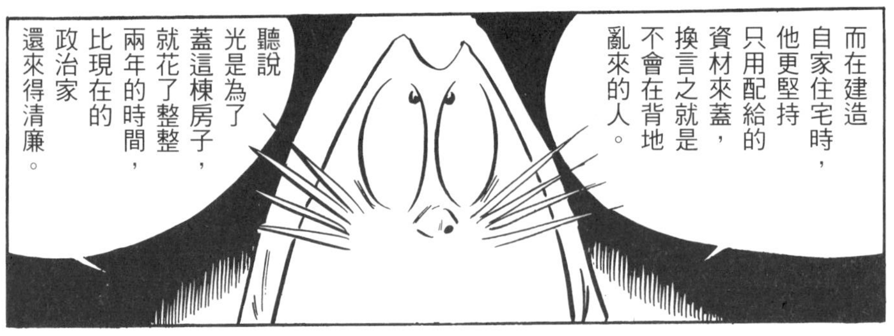
而在建造自家住宅時，他更堅持只用配給的資材來蓋，換言之就是不會在背地亂來的人。
聽說光是為了蓋這棟房子，就花了整整兩年的時間，比現在的政治家還來得清廉。

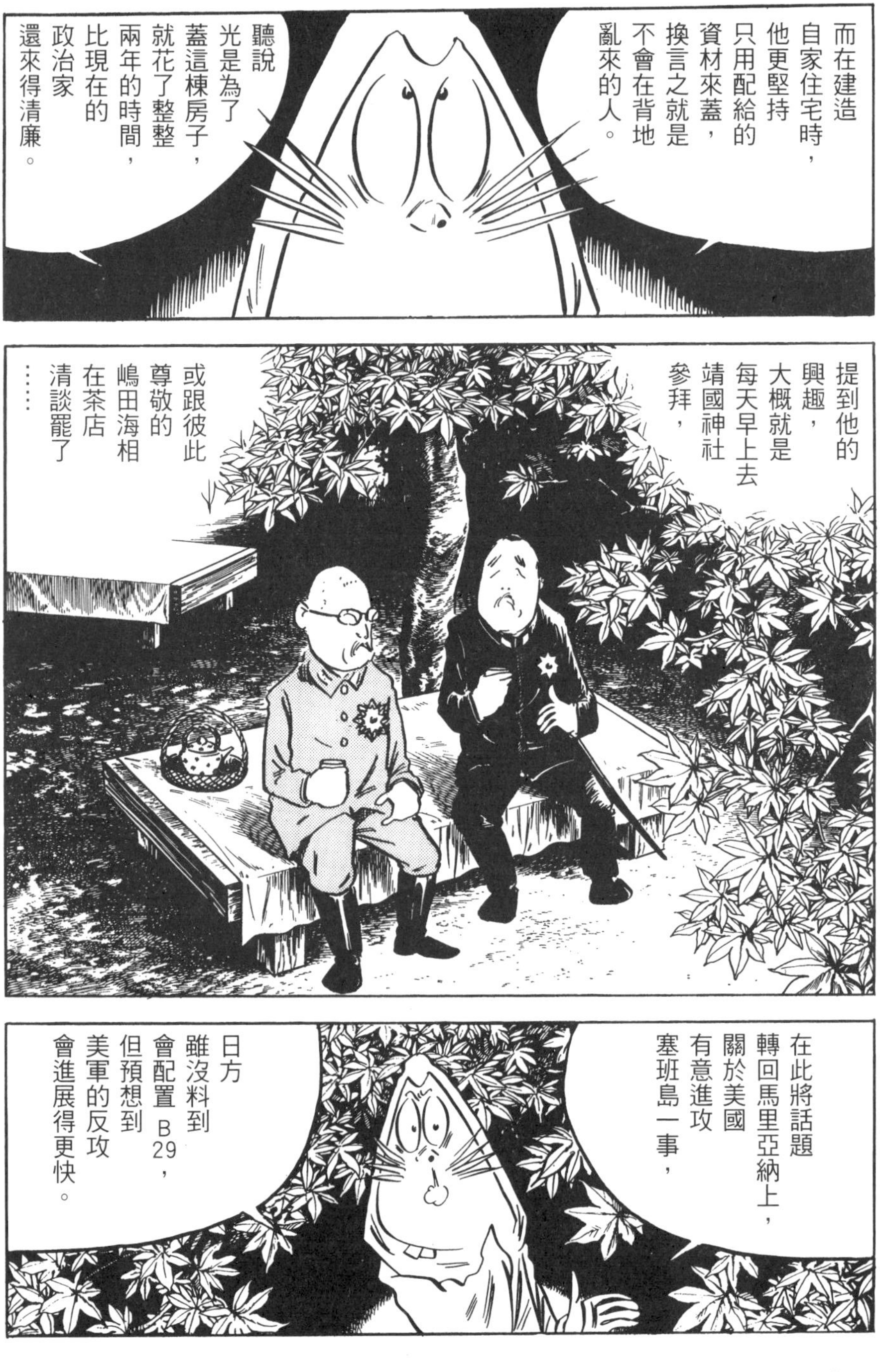

提到他的興趣，大概就是每天早上去靖國神社參拜，

或跟彼此尊敬的嶋田海相在茶店清談罷了……

在此將話題轉回馬里亞納上，關於美國有意進攻塞班島一事，
日方雖沒料到會配置B29，但預想到美軍的反攻會進展得更快。

不過考慮到己方的供油狀況，便預設主戰場在靠近菲律賓的帛琉一帶，

這便是新就任的聯合艦隊司令長官※豐田副武大將所擬定的「阿號作戰」計劃。

昭和十九年（一九四四）五月十九日，

※小澤治三郎中將率領的第一機動艦隊，

在菲律賓西南方的塔威塔威島集結。

※「豐田副武」（一八八五～一九五七）……海軍大將。曾歷任聯合艦隊司令長官、軍令部總長。戰後在東京審判中曾以戰犯身份遭羈押，最後獲判無罪。

※「小澤治三郎」（一八八六～一九六六）……海軍中將。統帥艦隊參與菲律賓海海戰，為最後一任聯合艦隊司令長官。

計劃原本是等待美軍機動部隊出現在一千英哩之外的帛琉，但在五月二十七日，

美軍卻在帛琉南方六百英哩的比亞克島登陸。

看來他們說不定是打算北上進攻帛琉，
立刻向豐田長官報告此事。

＊嗶嗶嗶嗶嗶嗶
ビビビビビビビ
豐田長官察覺到事有蹊蹺，

投入一半的陸上航空兵力，緊急發動「渾作戰」。
遵命。

＊轟轟轟
但在飛行員的技術不夠純熟之下，
＊砰砰砰砰砰
失去了大半兵力。登陸比亞克島只是美軍聲東擊西的策略。

昭和十九年
六月六日，
也是盟軍在
歐洲戰線上
登陸諾曼第
的同一天，

美國海軍
從馬紹爾
群島出發，
開始進攻
馬里亞納
群島。

＊嗡——

包含十五艘航母，出動了共七五五艘的巨大部隊。

六月十一日，向塞班島、天寧島、關島等航空基地發動空襲——

グオーン

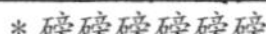
＊磅磅磅磅磅磅

BABABA

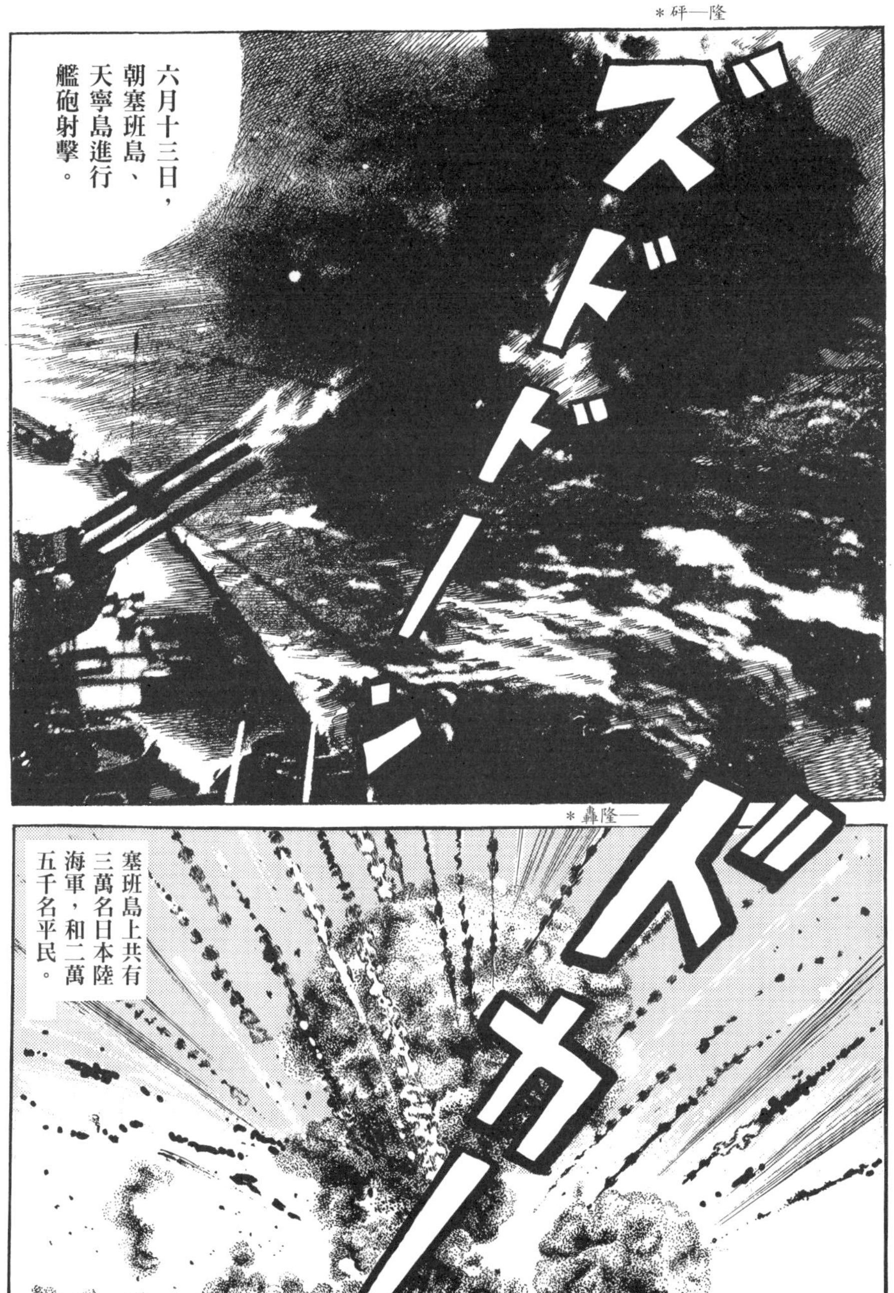
＊砰—隆
六月十三日，朝塞班島、天寧島進行艦砲射擊。
ズドドドドーーン
＊轟隆—
塞班島上共有三萬名日本陸海軍，和二萬五千名平民。
ズガーー

昭和十九年
（一九四四）
六月十五日，
開始登陸！

＊叭叭叭叭、叭啦叭叭叭—

とととと
とてちてたー

小澤機動艦隊
則是自珍珠港事件以來首度
掛上※Z字旗，發動急速航向
塞班島的「阿號作戰」。

※「Z字旗」……一九〇五年日俄戰爭的對馬海戰中，日本聯合艦隊司令東鄉八平郎在旗艦上升起Z字旗，下達了「皇國興廢在此一戰，各員一同奮勵努力」的訓示。自此以後，在出戰前升起Z字旗，便成為一種儀式。

小澤艦隊是
第三艦隊（直
屬於小澤中將）
旗下有
航母九艘、
輕巡以下
十六艘。

第二艦隊（直屬於※栗田中將）則包含了大和號以下戰艦五艘、重巡十艘、驅逐艦十四艘的大艦隊。

※「栗田健男」（一八八九～一九七七）……海軍中將。在雷伊泰灣海戰中下令大迴轉而引發爭議。

ビ～ッ
ビビビビッ
＊嗶—嗶嗶嗶

小澤艦隊向南雲中將發出無線電。

首先由航母機上演第一波、第二波、第三波攻擊，藉此毀滅敵軍航母。接著由第二艦隊的巨砲，
來摧毀敵軍的重巡艦隊，更進一步擊沉敵軍船隊，好拯救塞班島島民。

塞班島司令長官是在「突襲珍珠港」中成功、卻在「中途島海戰」中大敗的
南雲忠一中將。他打算在塞班島上率領玉碎、帶頭自殺。

日軍在這場馬里亞納海戰（菲律賓海海戰）採取了「外圍殲擊戰術」，換言之，就是從敵軍的射程外，
射擊敵軍的戰術，結果卻極為慘澹。

首先，新銳航母「大鳳號」遭到潛艦擊沉。一般來說，這種受創程度是不會沉沒的，

＊砰砰砰砰砰

艦上卻因油氣外洩而爆炸沉沒，小澤長官便將旗艦改成「瑞鶴號」。

日方在收到發現敵軍航母的消息之後，出動了第一次攻擊隊共二四六機，
但來到敵軍航母上空時，竟有近千架格拉曼在此埋伏，因而失去半數以上的飛機。

在此同時，美軍機動部隊則全體出動，逐步逼近小澤機動部隊。

還沒收到第一次攻擊隊的消息，日軍就出動了第二次攻擊隊共五十六機。

沒多久之後，

日軍則是……

＊唰唰—

偵察機傳來
報告——
在東方發現
類似敵機的
蹤影。

作好對空戰鬥
的準備後，
才發現那是
第二次攻擊隊
的殘機，

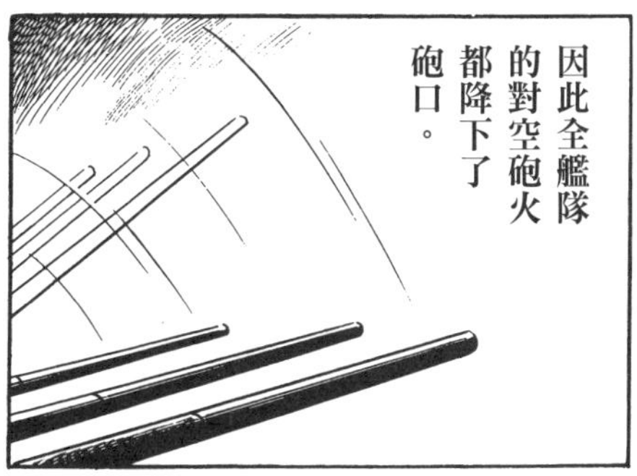
因此全艦隊
的對空砲火
都降下了
砲口。

不過在殘機
的後頭，
有著窮追
不捨的敵方
大軍。

＊嗡—

而且
海面上
還跟著
十數艘的
航母部隊。

＊軋—
約三百架敵機
朝小澤機動
部隊襲來。

就像這樣，日軍最後損失了三艘航母，「阿號作戰」以失敗告終。
這是因為日軍的航空技術低落，加上美軍配置了VT信管（可在目標附近爆炸），這兩點可明顯從結果中看出。

＊轟隆—
ドカーン
「阿號作戰」失敗的同時，在塞班島登陸的美軍也將日軍和平民逼入絕境。島上被徹底孤立，飢餓和疲勞也接連襲來。

六月二十四日，東京大本營決定中止「阿號作戰」，並放棄塞班島。
啊啊……真痛苦。
然而塞班島上並沒有收到這份決議，仍一邊等待救援，一邊拼死抵抗。

當時，在峴港高地佈陣的第四十三師團主力，仍呈現不敗的局面。

敵軍透過飛機得知此守備陣勢之後，以中型坦克展開強行突襲。
どどどど
＊砰砰砰砰

我軍的菊水坦克隊則前往迎擊。
どどどどど
＊砰砰砰砰砰

＊砰──隆

ドドーン

ガラガラガラガラ

此坦克連隊在砲塔旁的車身上貼著菊水標誌。不過在大軍壓境之下，仍無能為力。

＊喀啦、喀啦、喀啦、喀啦

七月六日凌晨十二點，南雲中將對全軍發佈了玉碎命令。

「進也一死，退也一死。與其忍受階下囚之恥而生，不如跟萬花一同凋零而死。」

海軍的南雲中將、陸軍的齋藤中將雙雙自殺身亡，以為全軍玉碎餞行。
作為軍方的最後一道命令，就此展開總攻擊。

突擊號音！

突擊！

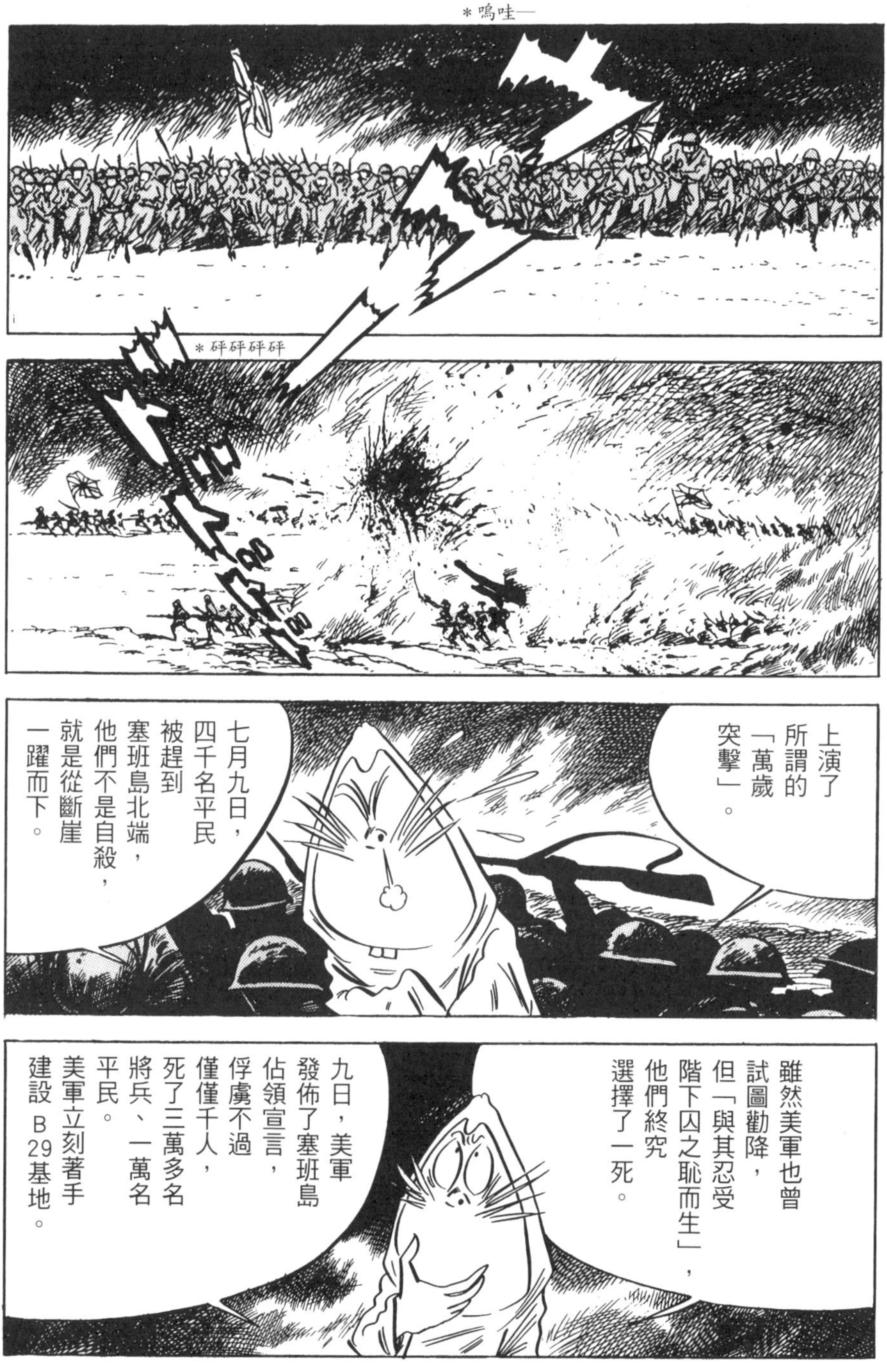

＊嗚哇—

＊砰砰砰砰

上演了所謂的「萬歲突擊」。
七月九日，四千名平民被趕到塞班島北端，他們不是自殺，就是從斷崖一躍而下。

雖然美軍也曾試圖勸降，但「與其忍受階下囚之恥而生」，他們終究選擇了一死。
九日，美軍發佈了塞班島佔領宣言，俘虜不過僅僅千人，死了三萬多名將兵、一萬名平民。美軍立刻著手建設B29基地。

第6章 敵軍登陸前的日子

時序稍微往前，在昭和十七年（一九四二）六月訂定「絕對國防圈」時，曾發下一道內部命令，讓東南方面（所羅門、新幾內亞、拉包爾）
的三十萬名日軍撤退，並將司令部移至新幾內亞西方的哈馬黑拉島……

※今村大將斷然拒絕此事。
我無法棄部下於不顧。只要第八方面軍還存在的一天，司令部就會留在拉包爾。

要移動的話，就等到我玉碎之後吧！
今村大將的決心自然不在話下，但要讓三十萬人順利撤退，本來就是天方夜譚。

基本上，參謀本部也認為「除玉碎之外別無他法」，而水木二等兵的命運也受到此事影響。
人的生死都是受到各種命運絲線所牽動，而非個人一己之力所能掌控。

※「今村均」（一八八六～一九六八）……陸軍大將。二戰中擔任第十六軍司令官，進攻荷屬東印度。戰後遭澳大利亞軍事法庭判處十年有期徒刑。

＊轟隆隆隆　＊劈哩

當時，我們正忙著討伐敵軍間諜。

ゴロゴロゴロ

ぴかっ

※「立叉槍」……軍隊在野外休息或露營時，將三把步槍相互架起，立成三角錐狀。

＊嘩—嘩—
ザザッ
ザーッ

暫時休息！

※立叉槍！

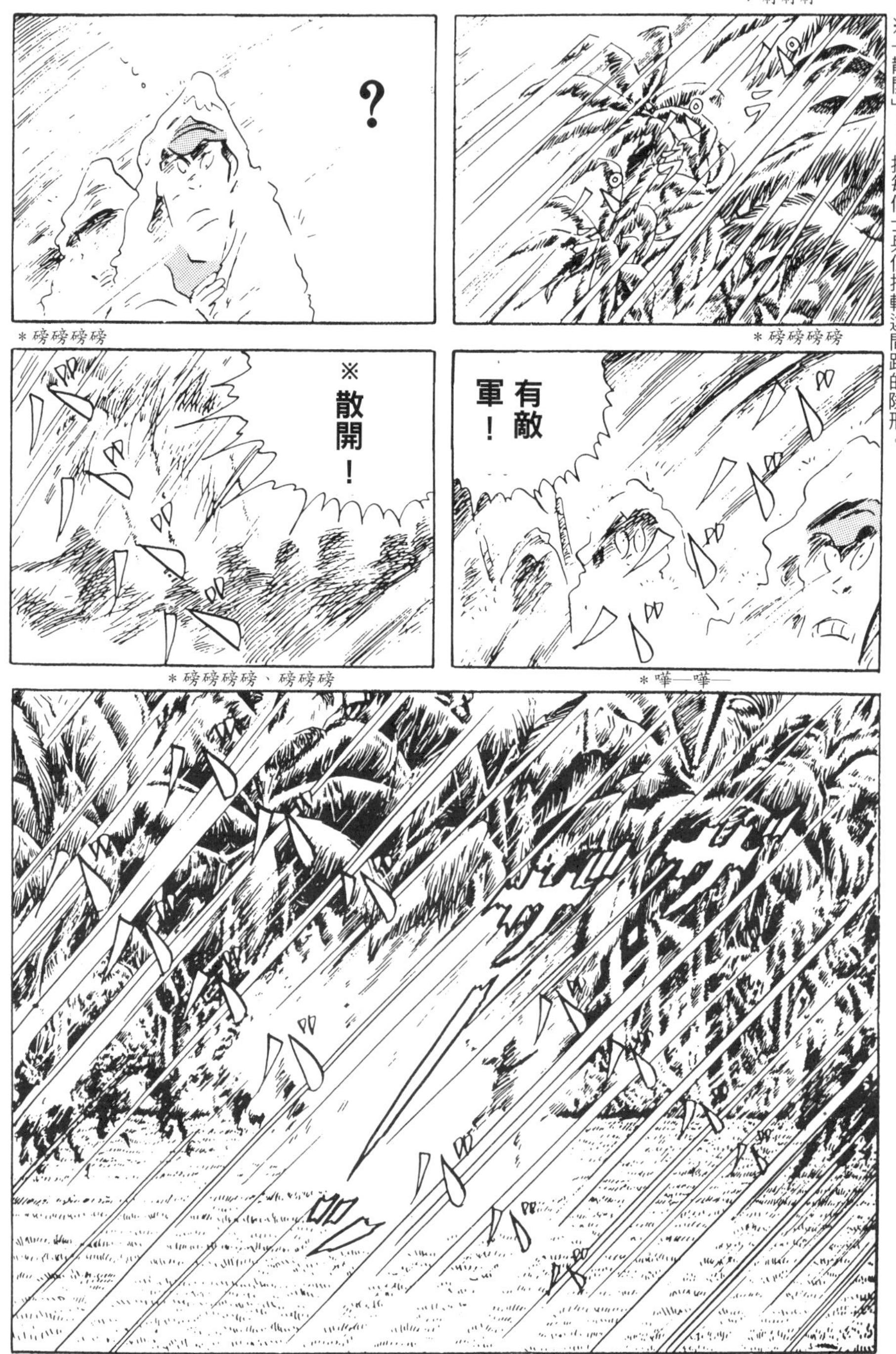
＊唰唰唰
※「散開」……指每個士兵保持較遠間距的隊形。
？
＊磅磅磅磅
有敵軍！
＊磅磅磅磅
※散開！
＊嘩—嘩—
＊磅磅磅磅、磅磅磅

＊嗚呃
うっ

＊咻
啊！
プス

加山！

＊磅磅磅磅

暫時撤退！

給我等一下。
啊。

＊嘩嘩—

我要去切下加山的手指，你也來幫忙。
哪有這樣的……

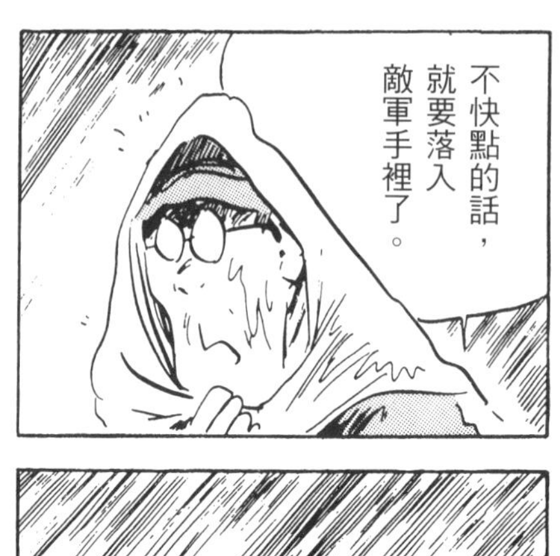
不快點的話，就要落入敵軍手裡了。

＊嘩嘩—

＊磅磅磅磅磅

喂，加山！
バババババ
他還活著呢。

快點切下小指。
噫噫

好當成遺骨。

＊鏘
我來抓住他，你用鏟子動手。
是…
＊鏘
＊吁—
切不斷。
＊咻—
快點弄啦，蠢蛋。
遵命。
＊嘩嘩—

大概知道敵軍躲在哪裡了。

分成四隊加以包抄。

敵軍最多也不到二十人。

這麼一來的話，
那就分成四隊出發吧。

就由一支分隊負責殿後吧。
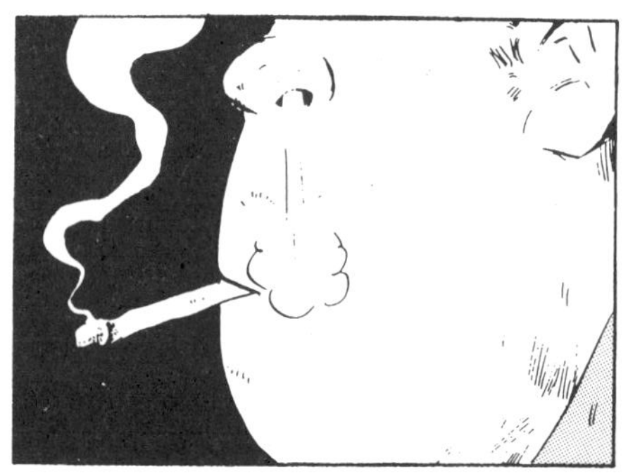
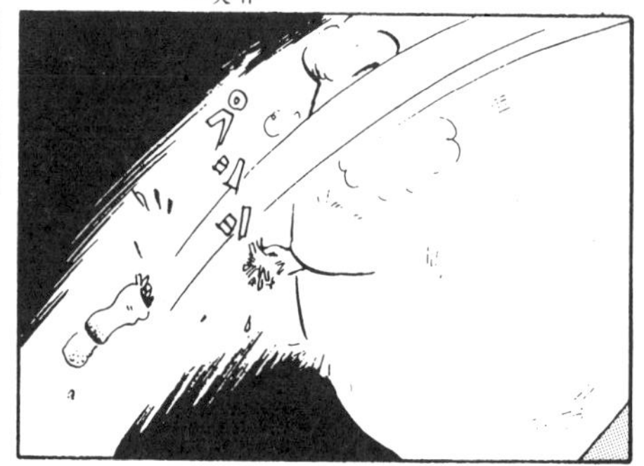
＊噗咻

哇，是敵軍！

輕機槍射擊！

＊噠噠噠噠

ダダダダ
＊噠噠噠噠

步槍！

ドン
＊砰
ガチャガチャ
＊喀鏘、喀鏘

四分隊發射※擲彈筒。
發射！

ズド
＊砰隆

※「擲彈筒」……由步兵配備的筒狀榴彈發射器，火力介於手榴彈與迫擊砲之間。

＊轟—隆
バン

全軍展開突擊！

＊嗚哇—
うわーっ

＊嗚哇—
うわ

＊靜悄悄
シーン

似乎已經逃走了。
朝那間房子射擊輕機槍！

＊噠噠噠噠噠

好像已經逃走了。

哇，這裡有罐頭！
居然還有巧克力。

你說什麼？

敵軍在打仗時居然還吃得這麼奢侈。

就是說呀。
等一下。

你還是新兵，不能吃得這麼好。

說什麼傻話。
嚼嚼

你說什麼！

＊啪啪啪啪啪

幹嘛啦。
停手吧。

膽敢違逆老兵的話，就等同於違逆天皇陛下的命令，
你連這種事都不知道嗎？

金田那傢伙真囂張。

喂，這裡有罐頭。

＊咂— ＊咔滋咔滋 ＊大口咬

ガブッ
ペッ
ペッ

＊咂— ＊喀

你的牙齒還真厲害。
ガリッ

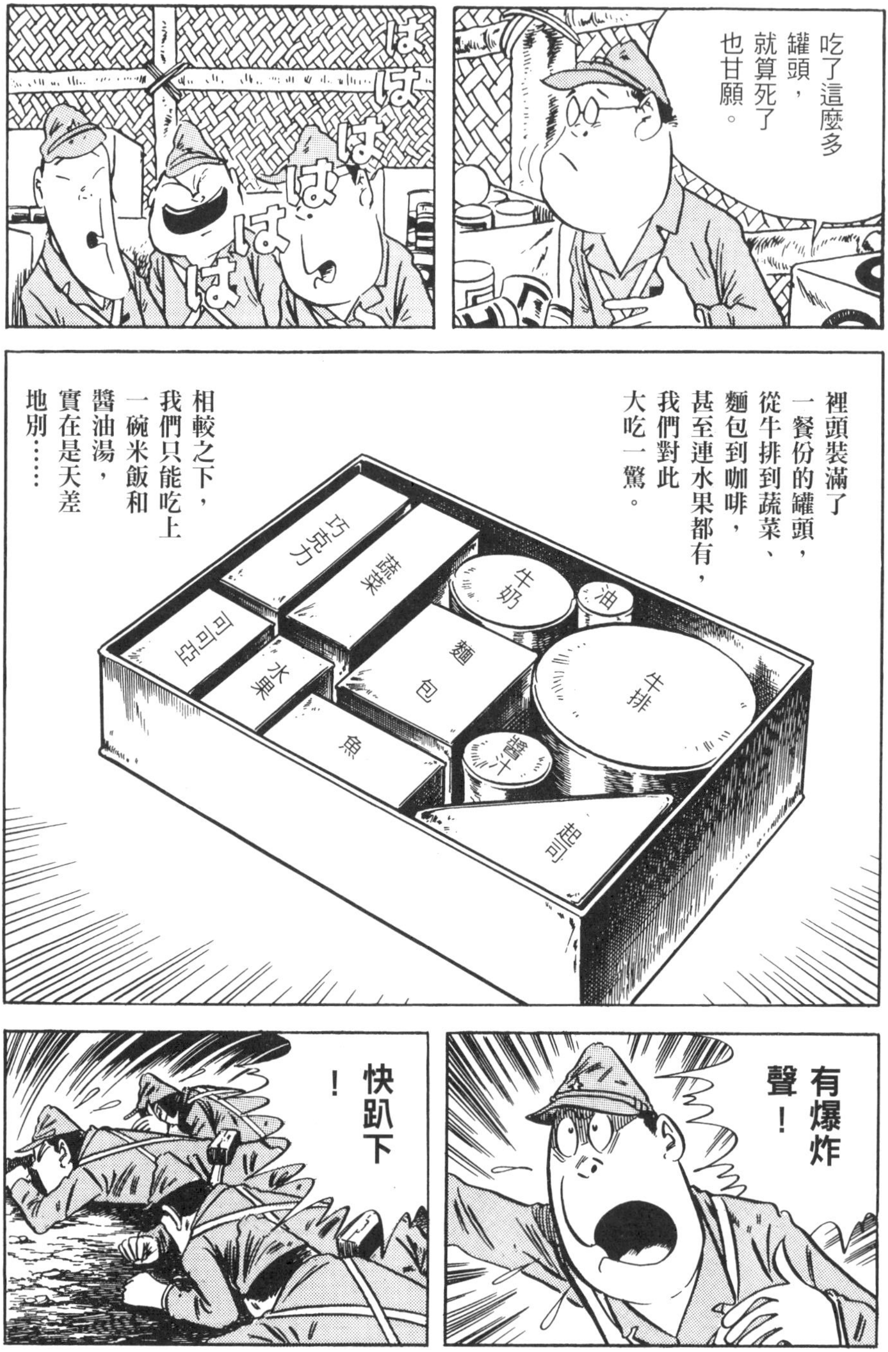

吃了這麼多罐頭，就算死了也甘願。

*哈哈哈哈哈哈

はははははは

裡頭裝滿了一餐份的罐頭，從牛排到蔬菜、麵包到咖啡，甚至連水果都有，我們對此大吃一驚。

相較之下，我們只能吃上一碗米飯和醬油湯，實在是天差地別……

巧克力
蔬菜
牛奶
油
可可亞
水果
麵包
牛排
魚
醬汁
起司

有爆炸聲！

快趴下！

第7章 麥克阿瑟歸來

在塞班島淪陷之下，日本不要說是攻擊了，就連迎擊都辦不到。
畢竟只剩下四艘航母。

陸海軍加起來，能用的飛機只有一千五百架。

這傢伙是怎樣……
?
不好意思，在此借用「大和號」的艦橋來報告。

即便是一人獨佔首相、陸相、參謀總長寶座的東條英機大將……
也在七月十八日辭職，改由※小磯國昭內閣上台。

※「小磯國昭」（一八八〇～一九五〇）……陸軍大將。第四十一屆內閣總理大臣。戰後被定為甲級戰犯而被判處終身監禁，最後病死獄中。

口中說著
即便國家滅亡
也在所不惜，
而叫我們
披掛上陣，
然而局勢不過
稍微處在下風，
竟然就
如此撻伐
我等，
實在太不
像話了！

……就像這樣，
塞班島淪陷時，
他的心情
相當糟……
東條甚至
動用憲兵，
來欺負自己
看不順眼
的大臣、
或是像
中野正剛等
反對派人士，
他也有如此
感情用事
的一面。

此外，
嶋田海軍大臣
還被戲稱為
東條的
副官，
可見
他對
東條
有多麼百依百順，
而且兩人都
十分喜愛靖國神社。

於是木戶內大臣便以
一、將陸海總長和
大臣加以區分；
二、辭退海軍大臣；
三、讓重臣入閣；
作為條件，
主張內閣改造。

我有一股
不好的
預感。

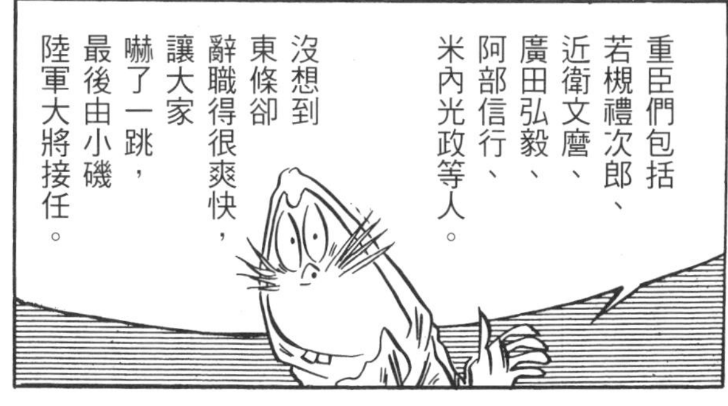
重臣們包括
若槻禮次郎、
近衛文麿、
廣田弘毅、
阿部信行、
米內光政等人。
沒想到
東條卻
辭職得很爽快，
讓大家
嚇了一跳，
最後由小磯
陸軍大將接任。

就在此時，緬甸的英帕爾戰線也開始撤退了……

昭和十九年七月二十五日，大本營敲定了「捷號作戰」。

ザザ

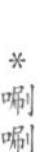
*唰唰

亦稱為「七成決戰案」，

策略是將七成現有戰力用於決戰，剩下三成則準備進入長期戰。

從中清楚展露出，就算使盡全力也毫無勝算的現狀。
捷號作戰將絕對國防圈加以後縮，細分成四個地區，

並由捷一號至捷四號的迎擊戰所組成。

其中最重視的便是菲律賓方面（捷一號），並將陸上決戰之地定於呂宋島。

陣地戰部份則放棄了以往的岸邊作戰，
改採四段並排的縱深陣地作戰。

參與捷號作戰的聯合艦隊，採取了宛如走鋼索般的作戰要領。
簡直是超越兵術常軌之奇道。

*磅

不過，除此以外也別無他法了。首先，面對敵軍機動部隊的空襲，由台灣、菲律賓的基地航空部隊展開奇襲，逐漸削弱敵軍兵力。

就像這幅畫一樣地迎戰。

ばしゃ

＊砰砰砰砰

＊砰隆—砰隆—

ドドドドド

ドカーン

ドカーン

ドドカーン

第二，當敵軍出現在登陸地點時，派出游擊隊以誘敵深入，好將其孤立。

此時，趁運輸船隊兵力不足，再由我方主力艦隊一舉突擊，以殲滅其登陸兵力。

諸如上述，這是立於許多假設之上的「奇道」。

另一方面，美軍也半開玩笑似地，立下了可稱之為「卑劣」的巧妙佯攻作戰。
昭和十九年十月十日，轟炸沖繩、空襲呂宋島基地。同月十二日，攻擊台灣南部。

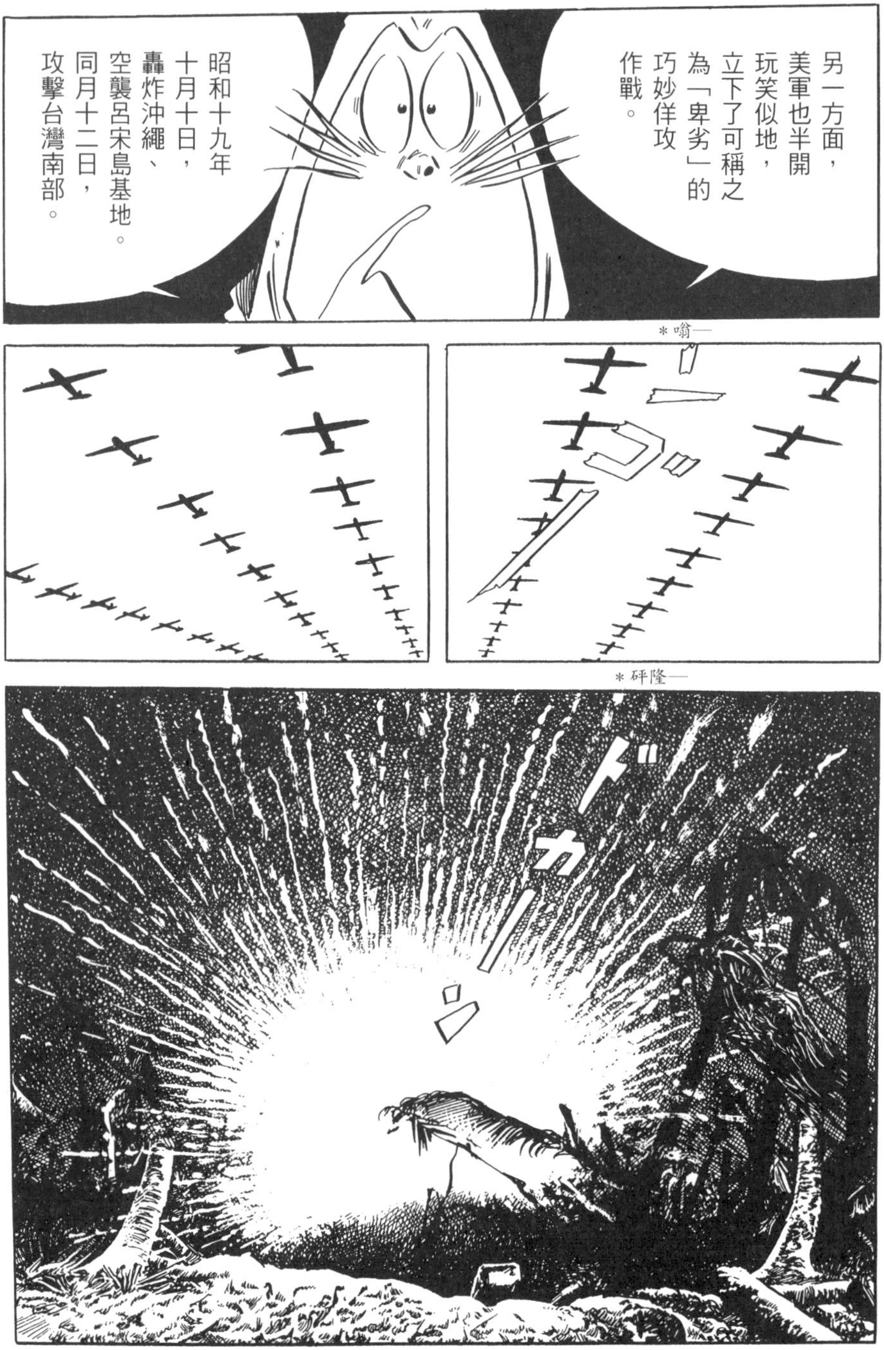

＊嗡—

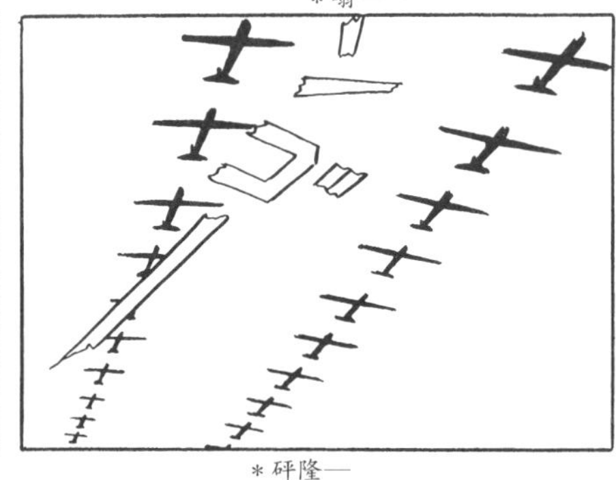

＊砰隆—

面對這番攻勢，日本海軍精銳的T部隊（颱風部隊）等九百零五機，也隨之出動反擊。

*轟隆—

どっかーん

日本所發表的戰果是擊沉航母十一艘、戰艦二艘，由我軍獲得壓倒性的勝利，而國民也陷入了久違的勝仗情緒，
此即為「台灣空戰」。然而這是出自飛行員經驗不足的誤判，實際上只有二艘重巡遭到重創罷了。

美軍的佯攻作戰十分奏效，
日軍還以為美軍已經遍體鱗傷了。
於是……

將呂宋島決戰改成雷伊泰島決戰，

就在此一決勝負吧。

昭和十九年十月二十日上午十點，美軍開始在雷伊泰島登陸。

ダダダダダダ

＊噠噠噠噠噠噠

到了傍晚，已經有六萬名士兵和一萬噸物資上岸。

※麥克阿瑟在岸邊的巡洋艦納許維爾號上，透過無線電的開放頻道喊話。

※「麥克阿瑟」（一八八〇～一九六四）……美國元帥。二戰爆發時擔任美國遠東軍總司令。戰後擔任駐日盟軍總司令，昭和二十六年（一九五一）遭杜魯門撤職歸國。

這裡是自由之聲廣播，我是麥克阿瑟上將。

各位菲律賓市民，**我回來了。**

同日，在馬尼拉北方的第二〇一航空艦隊本部，司令長官※大西瀧治郎中將作了一個重要決定。

除了在零戰裝上二十五公斤的炸藥，直接撞上美軍航母之外，
雷伊泰島決戰已別無其他攻擊之道了。

於是乎，※神風特別攻擊隊於焉誕生。

※「大西瀧治郎」（一八九一～一九四五）……海軍中將。神風特別攻擊隊的首倡者。敗戰後切腹自殺。

就拜託各位了，
請為了日本而成功。

多多拜託了。

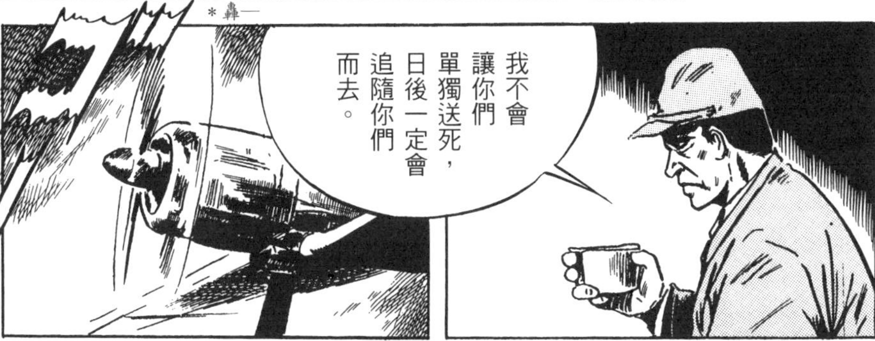
＊轟—
我不會讓你們單獨送死，日後一定會追隨你們而去。

＊轟隆—

※「神風特別攻擊隊」……簡稱為「神風特攻隊」。日軍在中途島海戰失敗後，為挽救劣勢、透過裝上炸藥來衝撞敵艦的自殺式攻擊機隊。

＊嗡—
若此戰
未能得勝，
祖國再無
前途可走。

收到擊滅
命令的
神風特別
攻擊隊，

無論送行者
或出征者，
都深知今生永別
而面露微笑。

發出爆音
飛離基地，
啊，神鷲
的肉彈行。

＊磅磅磅磅磅磅磅磅

＊咻—
ギュー

*咚—

*砰隆—

ボッガーッ

第8章 國民生活陷入困境

好啦，大夥們，所謂「槍後」的國民生活究竟是怎麼一回事，話題得回到昭和十六年（一九四一）。

開戰時只有二四〇萬人的軍隊，到了昭和十九年已經膨脹到四〇〇萬人。

男性勞動人口中每六人就有一人在服兵役，而十九年底，更第二度將徵兵年齡降低至十八歲，因此增加到五四〇萬人。
到了二十年八月終戰時，甚至高達七二〇萬人。

理所當然的，生產力也隨之大幅下滑。作為對策，
則對少年和未婚女性進行勞務動員。但這群工人技術不夠熟練，生產效率自然也高不到哪裡去。

在煤礦坑等
重度勞動的地方，
中國俘虜、
從韓國強擄而來
的人們等，
則被迫
如奴隸般
工作。

南方物資始終
運不過來，
工業產品和
民生用品的
生產也因而
一落千丈。

＊唰—

在統制經濟
之下，商業
只剩下配給
和黑市。
而在勞動力
被兵役奪走
之後，
農業也顯得
欲振乏力。

國民生活越來越吃緊。光從飲食方面來看，在開戰當時，每位成人尚可配給二・三合米；二十年夏天則掉至二・一合，甚至無法按照券面的額度來配給。

從※七分搗變成五分搗，
又再掉到了二分搗，
最後只有米糠越堆越高。
到了十九年則
配給了雜穀和地瓜
以替代白米。

※「七分搗」……戰時日本政府公布了米穀搗精等制限令，必須將配給的稻穀自行搗成精米。七分搗指的是配給米穀的比例。

每天都吃這麼難吃的玩意兒，實在撐不下去了…
只要一想到被派上戰場的人們，這就不算什麼了。

妳每次都把這種話掛在嘴邊，
不過跟陸軍、海軍有關係的人們，

私底下可是都吃著大餐呢。
我呀……

只要一想到阿茂跟宗平，
就覺得這不算什麼。

＊碰
どん

最近就連小兒子幸夫都被學徒動員，被調到長崎的造船廠了。日本要是不打贏，三個兒子就回不來了！
勝利之前絕不罷休！

*轟—

ゴー

昭和十九年六月十六日，從中國成都的美軍基地出發的B29，對北九州空襲。

此後，日本本土便連日遭受激烈空襲。

同年秋天以降，當馬里亞納群島建立出Ｂ29基地之後，局勢更是急轉直下。國民非但要接受燈火管制、防火訓練，為了防止建築物延燒，更實施「建物疏開」，也就是強制破壞之意。

所謂的燒夷彈，跟二十年後用於越南的凝固汽油彈，都是同一類產物。

住在都市的人們也紛紛利用各種管道，讓孩子們疏散到
免於空襲的鄉下。

昭和十九年八月，開始集體疏散。

離開雙親、不習慣的鄉間生活，令孩子們掉下淚來。

第9章 雷伊泰灣海戰

作為捷一號作戰核心的第二艦隊（由栗田健男中將指揮），早已於昭和十九年（一九四四）七月進駐新加坡南方的林加島，經過三個月的夜戰訓練。

隨著作戰啟動，朝雷伊泰島出發的艦隊之中，戰艦大和號、武藏號的雄姿顯得份外搶眼。

雙雙備有九門四十六英吋主砲，
可說是世上最巨大的戰艦，
但也因此需要大量重油。
此時已經進入了飛機時代，
兩艦至今都沒什麼活躍的機會。
不過，發揮真本事的時刻終於到來。

在從汶萊灣
出發前的
二十一日，
武藏號加完
油後，全艦
改塗成
灰白色。

作為吸引敵機的誘餌，
這可說是武藏號的壽衣。
隔天十月二十二日晚間，

栗田長官將艦隊司令官和參謀召集至旗艦「愛宕號」。

戰局遠比各位所想的吃緊，要是最後國破家亡，就算保住艦隊也不過是徒增羞辱。大本營是給了我們一個「葬身之地」。

二十三日早上，
駛經巴拉望航線的
栗田艦隊遭受
潛艦的魚雷攻擊。

愛宕號
遭魚雷

命中！
一發、
二發、
三發、
四發。

＊砰砰砰砰砰
全員
撤艦！

＊唰唰—

全體上甲板！

＊轟—　＊砰砰砰砰砰砰

振作一點！

＊唰唰—

栗田長官
被拋入海中，
將旗艦改為
「大和號」
之後…

就此
展開
進擊。

二十四日，從明多洛島
前往錫布延海途中的
栗田艦隊，共遭受
五百機的五趟攻擊。

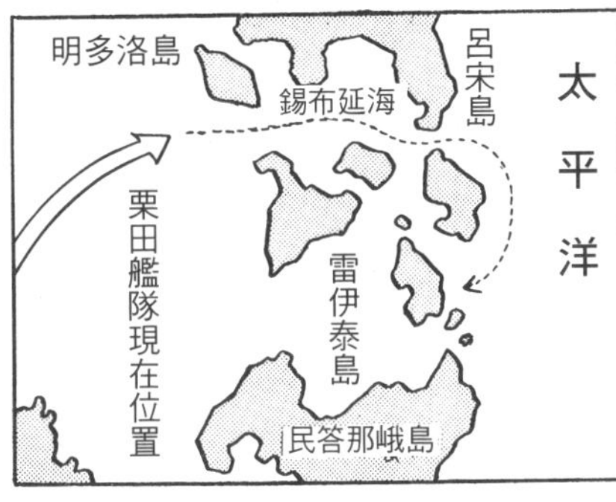
太平洋
呂宋島
明多洛島
錫布延海
栗田艦隊現在位置
雷伊泰島
民答那峨島

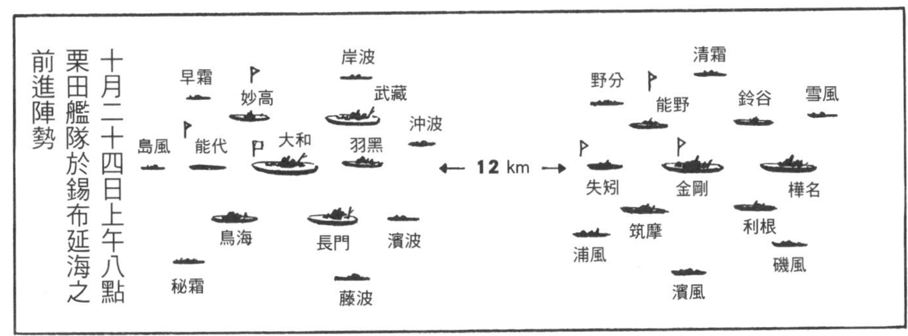
十月二十四日上午八點
栗田艦隊於錫布延海之
前進陣勢
清霜
野分
能野
鈴谷
雪風
失矧
金剛
榛名
筑摩
利根
浦風
磯風
濱風
12 km
岸波
早霜
妙高
武藏
沖波
島風
能代
大和
羽黑
鳥海
長門
濱波
秘霜
藤波

＊嗡—

「大和號」是栗田艦隊的旗艦。敵軍雖然對「大和號」集中攻擊，「武藏號」艦長則用主砲從側面發射※三式彈，好護衛「大和號」。

※「三式彈」……日軍為戰艦、巡洋艦開發使用的對空砲彈。適用於四十六厘米主砲的榴霰彈。

＊轟隆

ガガん

敵軍逼不得已，只好將砲火集中在武藏號上。無論轟掉多少架，敵軍機群依然不斷逼進！

ギュ
＊咻—
ば
＊磅、磅、磅
ば
ば
ば

＊砰砰砰砰砰
どどどどど

第三波時有魚雷一發，第四波又有魚雷四發、炸彈五發命中，第五波則是魚雷十一發、炸彈五發命中。

＊唰唰—

傾斜判斷無法復原！
傍晚七點三十五分，「武藏號」沉沒。艦長也和這艘戰艦同生共死。

包括從
本土
豐後航線
出發的
四艘航母
在內，

第三艦隊
（由小澤
治三郎中將
指揮）
在二十四日
出動了
艦載機，

襲擊薛曼
少將的美軍
機動部隊，
好引誘由
海爾賽上將
指揮的美軍
主力部隊
北上。

可是，小澤艦隊雖然
透過通訊機將此事
傳達給栗田艦隊，
機器卻太過老舊，

害得栗田艦隊始終未能
收到訊息。在栗田艦隊、
小澤艦隊之外，
還有一支西村艦隊。

這支
艦隊
從南方
衝入
雷伊泰
島。

西村艦隊是由戰艦
「山城號」、「扶桑號」，
航空巡洋艦「最上號」
以下四艘驅逐艦組成。
西村中將向來勇猛過人，
因此強行突破了蘇里高
海峽，一路直衝雷伊泰島。
但等待著他們的
卻是擁有西村艦隊
四倍兵力的敵軍。

那是個
狂風暴雨
的日子。

＊砰砰砰砰砰砰

どどどどどど
西村艦隊
面前出現了
戰艦六艘、
重巡八艘
的美軍
艦隊。

＊砰砰砰砰砰
どどどどど
西村中將
在此壯烈陣亡。

＊劈啪劈啪劈啪
「扶桑號」艦長
雖然立刻接手指揮
並展開攻擊，

但「扶桑號」不久後也沉沒了。直到沒入海面之前，「扶桑號」仍不斷發射大砲。可是，只因為收到命令就勇敢突擊…

這點似乎不該僅止於此，再多花點心思不是更好嗎？

栗田艦隊
雖然朝聖貝納
迪諾海峽前進，
但因空襲實在
太過激烈，
無奈之下
只好掉頭
（幸好
有掉頭）。

美軍艦隊就守在
聖貝納迪諾海峽，
但不管再怎麼等，
遲遲不見日本
艦隊的蹤影，
只好解除包圍。
不過到了
夜裡……

突破聖貝納
迪諾海峽！
海峽的水流
時速是八英哩，
航線上最狹窄之處
則不到二英哩。
兩岸沒有點起半盞燈火，
更四處都是淺灘，
不過飽受夜戰訓練的
艦隊仍然平安通過了。

突破航線之後，就在水平線發現了四根桅桿，

那是敵軍的護衛航母。

＊砰—隆

全軍展開突擊！

どどーん

「大和號」、「金剛號」的主砲同時命中，航母「甘比亞灣號」遭轟沉。

ぼがーん

*磅

在美軍制空權下，日本艦隊竟突然現身，迫使航母部隊只好拼命逃竄。

第五、第七艦隊突擊！

當時，
麥克阿瑟
正喜孜孜地
在菲律賓跨出了
第一步。
這個時候，
栗田艦隊
已逼近
雷伊泰灣。

ザザ
ザザ

*嘩嘩、嘩嘩

在此衝入雷伊泰灣！

長官，收到美軍機動部隊在北方出現的消息。

……
……
……

會在多久之後接觸？

根據報告的位置，應在一小時後。
一小時！

自從這個作戰開始以來，栗田中將便不曾闔眼⋯
一個小時後，美軍機動部隊就會出現。

究竟該衝入雷伊泰灣、留下戰果，還是作為日本海軍之恥流傳後世呢？

問題雖不在於損傷，可是每擊沉敵軍一艘，我軍就得失去十艘的話，就太不划算了。不能只因為是大本營的命令，就魯莽衝入必敗的戰場，讓一萬二千名部下白白送死。
如果遵從大本營的命令，我就盡到自己的責任了……可是……

艦隊右滿舵，
朝北方前進！
全員都嚇了一大跳，還以為究竟發生了什麼事——

本隊將朝蘇盧安島燈台五度、一一三海里處的敵軍機動部隊前進，以決一死戰！
這次大迴轉是在栗田長官一人的決斷下所執行。

然而北方卻找不到美軍航母的蹤影。

＊唰唰—
關於小澤艦隊已將他們誘至北方一事，

栗田艦隊對此一無所知。

如果栗田艦隊當時有衝入雷伊泰灣的話呢？麥克阿瑟說不定會被擊敗，不過也有可能取得相反的下場，結果只有上天才知道了。二十八日，艦隊返回汶萊灣，但日本艦隊已受到重創。

第10章 敵軍登陸，中隊長自殺

＊咻咻咻

*嗡—

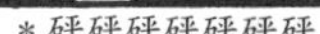
*砰砰砰砰砰砰砰

大家聽好了，最近空襲越來越激烈，敵軍就快登陸了。

明天全員移動到山上陣地。

這種時候，大隊長卻帶著一個中隊和一個迫擊砲小隊跑來尊根。

他們在拉包爾吃飽了白米飯過來，我們卻只能在這陸上孤島啃著木瓜根，不停修築陣地。

簡直就像貴族和奴隸一樣。

雖然我很想這麼說，但事情就是如此，跟大家報告一下。

搞什麼嘛，大隊長居然在這種時候……

才說要來……

一直以來都丟著我們不管。
就是說。

＊砰隆——

＊砰砰砰砰砰砰砰

搞什麼，大半夜的……
敵軍該不會是發瘋了吧？

混帳傢伙，什麼半夜，現在已經早上了。
啊，要去打飯了。

哎呀。
啊，是大隊長。

向大隊長大人敬禮！
嗯。

阿兵哥。
是！

「一人十殺」之後再玉碎，知道了嗎！
是。

大隊長到底是怎樣？
居然這麼跩。

那傢伙才二十七歲，不知何時竟升上了少佐。
沒多久前還只是大尉呢。

相對的，我們的中隊長居然到現在都還是中尉。
我們也一直都是二等兵呢。

＊砰咚
コン
一定是被忘掉了。
混帳傢伙，上哪去煮飯。

喂，聽說敵軍在卡洛萊登陸了。
噫，難怪最近一直覺得不太對勁。
有巨響！
是空襲！
這次可不得了了！
ゴオ
＊轟隆──
はぁはぁ
＊吁吁

＊砰砰砰砰砰

陣地被炸成一片禿山。

敵軍則趁著此時在卡洛萊登陸，兵力有一個連隊以上。

不僅人數是我們的六倍，物資更多出二十倍。

＊砰咚

ドサッ

＊喀啦喀啦喀啦

雖然有古川中尉和A少尉等三十餘人駐守在卡洛萊，但在猛烈的迫擊砲之下，加上那裡距離尊根陣地只有一天路程，大家都開始不安了起來。

ガラガラガラ

此時，A少尉在半夜赫然驚醒，

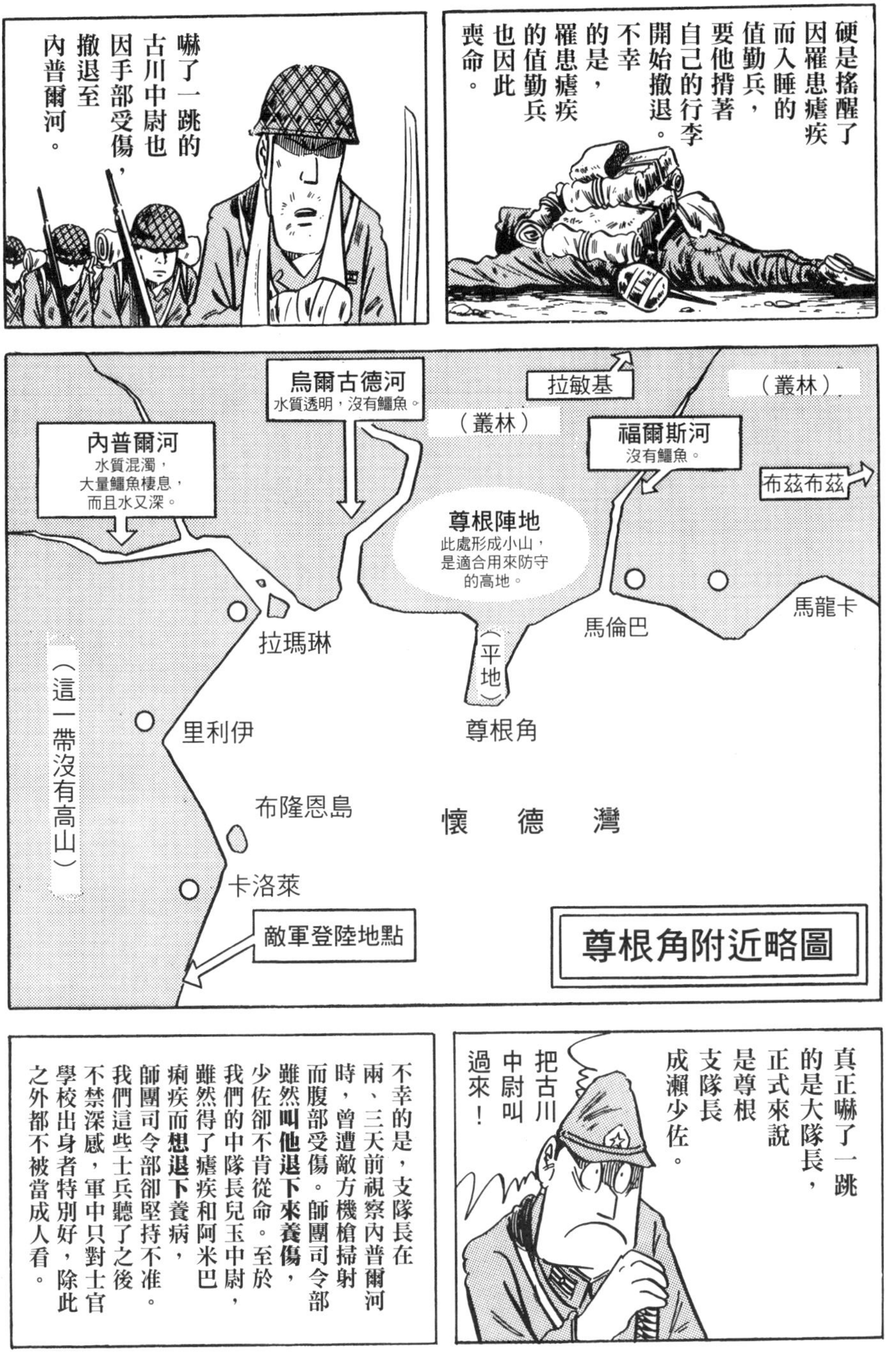

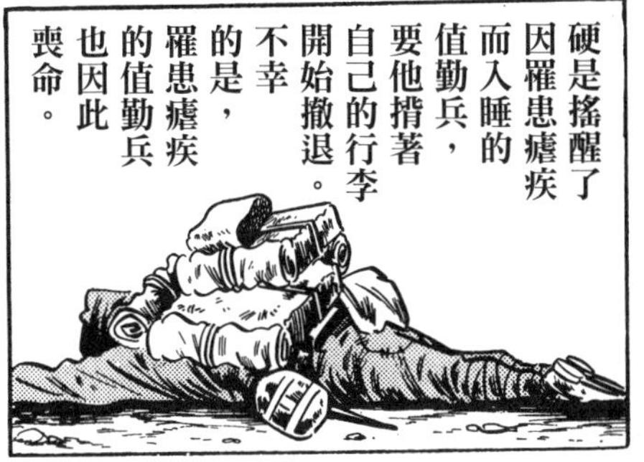
硬是搖醒了因罹患瘧疾而入睡的值勤兵，要他揹著自己的行李開始撤退。不幸的是，罹患瘧疾的值勤兵也因此喪命。

嚇了一跳的古川中尉也因手部受傷，撤退至內普爾河。

尊根角附近略圖

烏爾古德河
水質透明，沒有鱷魚。

拉敏基

（叢林）

（叢林）

福爾斯河
沒有鱷魚。

內普爾河
水質混濁，
大量鱷魚棲息，
而且水又深。

布茲布茲

尊根陣地
此處形成小山，
是適合用來防守
的高地。

馬倫巴

馬龍卡

拉瑪琳

（平地）

（這一帶沒有高山）

里利伊

尊根角

布隆恩島

懷德灣

卡洛萊

敵軍登陸地點

真正嚇了一跳的是大隊長，正式來說是尊根支隊長成瀨少佐。
把古川中尉叫過來！

不幸的是，支隊長在兩、三天前視察內普爾河時，曾遭敵方機槍掃射而腹部受傷。師團司令部雖然**叫他退下來養傷**，少佐卻不肯從命。至於我們的中隊長兒玉中尉，雖然得了瘧疾和阿米巴痢疾而**想退下**養病，師團司令部卻堅持不准。我們這些士兵聽了之後不禁深感，軍中只對士官學校出身者特別好，除此之外都不被當成人看。

提到士兵們
對大隊長的不滿，
雖然這件事
有點蠢，
但以前受命
捕捉過年
用的
豬肉
時，

曾經從海軍那邊
分到一頭肥豬。
然而士兵最後
卻只分到了
一顆骰子大小
的豬脂肪，
作為過年
的豬肉。

只要一想到
那頭肥豬究竟
是被誰吃掉了，
那個
腦袋裡不知
在想什麼的大隊長
（就士兵們看來
是如此）

大口吃著
豬排的模樣，
就會浮現在
士兵們眼前。
在這個
貧乏之處，
因食物而起的
怨恨特別深。
大隊長其實
也不是什麼壞人⋯

古川中尉！
在！

你將因
「陣前逃亡」
而被槍斃！

不想揹起
「陣前逃亡」
這份污名的話，
就立刻化為
游擊隊，
攻擊敵軍
後方！
遵命！

現在馬上出發！
遵命！

古川中尉一臉鐵青，連早飯都沒得吃就離開…

＊砰砰砰砰砰

敵軍在內普爾河的渡河處設下迫擊砲陣地，開始砲擊。

什麼，敵軍逼近到烏爾古德河了？
是。

叫迫擊砲小隊去對烏爾古德河的敵軍進行砲擊。

＊碰咚—
ドーン
我軍每射出一發砲彈，
就會挨上五十發還擊，
我軍迫擊砲
因此遭到摧毀。

我等兒玉
中隊仍待在
堅固的陣地裡，
而吉田分隊的
位置就在烏爾
古德河上方。

你去給我
汲水！
今晚
我要當
敢死隊。

而且聽說
水源地已經
被敵軍
奪走了。

分隊長，怎麼辦，我們要在**缺水**之下打仗嗎？
快去汲水，趁現在還來得及。

在這個槍林彈雨之中嗎……
你這傢伙。

老是在強詞奪理。

真過份。

此時，敵軍已經從烏爾古德河逼近我方陣地了。

ガラ
ガラ
ガラ

啊，是敵軍。

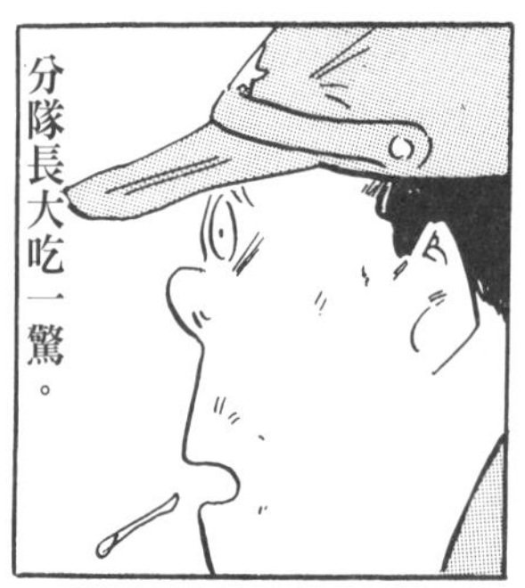
分隊長大吃一驚。

輕機槍準備發射！

カチッ

*喀鏘

*噠噠噠噠、噠噠噠噠

ダダダダ
ダダダダ

*噠噠噠

ダダダ

*喀噠

故障了！
カタ

沒問題嗎？敵軍就要來了。

喂，輕機槍還沒修好嗎？

＊砰
＊磅—

暫時還修不好。

＊喀鏘、喀鏘
＊砰隆—

隔壁的分隊在搞什麼，該不會已經撤退了吧……
＊砰隆

啊！

＊喀啦喀啦

＊轟隆—

ドカーン

＊噠噠噠噠噠

ダダダダダ

吉田分隊全滅，好友赤崎也陣亡了。得知吉田分隊正在苦戰後，宮分隊前往馳援，卻被吉田分隊當成敵軍而對著他們開槍，因此始終無法靠近。敵軍從內普爾河上游而下，一舉佔領水源地，並在此架設機關槍。失去水源地一事，為我們帶來了深不見底的絕望感。

＊砰砰砰砰砰砰

大隊長的陣地也遭受迫擊砲猛攻，實在待不下去了，只好轉移至兒玉中隊的陣地。

大隊長，有傳令。

什麼，我軍的重機陣地被摧毀了！

敵軍繞到後方，奪下了水源地，並一舉包圍我軍。

我們現在唯一剩下的辦法，只有玉碎一途了……

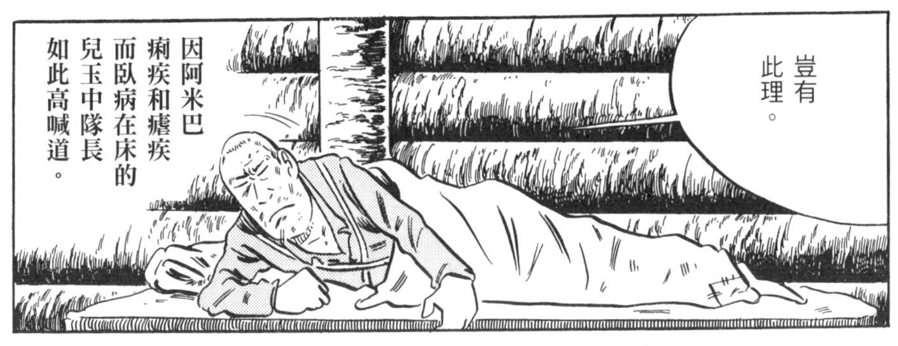
因阿米巴痢疾和瘧疾而臥病在床的兒玉中隊長如此高喊道。
豈有此理。

以毫無勝算的兵力誓死衝鋒，又有什麼用呢？
與其將陣地後退，

如餓鬼一般地在叢林裡苟延殘喘，
倒不如趁有精神的時候拼死突擊，還能對敵軍造成更大的打擊。

我堅決反對，這種事情根本就辦不到，我最清楚士兵們的心情了。

絕不後退半步，在當地實行玉碎，才是方面軍的方針。

喂，你還活著呀！
啊！

這不是宮軍曹嗎？
喂，吉田分隊已經全滅了！

咦咦！
已經完蛋了。

小隊長呢？
撤退了，我們也正打算要撤退。

＊轟隆——

ふわっ

＊飛起

不過卻遭到包圍了。
啊，接下來呢？

就是因為太散漫了，才會落到這田地。
啊，敵軍來了。

＊砰砰──
＊啪噠
啊，本田軍曹！
趁手榴彈還沒爆炸，快丟回去！
＊咻──咻──
＊磅──

＊轟隆—

啊，本田軍曹。
嗚嗚，把手榴彈給我！

＊痛呀呀呀呀呀

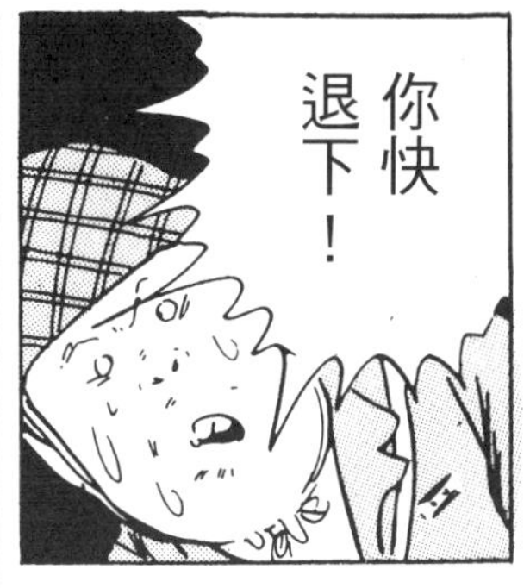
你快退下！

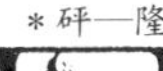
＊砰—隆

此時，年長的中隊長與太過年輕的大隊長之間，也來到了關鍵時刻。

內普爾河

烏爾古德河

尊根角

尊根陣地

懷德灣

馬倫巴

馬龍卡

全員將在此喪命，以作為拉包爾十萬將兵的榜樣。

說什麼傻話，應該立刻轉為游擊戰，切勿白白送死。

居然把美麗的「玉碎」說成白白**送死**，葬身當地不正是方面軍的命令嗎？

我就算動彈不得，仍然很清楚部下們現在心裡想些什麼。你的指揮簡直只有下士官程度，實在看不出來是陸士畢業。

不如我把你的部下跟一部份士兵交給你，就照你的想法去做吧。

那就這麼辦吧，我接下來要轉為游擊戰，而支隊長……
我將遵循一己之信念…

＊咻咻咻—碰

就此玉碎！

＊唧唧唧唧

副官呀，古人說得好，軍人有時非死不可。
就算打游擊戰能苟延殘喘⋯也不過是活著丟臉罷了。

而在毫無糧食之下，游擊戰應該比玉碎戰還難打吧。
可是大隊長，士兵們還沒下定決心要玉碎。

這種事我很清楚，但在敵軍包圍之下，現在又能做些什麼？
我好歹也是職業軍人，想覓得自己的葬身之所。

在此面朝祖國行訣別禮，全體向右轉！
接下來將全員玉碎！

＊嗚哇—
うわーっ

＊嗚哇—噫呀—

ギャ

後方拉包爾的師團司令部……

參謀長大人，尊根支隊傳來電報。

什麼？「今晚，支隊長以下全員將進行最後的敢死突擊，祈求拉包爾的光榮勝利。」三月十七日，支隊長成瀨少佐。

要玉碎還太早了吧？

從至今為止的報告來看，支隊應該仍可一戰。
成瀨少佐還很年輕，會不會是太想殉國了？

活用陣地、奮戰到最後一刻為止，別急著「玉碎」立刻這麼回電。

＊喀噠喀噠
カタカタ
然而
支隊長已破壞無線電機，電報傳不過去。

參謀長，尊根似乎已經全員玉碎了。

什麼？已經玉碎了……沒辦法，只好向師團長閣下報告此事，同時回報大本營。

這場急忙倉促的玉碎，日後造成了許多問題。
尊根這裡明明還有兒玉中隊還活著，司令部卻誤以為他們全都玉碎了。

昨天，與處於優勢的敵軍一路苦戰，拼命完成任務的成瀨支隊，支隊長以下已全員玉碎。

作為拉包爾方面軍的明鏡，在此為他們默哀，全體向左轉。

脫帽默哀！
真是太急於把他們埋葬了……

＊嗡—
司令部
雖然以為
戰爭已經
落幕，
尊根這裡卻
還在打仗⋯
グオーン

＊砰砰砰砰
ドドドドドドン

身心憔悴的
中隊長離開
壕溝。
接下來
將轉為
游擊戰！

先脫離敵軍包圍，
前往指定的地點，
好重編部隊
並養精蓄銳。
途中
若遇上敵軍，
就上下一心奮勇
殺敵，全力突破！

幸運的是，中隊不曾遇上敵軍，順利脫離陣地，但隔天下起了大雨……
拉敏基

＊嘩啦—

無論遇上任何事，責任都由我來擔。

ザザザー

相信他們一定能夠明白，離開陣地才是最好的策略。

本隊將一路沿山而行，朝拉敏基道前進。

抵達拉敏基道之後，我再跟師團司令部當面談判，好解決此事。

各位無須擔心，
儘管放手去做
就是了。
隊長就算賭上
這條命，
也會幫助你們。
中隊長的決心，
拯救了逾六十名
士兵的性命……
雖然對大隊長
過意不去，
但現在想起來，
其實是老中尉
救了我們…
＊嘩啦—
ザザーッ
每一天、
每一天
都是狂風
暴雨……
＊嘩啦—
瘧疾患者
不斷增加，
糧食逐漸
見底，
甚至有人
發瘋了…
ザザーッ
＊嘩啦—
ザーザーッ
＊咚隆
ばったり

中隊長說：
「這條路肯定是
通往馬倫巴。
再這麼下去，
還沒走到拉敏基道，
所有人都會死在
這座山上。

先在這裡
找點東西吃，
好好休息。
到了明天，
再由身體健康
的人前往
馬倫巴尋找
糧食。」

那我就去找糧食了…
新兵乖乖待在這裡。

糧食就交給我們吧，你們好好照顧中隊長。
說什麼傻話，我還很有精神。

ふはっ

怎麼了，今天已經是第三天了…

中隊長，馬倫巴說不定已經被敵軍佔領了……

＊嗚哇

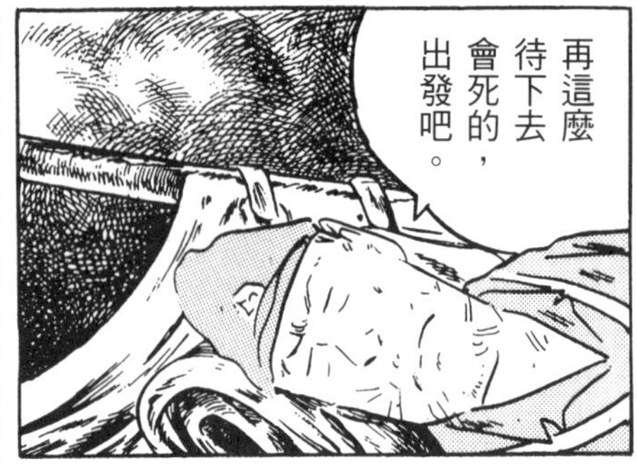
再這麼待下去會死的，出發吧。

我們非但迷了路，中隊長的病情也不斷惡化，就連抬擔架的士兵們都走不穩了……已經不行了。

大夥們，辛苦了……放我下來吧。

怎麼可以在這種深山裡放您下來，我們一起走吧。

不行，放我下來，我不想再添你們麻煩。

你們自己走吧，這是我最後的命令。

中隊長大人，
根據消息，內地也遭到空襲了。

據說戰局已經大勢底定。

說不定狀況已經有所不同了。
謝謝你們。

拜託，別理我了，你們走吧。

萬一你們還能活著回到內地，請轉告家人，我的忌日是在四月櫻花凋零之時⋯⋯

中隊長大人，請別說這種喪氣話，跟我們一起⋯⋯

我的身體，我自己最清楚⋯⋯
咦咦。

同樣都是一死，倒不如以軍人的身份自決。

我們知道了。
大家走吧……

……
……
……

ダーン

叢林裡傳出了一記槍響！

＊砰—

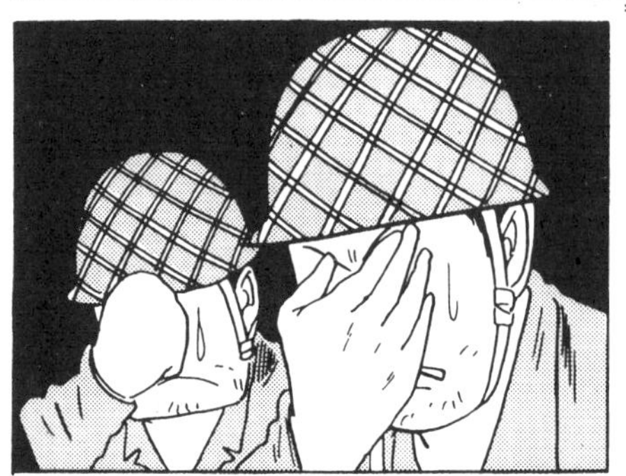

第11章 最後的死鬥

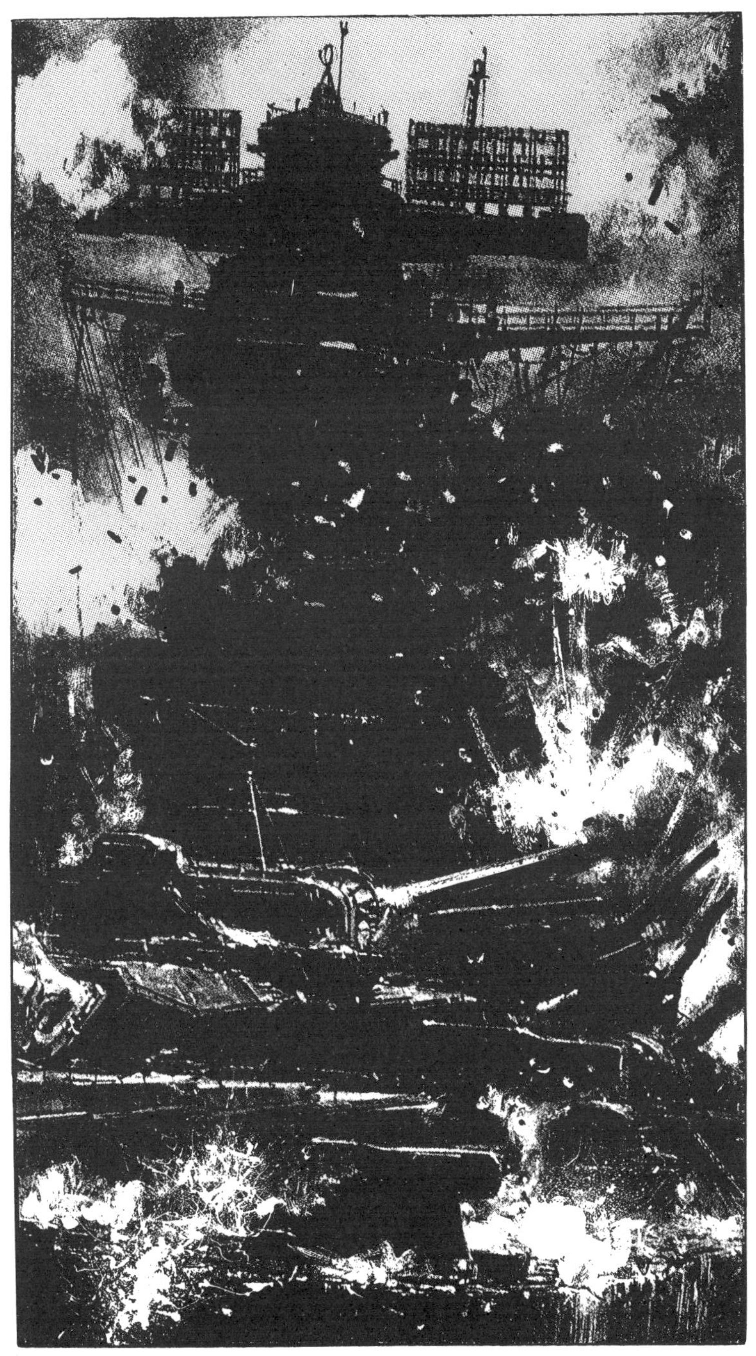

日、德、義三國同盟中，
首先是義大利在一九四三年
九月八日投降。
在德軍的救援之下，
墨索里尼雖然在北義大利
建立了新政府，
卻在一九四五年四月
為游擊隊所捕，
遭到槍斃。
至於法國，
自一九四〇年
六月敗給
德國以來，

雖然成立了
親德的
維希政權，
但盟軍在
一九四四年
登陸諾曼第、
攻入巴黎，
因此獲得解放。
德國已經
敗象畢露了。

元首！
我知道，敵軍已經來到柏林了…

我在此自裁，屍體就拜託你了…

＊轟—

一九四五年五月七日…

隨著希特勒在一週前自殺之後，德國決定無條件投降。
第二次世界大戰終於進入尾聲，中日十五年戰爭、乃至於最後五年登場的太平洋戰爭，也接近落幕。

＊磅磅磅磅

而菲律賓這邊，雷伊泰灣海戰雖然還沒進入決戰就結束了，島上的陸戰卻仍持續著。毫無補給的持久戰一路打了兩個月，數萬名將兵殞命。
＊砰砰砰砰砰
過完年，昭和二十年（一九四五）一月九日爆發了呂宋島決戰，司令長官是※山下奉文大將。在此同樣對上美軍壓倒性的資源，
日軍則以持久戰對抗。馬尼拉在二月落入美軍手中。一九四五年二月四日至十一日，在蘇聯的雅爾達一地⋯⋯

＊磅磅—磅磅磅磅

＊嗚哇—嗚哇—

※「山下奉文」（一八八五～一九四六）……陸軍大將。在馬來作戰、新加坡攻略時擔任司令官，立下戰績。戰後，在馬尼拉軍事法庭中，以戰犯身份被判處死刑。

※羅斯福（美）、※邱吉爾（英）、※史達林（蘇）三位首腦展開會談，即所謂的雅爾達會議。

從日本遲遲不肯投降這點看來，他們似乎相當有自信…

如何，蘇聯要不要從北方出兵，教訓他們一下……
可以。

但相對的，北方領土就是我們的了……
沒問題。

如此一來，美國的犧牲也會減少吧。
在北方有了屏障之後，

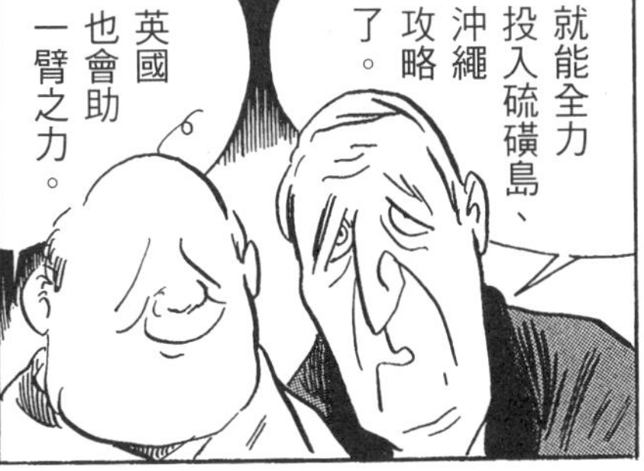
就能全力投入硫磺島、沖繩攻略了。
英國也會助一臂之力。

※「羅斯福」（一八八二～一九四五）……美國政治家。總統。於一九三〇年代經濟大蕭條時，推行「羅斯福新政」挽救不景氣。二戰後期，帶領美國對世界秩序發揮了關鍵作用。

＊砰砰砰砰

硫磺島是位於東京南方一千公里外的火山島，此處由栗林忠道中將指揮的陸軍一萬五千五百人和海軍七千五百人駐守。

在這座會噴出硫磺氣體的島上，栗林中將花了半年時間，挖出長達十八公里的地下陣地，以採取持久戰法。

昭和二十年二月十九日，五百艘艦艇搭載著七萬五千名美軍，在八千發艦砲射擊、一千六百機次的轟炸之下，開始登陸！

※「邱吉爾」（一八七四～一九六五）……英國政治家。第二次大戰期間，以首相身分領導英國，聯合美國等國家對抗德國，並取得了最終勝利。

＊噠噠噠噠

不過日軍的反擊也十分激烈，
造成美軍不少的犧牲。
ダ
ダ
ダ
ダ

＊噠噠噠噠

ダ
ダ
ダ
ダ

＊嗡—

＊嗚哇—

二十一日，二十架神風特攻隊飛來。

※「史達林」（一八七八～一九五三）……蘇聯政治家。主張一國社會主義。在列寧死後肅清反對派而成為獨裁者，在第二次世界大戰、戰後統治蘇聯。

＊砰砰砰砰砰砰

航母薩拉托加號受到重創、護衛航母俾斯麥海號沉沒…雖有以上戰果，但之後便不曾再發動航空攻擊。

＊轟隆隆

島上要地摺鉢山遭受三萬發砲擊，

＊碰碰碰

二十三日陷落。

＊砰隆

美軍反覆進行大量轟炸砲擊，

＊磅磅磅磅磅

登陸部隊更使用了
火燄噴射器，
而日軍則以地下
陣地戰進行頑強抵抗。
但就連飲水都缺乏的
日軍，終究在
三月底敗北，

＊萬歲—

最後
施行了
萬歲突擊。
日軍戰死
二萬二千人、
美軍六千人，
但美軍的負傷者
高達一萬七千人。
若合計死傷人數，
數字甚至超越了
日軍。

當時，軍方採用了一個奇妙的點子：從日本起飛出發，
也就是所謂的「氣球炸彈」。

昭和十九年（一九四四）十一月三日早上，這一天是明治節（明治天皇生日），在千葉縣一之宮、茨城縣大津、福島縣勿來的海岸，

和紙用蒟蒻糊加以黏合，裡頭裝填著氫氣，

十二顆直徑十公尺的巨大氣球就此冉冉升空，
氣球上堆滿了燒夷彈。

氣球炸彈將乘著偏西風，對美國本土進行「空襲」，其名為「富號作戰」。而這種獨特的作戰，直到昭和二十年四月之前都還在進行。

＊砰砰砰砰　　＊磅—

共有九千三百顆氣球升空，其中有一成順利抵達美國，造就森林火災等些許「戰果」。

＊磅磅磅磅磅

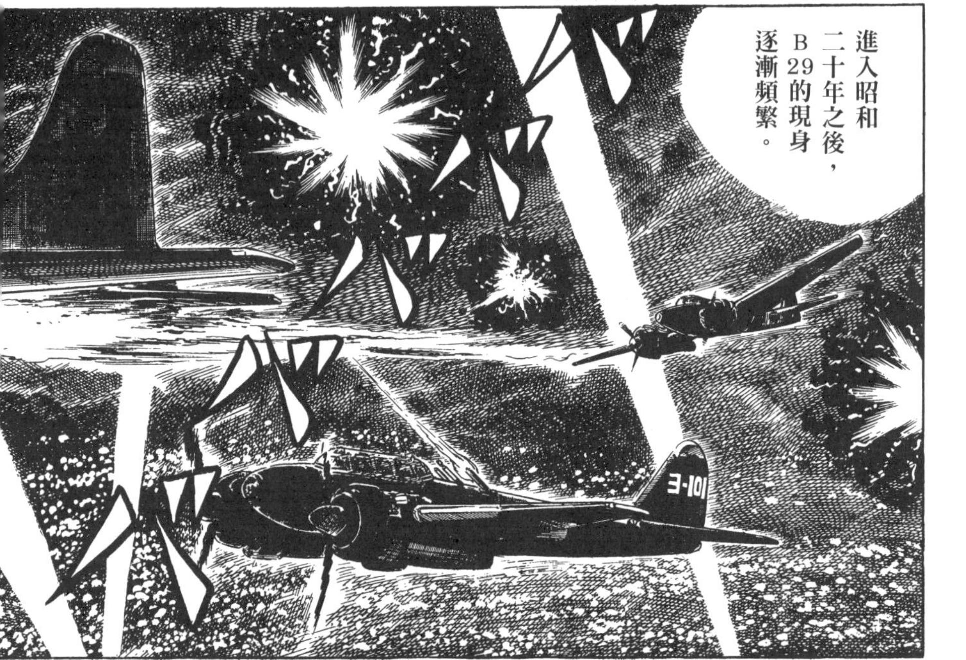

進入昭和二十年之後，B29的現身逐漸頻繁。

＊轟隆、轟隆、轟隆—隆

在三月十日晚間，日本首都東京遭受一百五十架B29的大空襲…死者七萬二千人、燒毀房屋高達十八萬棟。在空襲中，全國都市共燒毀了三分之一的房屋，殺傷六十六萬人。

ドカ
ドカ
ドカ

＊砰砰砰砰砰砰

＊萬歲—萬歲—

至於南方，在收到美軍即將登陸沖繩的消息後，特攻機也隨之出動。

＊嗚哇—

但在抵達沖繩之前，幾乎所有特攻機都被擊墜了
……即便如此，每天仍有特攻機出動。
＊轟—隆
＊嗡—

昭和二十年四月一日，十八萬三千名美軍開始登陸。

海軍也終於啟動「天號作戰」。戰艦大和號以下的最終聯合艦隊將以「水上特攻」之姿出擊，艦上只裝了單程燃料。

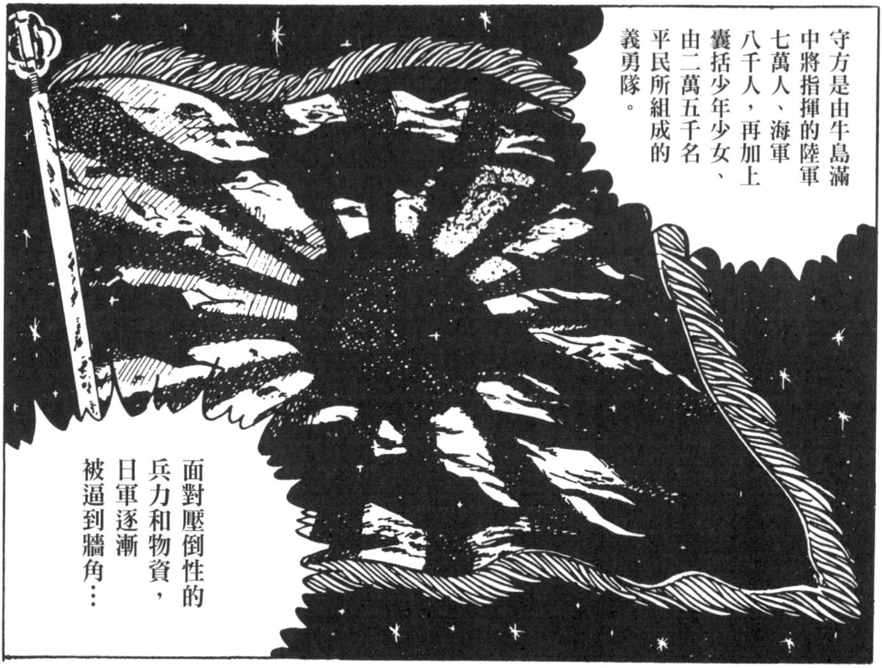

守方是由牛島滿中將指揮的陸軍七萬人、海軍八千人，再加上囊括少年少女、由二萬五千名平民所組成的義勇隊。

面對壓倒性的兵力和物資，日軍逐漸被逼到牆角⋯

五十萬名
沖繩縣民
都在等待
「大和號」。

＊砰砰砰砰

どどどど

但在七日正午出頭，
大和號以下六艘軍艦
均於德之島海域沉沒。

＊喀啦喀啦喀啦

沖繩的陸地戰則持續約三月，直到六月二十三日為止。就連平民都被牽扯進去的陸地戰十分慘烈，尤其是在六月十九日，

由女學生組成的「姬百合部隊」

集體戰死、自殺的事蹟，流傳至今。

＊轟隆—

＊咻—
此時，內地
十分恐懼空襲。

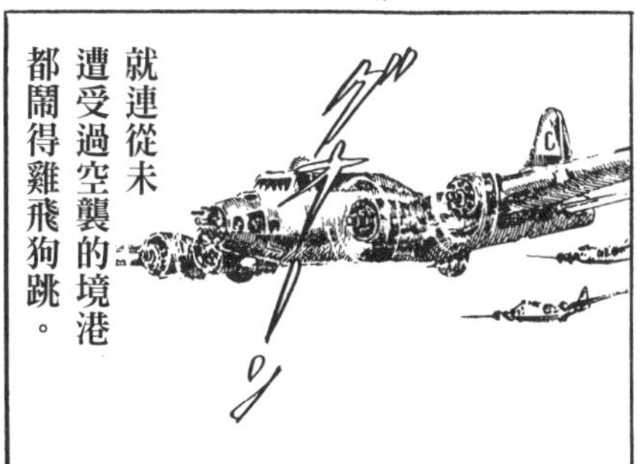
＊嗡—
就連從未
遭受過空襲的境港
都鬧得雞飛狗跳。

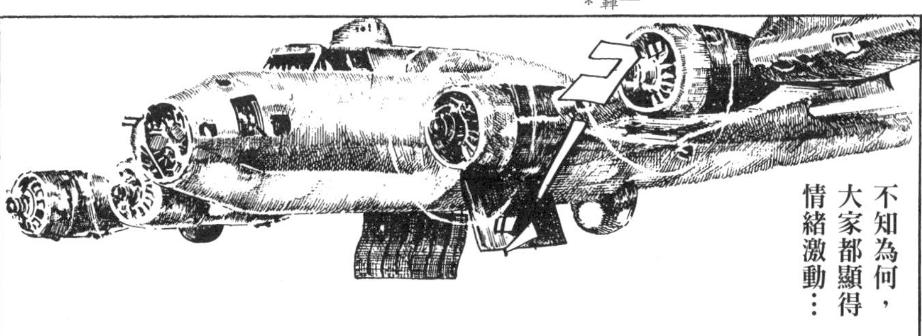
＊轟—
不知為何，
大家都顯得
情緒激動……

當時，父親有生
以來第一次受徵召
為國勞動服務，
卻在木材上跌了
一跤而弄傷手。
抱歉，
打擾
了。

在軍方
命令之下，
將為町內
安全著想
進行
※「建物
疏開」，
府上也被
列入名單了。

噫噫！

※「建物疏開」……日本在戰時為防止空襲引發的火勢延燒到重要機關，規劃出「防火用地」強制將建築物拆除。

不僅奪走我們的孩子，現在還要奪走我們的房子嗎？
一切都是軍方的命令。

在所謂的軍方命令下，屋瓦一一被卸除，開始拆起我們家了。

嘿咻、嘿咻！

我們明明有自己的家，卻要被趕出家門……
哪有這麼莫名其妙的事。

這時候，國民生活
變得越來越匱乏。
有別於以往的戰爭，
B29直接把戰火
帶到國民頭上。
糧食販賣業者的
存貨被燒盡，
糧食問題
益發嚴重。

加上船隻被徵用，也捕不了魚，就連布料衣物，也幾乎沒有民間的配額。市民在防空壕中醒來，住在地下道或橋下。

人們開始覺得，
不管怎麼說，
再這樣下去
都是不行的。
換言之，
是該考慮
「終結戰爭」
了，因此接著
登場的就是
※鈴木
貫太郎
內閣。
我以前
曾擔
任過天皇陛下的
侍從，因此深知
陛下的心情。

※「鈴木貫太郎」（一八六八～一九四八）……海軍大將。歷任海軍軍令部長、侍從長。在日本戰敗前夕出任內閣總理大臣，帶領日本迎向終戰。

不管軍方再怎麼逞強，都沒救了。快點結束戰爭，救救日本吧。

※「廣田弘毅」（一八七八～一九四八）……政治家、外交官。曾任外務大臣。在二・二六事件後擔任內閣總理大臣。在東京審判中被判為甲級戰犯，是唯一一位被判處絞刑的文官。

在重臣希望下，身為蘇聯通的前首相※廣田弘毅與駐日蘇聯大使進行會談，
然而蘇聯大使的態度十分消極。別無他法，近衛文麿只好造訪蘇聯，但還是被打了回票。

當時，鈴木首相看到國民義勇隊的武器之後，嚇了一跳。
臭鼠男呀，
他們居然拿竹槍當武器呢。不快點**終戰**的話，事情就不得了了。

第12章 幽靈部隊現身

ザ
ーッ

＊唰啦——

當時，我們部隊上，去尋找糧食的人遲遲不歸，剩下來的人也因瘧疾和營養失調而一一倒地，精神還不錯的人則到了馬龍卡……

至於後方的拉包爾，
則以為尊根守備隊
已經全員陣亡
而歡天喜地……

尊根支隊玉碎一事已上報大本營，師團長閣下也向拉包爾全軍發佈了這個消息，

拉包爾全軍都為此感動不已。適逢軍紀渙散之際，幹得真好……

順帶提個私事，參謀長也認為在下的作戰指導做得不錯，感到十分滿意。

參謀大人，
參謀長大人有急事找您。

怎麼了……該不會是要頒勳章給我吧。

不知有何吩咐。

尊根支隊沒有玉碎！

咦？

你瞧，這是馬龍卡警備隊傳來的機密電報。

尊根支隊的數十名倖存將兵，正在馬龍卡警備隊搭伙，過了兩、天仍沒有前進的跡象。

這是怎麼回事，應該全體槍斃！
大和精神跑哪去了！

丟光了拉包爾全軍的臉！

這是陣前逃亡！

*嘩嘩—嘩—

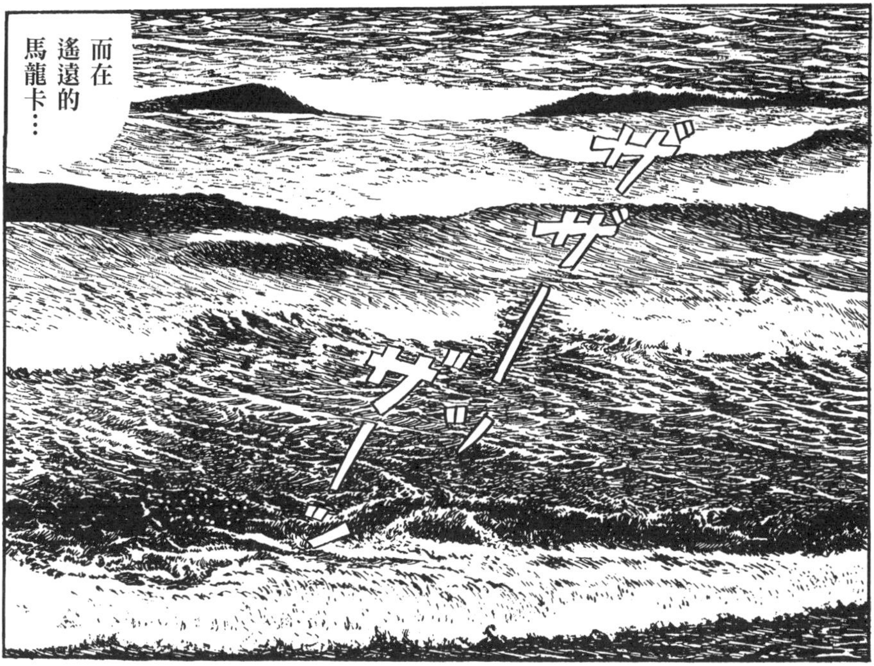

而在遙遠的馬龍卡……

ザザーザッ

尊根的倖存者居然連一餐飯都沒得吃，就要被趕回前線，違令者據說會被當場槍斃。

依馬龍卡警備隊長所言，
師團已經向大本營傳送
「尊根支隊玉碎」
的電報，
因此沒有轉圜
的餘地了。

可是輕易相信
支隊長的倉促電報，
並因此大喜過望的
師團參謀們，
難道就沒有
任何過錯嗎？

就是說呀，
在軍中錯的
永遠都是下級，
上級做什麼
都是對的。
而且
連最重要
的食物
都沒有…

你明明
得了瘧疾，
胃也未免
太健壯了吧。

只因為命令
出了差錯，
就叫我們
去送死，
哪有這種
道理。
我們明明
是遵從
長官命令
才撤退的。

沒錯，
我們吶，

可是遵從
中隊長的
命令。

沒有做錯
任何事
才對
……

問題就在這裡，對師團而言，我們就像突然出現的幽靈，拿我們沒轍。

居然說我們是幽靈，真有趣。

開什麼玩笑，
我們可還活著呢。

只要我們全都死了，問題就解決了……
他們是這麼暗示的。

只因為棘手，就叫活著的人們去送死，倒也沒這麼容易死成。

＊嘩嘩—嘩嘩—

憤憤不平的※先任（軍醫中尉）說要向師團長抗議，硬是坐上了載著糧食的大發動艇。他臉上雖負傷，卻始終沒有處理。

軍醫認為，拉包爾明明過著天堂一般的生活（儘管拉包爾的生活也不怎麼好過，但當時就我們眼中看來是如此），怎麼可能體會當地的慘狀。他打算稟告實情，讓上級理解。

※「先任」……在隊上資歷最深、階級最高的人。

啊，參謀大人，我想見師團長。
蠢蛋，只要一見到師團長，他就得當場將你槍斃了。

可是……
明明沒什麼事，你到底跑來幹嘛？

進行戰況報告。
戰況報告？

玉碎部隊的軍醫是嗎，傷患怎麼樣了？
是大家都死光了才來的吧……

抱歉，請給我一根煙。
搞什麼，連煙都沒有嗎……

已經兩個月沒抽過了。參謀大人，為何要讓小部隊去突擊毫無勝算的大部隊，還得以玉碎收場呢？

若非要突擊，至少該給他們充份的糧食和彈藥。
你是跑來批評我的作戰嗎？

不，我只是想救救前途大好的部下們。
一心顧慮人情的話，還有辦法打仗嗎？

參謀！請救救尊根的士兵們，他們只不過是遵照中隊長的命令罷了，沒犯任何錯，求求你了。

當晚，

誰有空去救什麼殘兵敗卒，大隊長的命令就等於是我的策略方針。

＊砰砰——
絲毫不被理睬的先任軍醫，在當天晚上自殺身亡。
對於師團司令部接下來的所作所為，這是他所採取的無言抗議……

失去了大好人材。將他火葬，把遺骨帶去眾人所在的馬龍卡。
………

至於馬龍卡…

就算叫我們去死，也沒這麼容易就死成。

所以說，才會叫我們每個人帶上七天份的糧食，儘量交出最大戰果。

是這裡的警備隊長這麼說的嗎？

如果戰果出色就能得救，毫無戰果的話就要被槍斃是嗎。

據說會在卡洛萊，
或在尊根重新突擊呢。

蠢蛋，要這麼做的話，至少得花上兩週，一週份的糧食哪夠。
笨蛋，意思是叫我們別回來了。

搞什麼，只給單程糧食就要我們重新突擊，還得帶著傷患跟瘧疾患者。

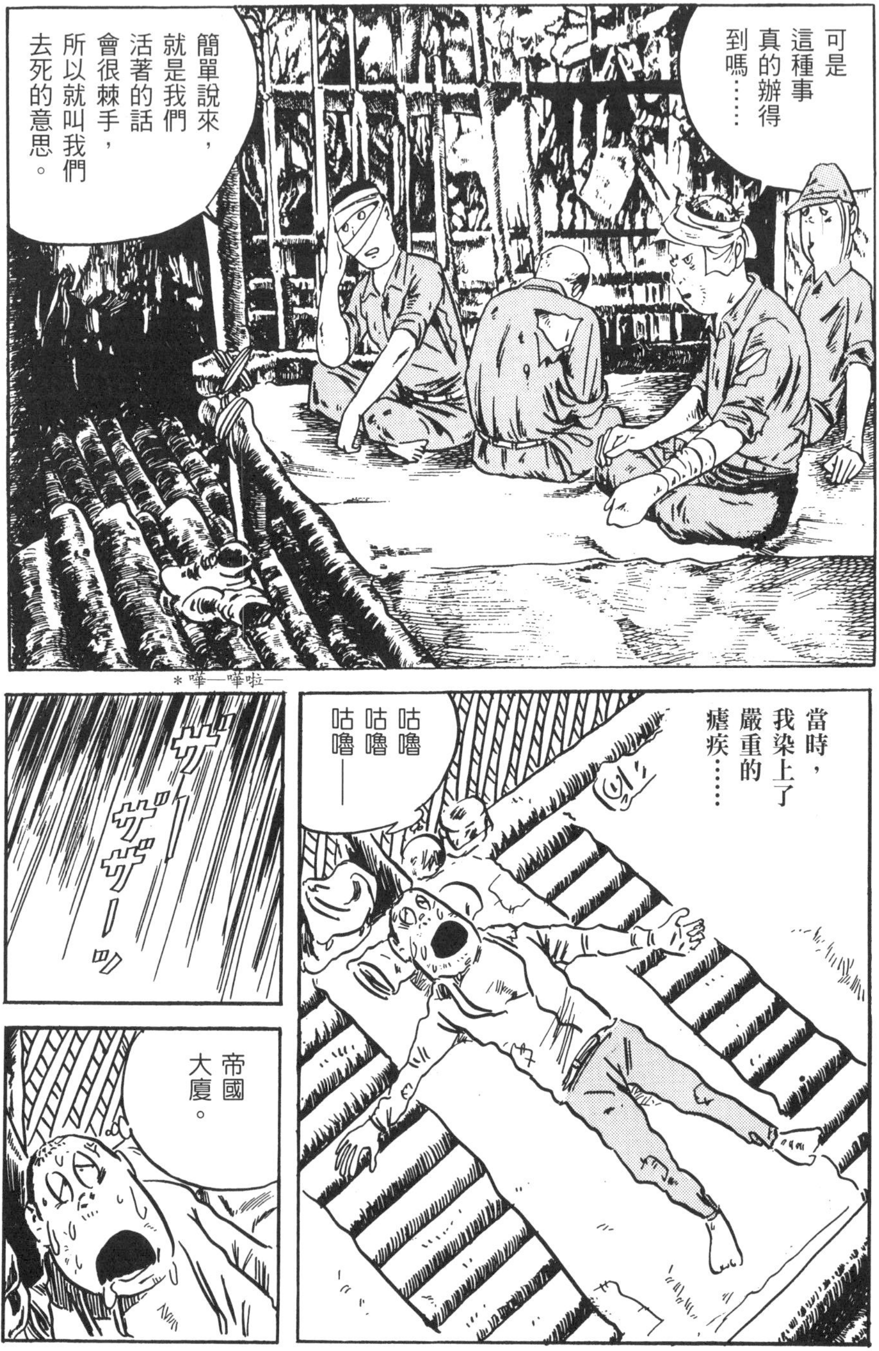

可是這種事真的辦得到嗎……

簡單說來，就是我們活著的話會很棘手，所以就叫我們去死的意思。

＊嘩—嘩啦—

當時，我染上了嚴重的瘧疾……
咕嚕咕嚕咕嚕——

ザー
ザザーッ

帝國大廈。

這傢伙是怎麼了？
該不會是腦炎吧？

啊，燒得好嚴重！
至少有四十度。

＊唰—

到了隔天……
ザ

倖存者都得參加二度突擊，
所有人著全副武裝整隊。

＊呼—

連這種病人也要嗎？

我也要一起去嗎？
我搬不動裝備。

病人的裝備就由同袍幫忙揹。

小隊長，不用這麼急吧，你瘋了嗎？

大蠢蛋！

＊啪啪啪啪啪
要是被這裡的警備隊長聽到，你就死定了。

好痛。
在這大雨中，真有辦法穿越拉敏基道嗎？

這就是所謂的雨季。不管等上一天還是兩天，雨勢非但沒有停止的跡象，反而越下越大。馬倫巴河也氾濫成災，實在難以渡河。別無他法之下，
只好等河水消退，足足等了三天，河面卻一路高漲。由於答應了不會回去，才終於分到糧食，我們也只好繼續前進。

似乎要放棄渡河，改走拉敏基道，再殺進尊根的樣子。

＊嘩—嘩啦—
ザザザ

宮軍曹以下五名斥候！其他人繼續朝拉敏基道前進！

在這大雨中，真有辦法穿越拉敏基道嗎？

根據斥候報告指出，馬倫巴一帶似乎都被敵軍佔領了。

所以不去尊根，而是改對馬倫巴進行突擊。

接下來將全員突擊，只把病患和一個分隊留在這座山上。

上刺刀！

＊嗚哇—

可惡，根本沒有人嘛。
ババババ
ババババ
＊磅磅磅磅、磅磅磅磅
ババババ
敵軍正在等著我們。
噫呀
嗚嗚嗚

＊抽動、抽動

＊磅磅磅磅磅磅

＊碰咚

＊磅磅磅

退到後方的山上！

＊磅磅磅磅磅

此時也失去了十多條年輕性命⋯

當時根本沒有重視生命的概念，只要說出這種話，就會被冠上膽小鬼的大帽子。在當年，這往往被視為最可恥的台詞。

這個嘛，從某種角度來看，用來**欺負國民**的道具可說是要多少就有多少。師團司令部的權力十分強大。總之，決定於隔天早上重新突擊，才就此入睡。如果不這麼做，就會被視為「陣前逃亡」而無法安心睡覺。

在此對敵陣進行最後突擊！

うわ〜っ

*嗚哇—

可是那裡什麼都沒有，敵軍已經消失無蹤了。

那些傢伙撤退了，倒是動作還真快呢。

糧食只剩下三天份了。
如果殺進尊根的話，回程的糧食要怎麼辦？

傻瓜，幽靈是不能回去的。
哼，反正都是一死，不如把剩下的糧食都吃光了再說吧。

不，何不派代表去找師團長當面談判呢？

笨蛋，師團長才不會接見士兵呢。

後方的十萬將兵明明吃得酒足飯飽，卻只有我們要去送死？
對呀，幹嘛不派新銳部隊來救我們呢？

大蠢蛋，總之我們必須在此玉碎，以作為拉包爾十萬將兵的榜樣，
這是師團司令部的策略方針。

這一點不管怎麼想都搞不懂，我實在無法理解。

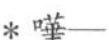
＊嘩—

啊，肚子好餓……

＊嘩—

中隊長不是說了嗎，實在搞不懂師團司令部的高層究竟在想些什麼。與其讓寶貴性命被砲彈炸得粉身碎骨，倒不如暫時後退，靠叢林的地利來展開游擊戰。

沒錯，這才稱得上是真正的一人十殺。現在的行動根本是送死。

洋馬守備隊長剛傳令過來，包含重傷者在內，要我們全體去洋馬集合。

現在立刻朝馬龍卡前進。

第13章 槍斃

我為什麼
非得做這麼
辛苦的工作
不可呢……

這裡是拉包爾的師團司令部。

拉包爾十萬將兵的基本信條和紀律，如今都將毀於一旦。玉碎命令非遵守不可。

不管付出多大犧牲，都得死守這道命令，否則拉包爾決戰的精神支柱也會就此崩塌。
此次任務十分重大，也非常艱鉅。

到達當地之後，為了以現狀達成目的，你可以不擇任何手段。
遵命。

兵團長的統率、司法權，
都全權委任於你！

收到。

敬禮！

一到洋馬之後……

師團派了參謀過來。

什麼嘛，果然……都已經跟大本營報告了，不管用上什麼藉口，都非把我們殺掉不可，否則就無法矇混過關。
搞什麼，得死在**後方**的敵人手中嗎？

向參謀大人敬禮，朝中央行注目禮！

參謀大人，請問這是誰的遺骨呢？

這是在拉包爾自殺的軍醫，我打算把他葬在此地。

明天開始進行審判，從軍官輪流來我這裡報到。

好像要先從軍官開始呢。
要沒命了嗎？

嗯。
哪有這種蠢事⋯

不，士兵也會一起死吧。
因為已經挖了一個大洞呢。

喂，也分一點給我吃吧。

這傢伙明明得了瘧疾。
我燒到了四十度，所以肚子餓得很。

＊呼——

你吃這麼多沒問題嗎？
稀哩呼嚕

這傢伙的頭髮怎麼……
是因為發燒吧。

我受兵團長閣下之命來收拾殘局。
第一個撤退的人是誰？

古川中尉以下的兩人。

關於你們的處置，等調查結束之後再過來一趟。至於其他軍官，就輪流向本官報告行動概要。

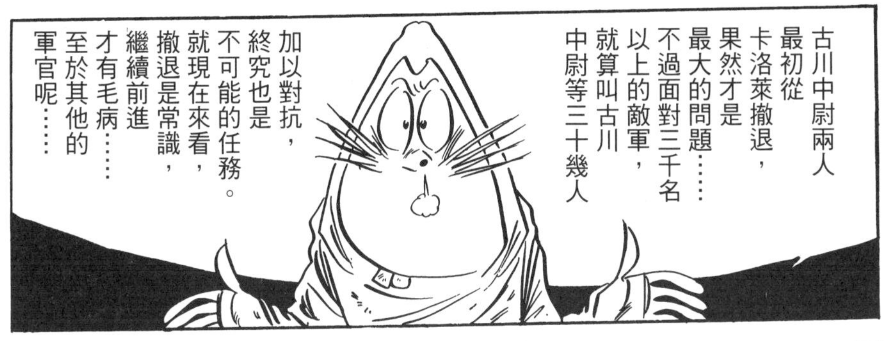
古川中尉兩人
最初從
卡洛萊撤退，
果然才是
最大的問題……
不過面對三千名
以上的敵軍，
就算叫古川
中尉等三十幾人
加以對抗，
終究也是
不可能的任務。
就現在來看，
撤退是常識，
繼續前進
才有毛病……
至於其他的
軍官呢……

長官同僚
都相信你們
會一起赴死，
才展開突擊。
你在背信
忘義之下
撿回
一條
命，
還真敢……

在下清楚！
請讓我帶領
部下們再次
敢死突擊！

什麼時候
突擊？

現在
立刻就去！

很好，
我贊同
你的決心，
但何時突擊
由我來下令。

就像這樣，軍官們好不容易得救了，接下來則輪到下士官。
雖然被狠狠教訓了一頓，但他們並非重點，問題還是在於卡洛萊的那兩個人身上。

那兩人要怎麼辦？

視兩人的決心吧，倒也不是不能救他們，畢竟他們也受了傷……

參謀大人，他們兩個來了。

辜負了這麼多部下，我們決定自殺謝罪。

你們終於痛下決心了。不過動手前，務必先找我到場。

作為最後的見證人，我有話要對你們說…我會在這間小屋裡等著。
遵命。

這句話相當重要，但不知為何，
兩人始終再也沒有出現在參謀面前。

＊嘩嘩—嘩—

ザザ～ッ
ザ～ッ

一路上受了你們很多照顧，結果卻對你們造成這麼大的困擾。

我們兩人決定自殺謝罪了，請將此事轉告參謀。

隊長，你至今曾三度試圖自殺，都被我們擋下了。這次也請打消念頭吧。

這次什麼都別說了……大家要好好活下去。

他們已經跟士兵們說要自殺，往海邊去了，這某種程度上也是在「反抗」。

早點來找我不就好了……

是女友寄來的信嗎？
不。

是母親寄來的信……

究竟是為了什麼而玉碎，又是為了什麼而自殺呢……

喂，別說了。

兩人之所以沒去找參謀，說不定是他們最後的抵抗。
但一切都已結束了，參謀決定執行名為自殺的「槍斃」。

＊呼—呼—
フーッ
フーッ
如何，要不要各抽一根煙？
＊一扔
ポイ

＊噠噠—

ダダーン

＊嘩嘩—

ザザーッ

＊嘩嘩—

參謀現身在士兵面前，
做出了判決！
拋下一句
「士兵是無罪的」
之後，他就回
拉包爾了……
過了兩、三天之後……

ザザーッ

喂，守備隊長好像從洋馬跑來了。

我們終於要沒命了嗎？
唉唷。

全體整隊！

怎麼了？發生什麼事？

果然還是要「秋後算帳」呀。

向洋馬守備隊長敬禮！
朝中央行注目禮！

我是洋馬守備隊長岡本上尉，
珍惜自己性命的人就往前踏一步！

＊靜悄悄

＊一拍
一個人都沒有呢。
很好，我知道了。把你們的性命都交給我吧！

你們接下來將被編入洋馬守備隊，
自此朝洋馬出發。

＊噠噠噠
ザッ
ザッ
ザッ

抵達洋馬後，每天都在修築陣地……澳軍實在太難纏了。
在陣地建好之前，澳軍就攻過來了。

＊嗡——

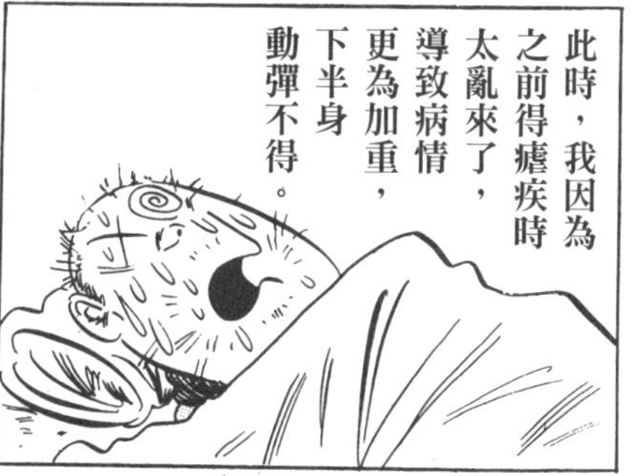
此時，我因為之前得瘧疾時太亂來了，導致病情更為加重，下半身動彈不得。

是空襲！

＊轟隆隆

ドカーン

＊打滾在地

コロコロコロ

嗚嗚！

你怎麼了！
振作點！

哇，出了好多血。

失血過多，這樣不行！

那就把我的血輸給他吧。
啊，小隊長大人。

喂，開心了吧，小隊長大人說要把自己的血輸給你。
要輸血是嗎！

你是什麼血型？
嘰哩咕嚕。

我在問你血型。
我忘了。

真是太亂七八糟了，在一生中最關鍵的時刻，居然忘了自己的血型。
若無法輸血，衛生兵也別無他法，只好把心力放在止血上頭，而這實在是痛得要命。

這傢伙的毛巾上全沾滿了血。
他至少失了一桶的血。

隔天往手上一瞧，不知是不是止血帶綁得太緊了，
手上竟冒出紫色的斑點，也就是所謂的「死斑」。

不趕緊截肢的話，就糟了。
但軍醫大人，這傢伙得了瘧疾啊！

再這樣下去會繼續腐爛。
那就截肢吧。

軍醫雖然是眼科醫生，但為人親切。他用類似「瑞士刀」的東西，幫我截除了手臂。但之後開始冒出蛆蟲，實在很傷腦筋。

＊嗚—

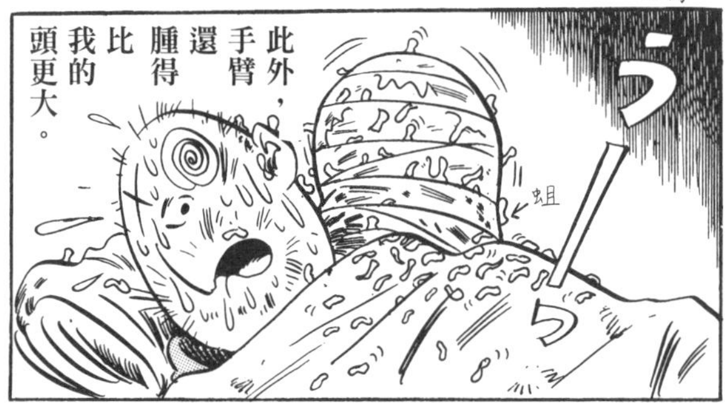
う
此外，手臂還腫得比我的頭更大。
蛆
う

軍醫大人，
醫療用品用光了。

嗯？
他撐得過今天嗎…？

我已經挖好坑了。
那麼……

＊嗚—啊

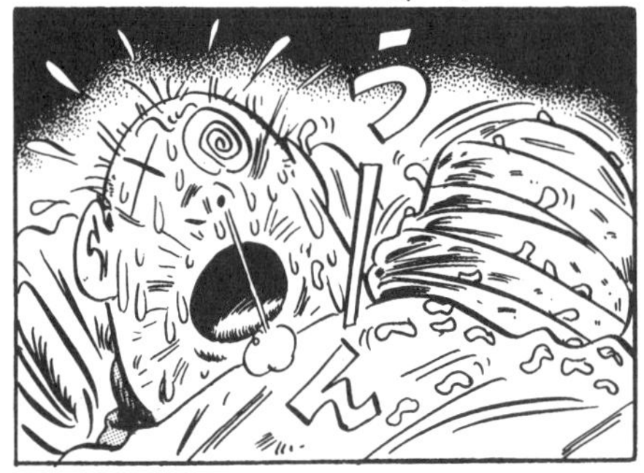
う
ん

這個嘛，應該怎麼說呢，應該是因為瘧疾讓腦袋變得不太清楚了吧。在聽到這段對話時，本人好像根本**事不關己**一樣。哎呀，不感謝上天可不行呢……

漫畫昭和史　太平洋戰爭後半｜完

文明人（？）
整天忙著打仗……
而島上的人們
卻依然過著
原始生活……
那裡看起來就
如天國一般——
昭和史
從終戰至韓戰

我在瘧疾和
過度疲勞之下，
腦袋開始不太對勁，
在叢林裡迷失方向，
差點就丟掉了小命。
當時不禁心想：
「我也就到此為止
啦……」，而開始念起
阿彌陀佛，但最後
仍被平安獲救——
真是可喜可賀，
可喜可賀……

不久後，
原子彈便在廣島
和長崎投下，
加速了終戰的腳步。
不過——
對於首當其衝的
市民來說，
可就太遺憾了。

ピカッ

戰後，天皇陛下
展開全國巡幸，
成為所謂的
「人間天皇」。
不再是戰爭中那位
令人畏懼的天皇，
改走飽受愛戴的
「天皇路線」，
國民也欣喜不已。
真是可喜可賀，
可喜可賀……

從「魚販」轉行
成紙芝居畫家……
不過，就像當時
的國民一樣，
我也總是餓著肚子，
身上一文不名。
那就是「貧窮」
十五年戰爭」
的開端。

第1章 東條還在逞強

＊磅

海軍的※永野修身元帥說……

如果塞班島被攻落的話，日本就完蛋了。

此外，

在聽聞「馬里亞納海戰」打敗仗時，陸軍軍務局長※武藤章中將則向副官——

日本已經輸了。

這麼說道。

天皇陛下為此擔憂不已，在昭和二十年（一九四五）二月二十六日召見了前首相東條，
花了一個多小時聽取他對戰局的意見。但即便此時，東條仍然在逞強。

※「永野修身」（一八八〇～一九四七）……元帥、海軍大將。為日本歷史上唯一一個歷任海軍大臣、聯合艦隊司令長官和海軍軍令部總長三大要職的將領。戰後雖被定為甲級戰犯，卻在審判中病死。

陛下，
就算放棄了
馬尼拉，
位於菲律賓的
日軍仍然
固守
山中，
把美軍
拖入了
持久戰。

美軍有十二個師團在菲律賓登陸，其他太平洋地區的預備兵力卻只有十個師團。
美軍雖然「大膽地」在硫磺島登陸了，

但之前在塞班島登陸時，美軍花了一星期的時間，
讓航母展開攻擊。

而在硫磺島，這種攻擊卻只持續了一、兩天，
顯見美軍已經無力再進行規模更大的攻擊了。

※「武藤章」（一八九二～一九四八）……陸軍中將。作為東條的心腹，於昭和十四年（一九三九）擔任陸軍軍務局長。戰後以甲級戰犯的身份被處以絞刑。

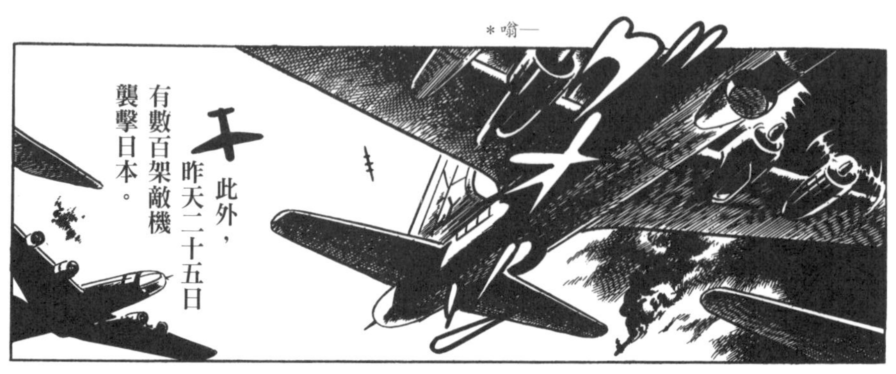
＊嗡—
此外，
昨天二十五日
有數百架敵機
襲擊日本。

不過
這種規模
的攻擊，
真的能
持續上
好幾天嗎？

實際上，
敵機今天
就沒有出現。

這是因為
美國的國力
已經在衰退了，
而他們的目的
基本上也都是
從政治出發。

我國的戰爭準備稱得上是已經「成功了一半」。
是哪裡的軍事評論家說了這種蠢話……

你給我閉嘴！你根本不該出現在這麼神聖的地方！
哎呀，別這麼激動嘛。

雖然我們還不能太過樂觀，但也不必太過悲觀。

東條拿起了資料，繼續說道。

就算拿生產力來比較，我們也可以**相當**放心。

東條舉出美國的鋼鐵產量和煤炭產量雙雙滑落為例，
並拿飛機產量未能達到目標一事大為取笑。

其動員能力
應該也達到
瓶頸了。

此外，
在美國人口中，
白人不過只有
八千萬，
幾乎等同於
日本的
人口。

儘管日本
的生產力
也在滑落，
但美國的
生產力
滑落得
更為顯著。

此外，他更
對繼任內閣的
作法嗤之以鼻，
並將和平
痛斥為
敗北
主義。
獨自一人作出了
脫離現實、活在
幻想中的判斷。

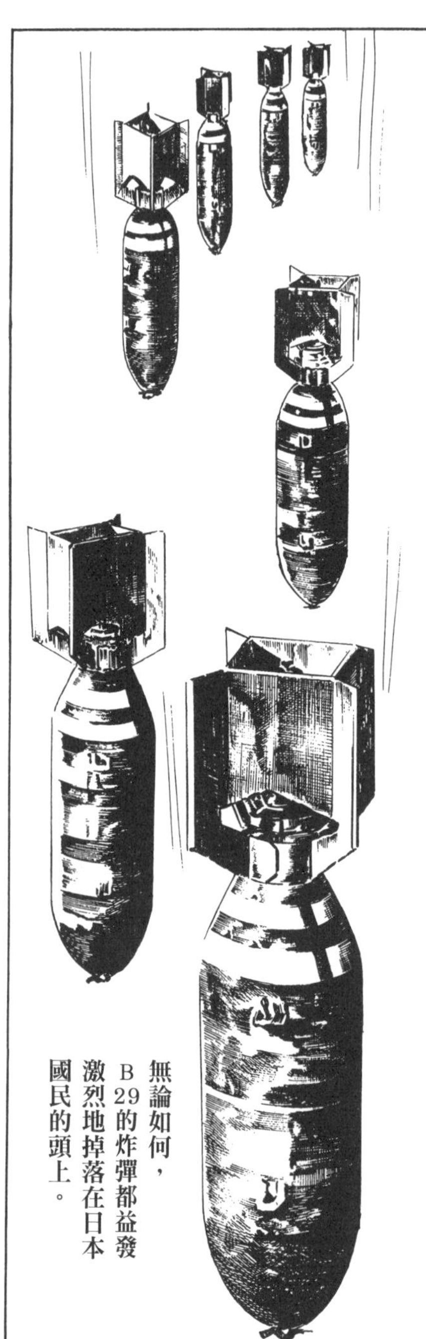
無論如何，
B29的炸彈都益發
激烈地掉落在日本
國民的頭上。

德國也
宣告投降，
日本已經
注定失敗。
儘管如此，
除了部份
地區之外，
前線的戰役
仍然打得
相當激烈。

＊咻—

＊碰咚

海上戰況
慘烈，
但拉包爾
也不遑
多讓。

＊嗡—
＊嗡—
每週至少一次對軍事設施展開大空襲！
＊磅磅磅磅磅
而且敵機每天都會在上空巡邏，路上只要有日本兵，機槍馬上就會掃射過來。至於晚上會不會比較安全？夜裡照樣會跑來，一直持續到終戰那一天為止。

＊砰—隆　＊轟隆

在我們駐紮之處，甚至
還會出現小型船艦，
對我們窮追不捨。

＊轟

＊嚼嚼

敵軍還會再來嗎？

你把那傢伙的食物怎麼了？
啊，他還活著嗎？

我聽說他已經入土為安，就全吃光了。
笨蛋，只是先把坑挖好而已。

衛生兵大人，這傢伙的食物該……
他的狀態看來無法進食呢。

應該也遲早難逃一死。

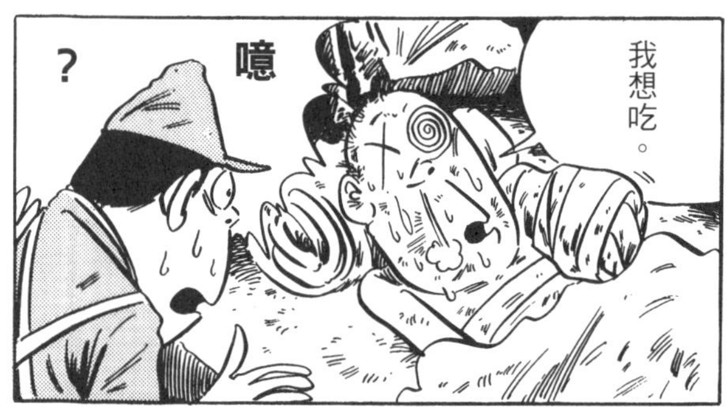
我想吃。
噫
?

我好餓……

喂，他喊肚子餓。
喂，快把剩飯拿過來。

喂，食物來了！

真好吃……再來。
太奇怪了，我去請教一下軍醫大人。

哈哈哈，那傢伙說不定能活下來呢。

是，如果那傢伙活下來的話，
中隊的醫療用品就要見底了。

別擔心，就請拉包爾盡早送來吧。
真的沒問題嗎？

只能趁※大發動艇送米過來的時候，
好好拜託他們了。

何時會運來？
這我就不知道了……

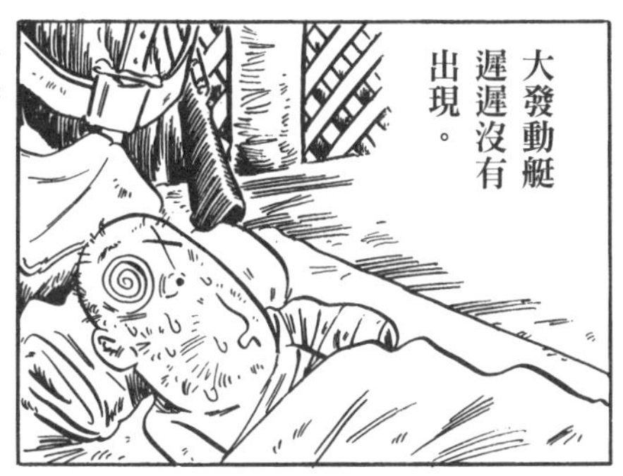
大發動艇遲遲沒有出現。

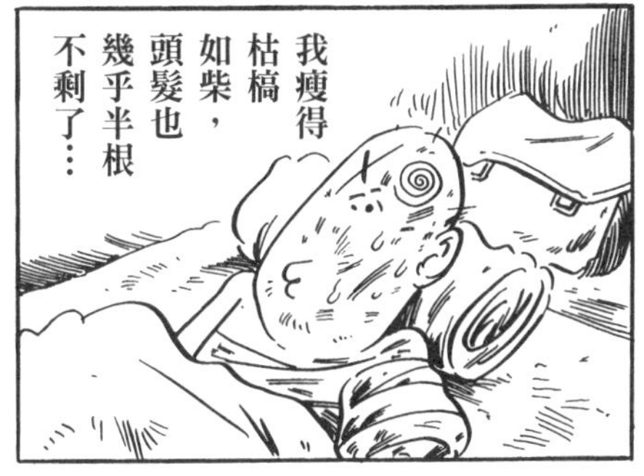
我瘦得枯槁如柴，頭髮也幾乎半根不剩了……

軍醫大人，這傢伙就算變成骷髏，胃口還是很好！
就讓他盡情吃吧。

※「大發動艇」……簡稱「大發」。日本陸軍登陸用的舟艇。用於運送物資和士兵。

可是我們
自己都沒
東西吃了
……
他就算
一天不吃
也沒關係吧。

呼——
呼——

衛生兵
大人，
食物呢
……

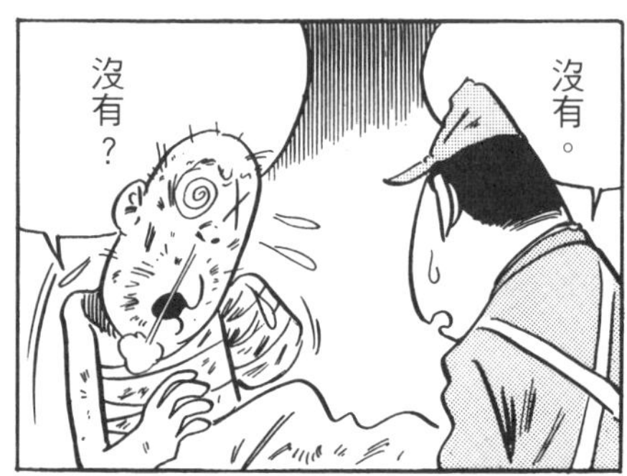
沒有。
沒有？

もそ
もそ
もそ
＊東翻西找

哇
啊

沒有就是
沒有。
把我的份
分一點
給他吧！

＊稀哩呼嚕

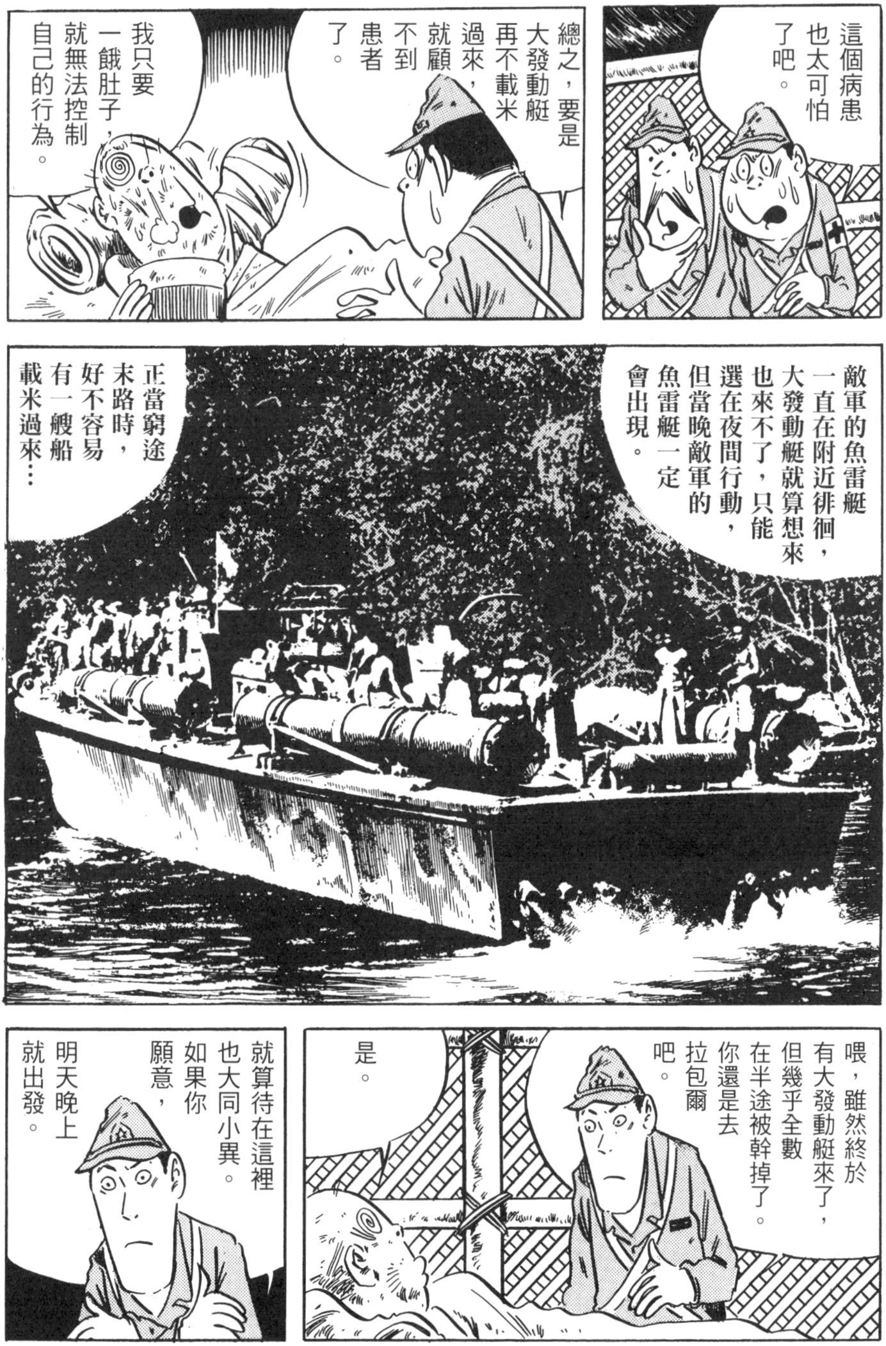

這個病患也太可怕了吧。

總之，要是大發動艇再不載米過來，就顧不到患者了。
我只要一餓肚子，就無法控制自己的行為。

敵軍的魚雷艇一直在附近徘徊，大發動艇就算想來也來不了，只能選在夜間行動，但當晚敵軍的魚雷艇一定會出現。

正當窮途末路時，好不容易有一艘船載米過來……

喂，雖然終於有大發動艇來了，但幾乎全數在半途被幹掉了。你還是去拉包爾吧。
是。

就算待在這裡也大同小異。如果你願意，明天晚上就出發。

＊嘩嘩—嘩—

ザザザー

有兩個人搭便船是吧……
是。

這艘大發動艇一定會被幹掉！
擔任艇長的少尉這麼說。

到目前為止，不論哪艘都無一倖存。
若敵軍的魚雷艇出現，請保持冷靜。

硬是逃脫，也不過是白費力氣。
請你們作好覺悟吧。

是。
我們知道了。

＊叩隆、叩隆、叩隆

出航。
維持航向。
ゴトゴトゴト

＊磅唧磅唧磅唧

ポーポーポー

＊嘩啦—

＊嘩啦—

ザザ

第二天抵達拉包爾時，已經全身濕透……
在山洞中睡了一整天……

隔天晚上，終於到了野戰醫院。

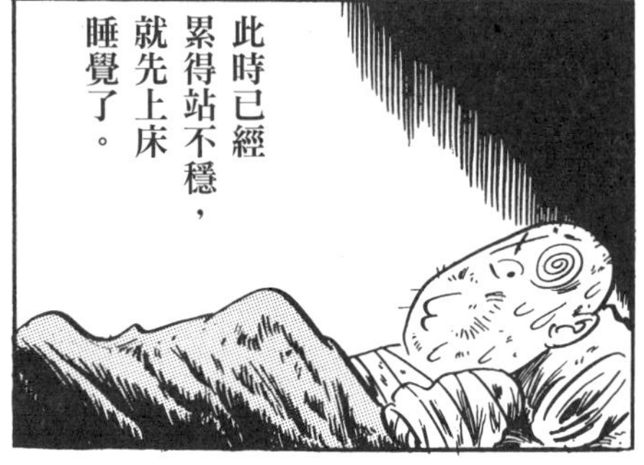
此時已經累得站不穩，就先上床睡覺了。

隔天一看，毛毯上到處是舊的血跡和瘀膿。
我雖然要求換毛毯，他們卻說只剩這一塊了，再度大吃一驚。

第2章 森之人

病房的屋頂是用椰子葉鋪成的，但偏偏只有我頭上有漏洞。前方則是將斜面挖成防空壕，而床鋪只是一片木板。

＊嘩—

夜裡，嚴重的漏雨從頭上灌下。
＊嘩—

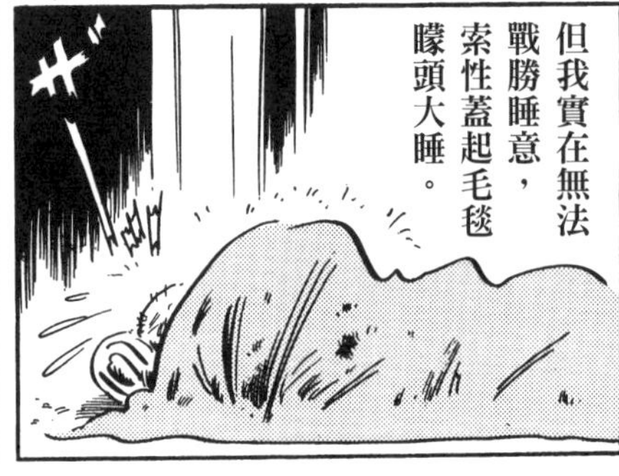
但我實在無法戰勝睡意，索性蓋起毛毯矇頭大睡。
＊嘩—

＊鼾—鼾—
＊嘩啦—

隔天開始，瘧疾又再度復發，燒到了四十度（足足燒了三天）。

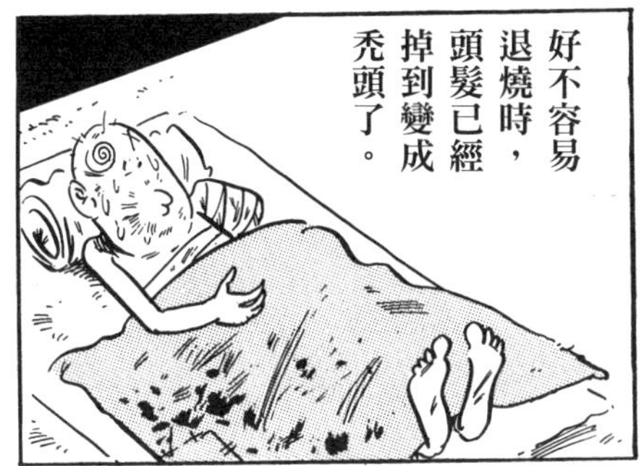
好不容易退燒時，頭髮已經掉到變成禿頭了。

搞什麼，只有這點食物呀。

蠢蛋，這可是一天份呢。

當一餐都嫌少了，居然還是一天份？

＊蠕動

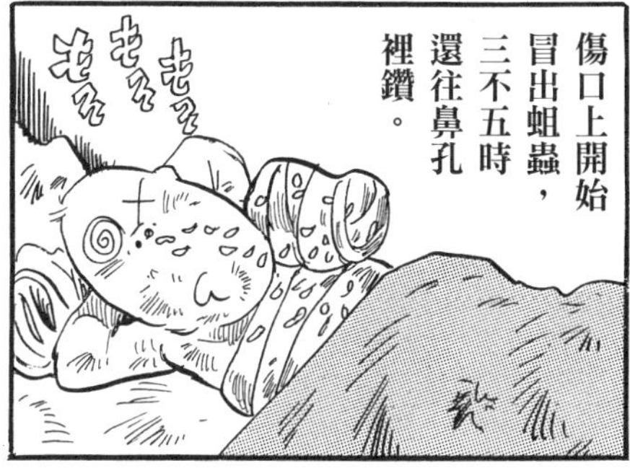
傷口上開始冒出蛆蟲，三不五時還往鼻孔裡鑽。

＊擤

除此之外，已經一年多都沒洗過澡了，因此得了來路不明的皮膚病，連根手指都動不了。
只能每天盯著天花板度日。

我是衛生兵中田，大夥們近來可好？
陸軍這次打造了潛水艇，打算把拉包爾的士兵全運回內地。

何時會來？
應該不久就會到了吧，這麼一來，應該會以傷患優先喔，嘿嘿嘿嘿嘿。

＊嗡—

＊磅

＊震盪

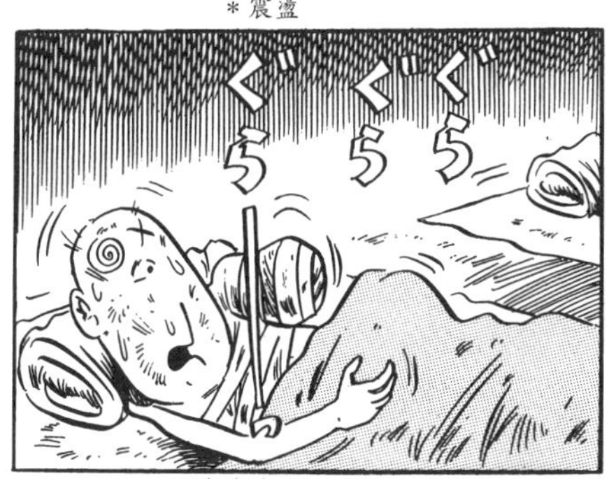

哎呀，這次離得真近。
我先走了。

＊噠噠噠

來的人還真不少。

這根柱子以前的都是新傷患。

＊哀號

＊嗚嗚咽咽

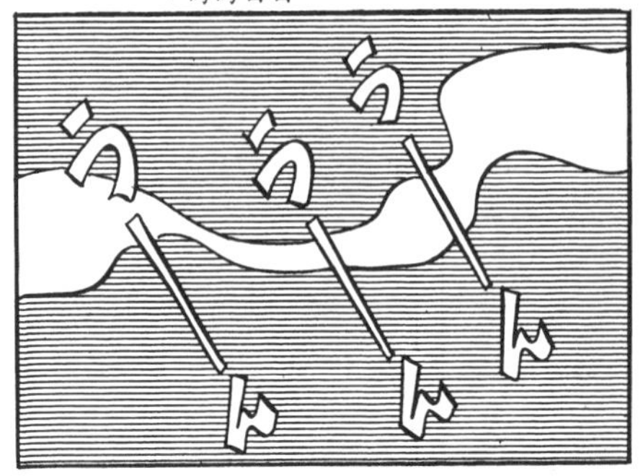
うーーん
うーーん
うーーん

一整晚都聽到呻吟聲⋯到了天亮
只要高喊「媽媽」的人，通常隔天就會斷氣。

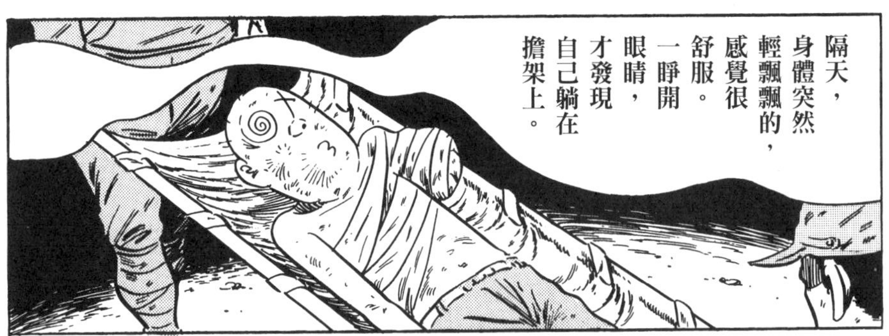
隔天，身體突然輕飄飄的，感覺很舒服。一睜開眼睛，才發現自己躺在擔架上。

啊，弄錯了，我還活著。
啊，死的是隔壁床的人。

我是衛生兵中田，大夥們近來可好？
中田先生，

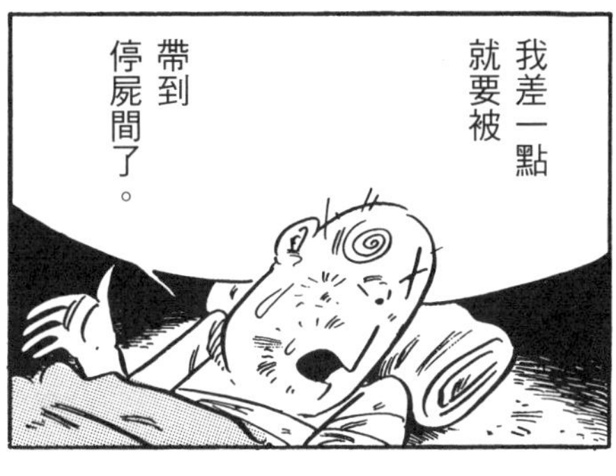
我差一點就要被帶到停屍間了。

啊，瘧疾好像已經退燒了。

中田先生，我餓得發慌，幫我想想辦法吧。
要不要去當地人的村落看看？

可以用香煙交換水果喔。

小顆的木瓜只要一根香煙，
大顆的木瓜則是兩根左右，此外還有樹薯、樹薯粉等等喔。

咦咦，真的嗎？

中田先生，請問是在哪個方向！
你先別這麼激動，好好睡一覺，當心瘧疾復發喔。

別急，我會帶你去的。
咦，你要帶我去嗎？

我曾是四國捕鯛船的船長，信奉天理教，所以不必擔心。

ドドドドド

＊砰砰砰砰砰

轟炸十分猛烈，搞得每次都得躲進前方的防空壕，我卻老是在慌忙中撞到頭。

＊碰

好痛！
ゴツ
哈哈哈哈哈

炸彈絕對不會掉到我這裡的，你放心吧。
哈哈哈哈哈
就算信奉天理教，炸彈還是會掉在該掉的地方。

啊，真痛。

ポリ ポリ
＊搔搔
肚子也餓了。

不幸的是，敵軍不知在想什麼，一入夜⋯⋯

パッ
＊磅
就會從空中丟下※照明彈，把附近照得一清二楚。

※「照明彈」⋯⋯內裝照明劑的彈藥，藉發出強光以照亮目標區。

＊轟隆—

＊砰隆—

命中率偏偏又很高，所以就連夜裡也無法安心入睡。
方面軍也發出佈告：「這是敵軍的心理作戰。」叫我們不必太擔心。

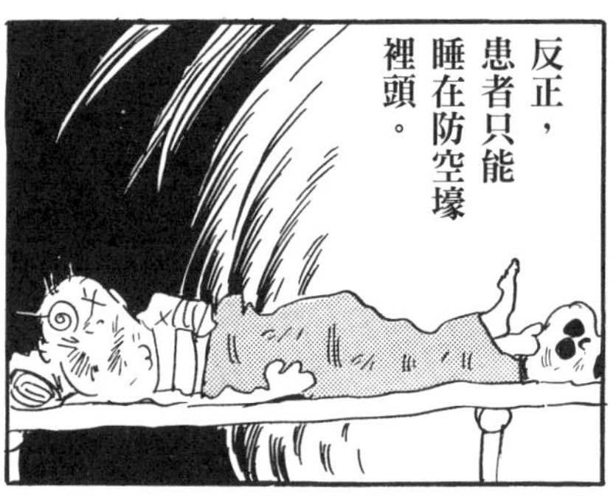
反正，患者只能睡在防空壕裡頭。

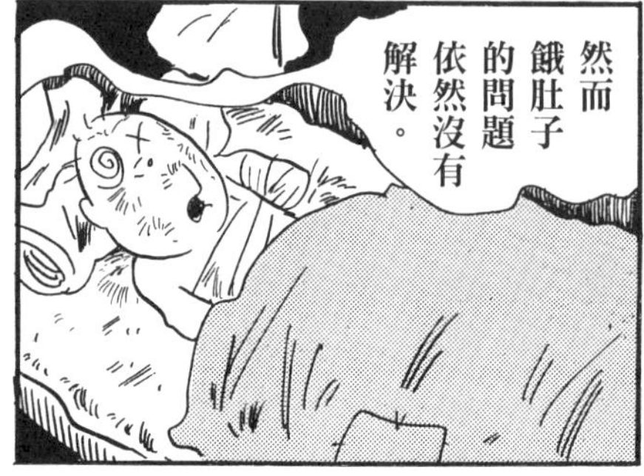
然而餓肚子的問題依然沒有解決。

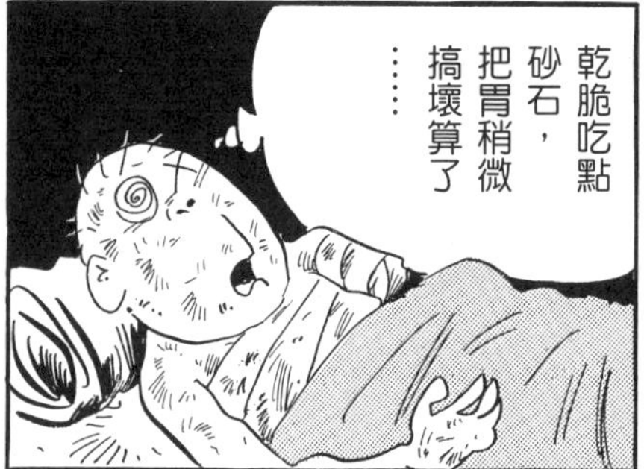
乾脆吃點砂石，把胃稍微搞壞算了……

我的胃生來就異於常人，空腹實在很難受。

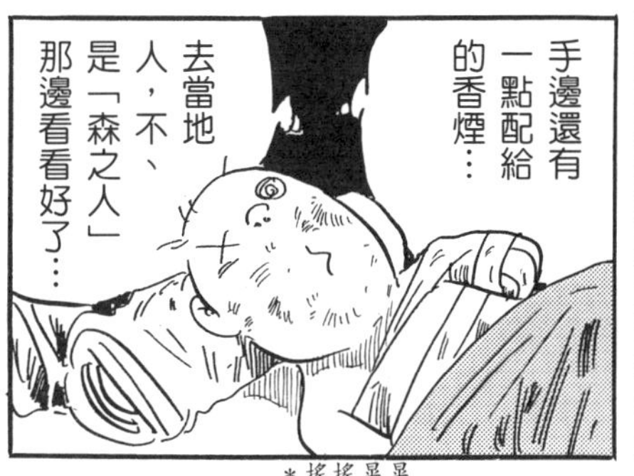
手邊還有一點配給的香煙⋯
去當地人，不、是「森之人」那邊看看好了⋯

喂，你要去哪裡？
我去去就回。

ヨロヨロ
ヨロ
＊搖搖晃晃

啊！

啊，痛死了！
ドォ
ズン
＊碰咚

因為整天都有敵機在空中盤旋，所以禁止患者外出。
混帳，還不是因為你擅自外出。
痛呀呀呀

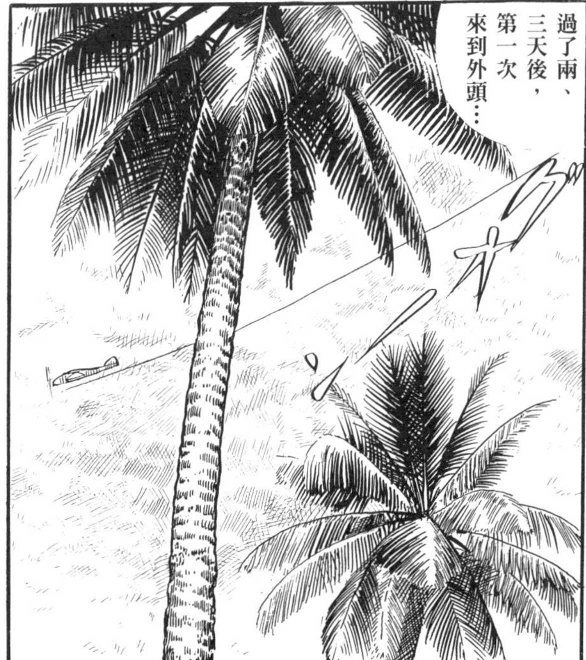
＊嗡—
過了兩、三天後，第一次來到外頭……

＊磅磅磅磅

果然還是來了。

＊磅磅磅磅磅、磅磅磅

一踏出洞外，就遇上敵軍的機槍掃射。慌忙下打算逃命，卻抓不到重心，再度摔個狗吃屎。

＊碰咚

＊磅磅磅、磅磅磅
＊咻──
＊呼哈呼哈
＊磅
＊顫抖
你們休想殺了我！
＊碰咚
＊呼──
這傢伙又跑出來了，真拿他沒轍。
過了兩、三天後，終於恢復精神了。
好吧。
你又要跑出去啦？
嗯，我去外面走走。

聽說這上頭有當地人的村落……

打從小時候，我就很喜歡天國，

＊呼——

抱著天國等著我的心情，爬上山丘一看……

蟲兒正在歌唱，鳥兒則在空中飛舞……

＊啾啾啾

隔著圍牆窺探著「森之人」的悠哉生活，莫名地有種重回故鄉的感覺。

我一度將「戰爭」拋在腦後，看得出神了……
此刻正好是午餐時間。

＊狼吞虎嚥

微笑

笑嘻嘻

在這份溫柔的微笑之下，
我彷彿得到了許可，
將「森之人」的食物
吃個精光……

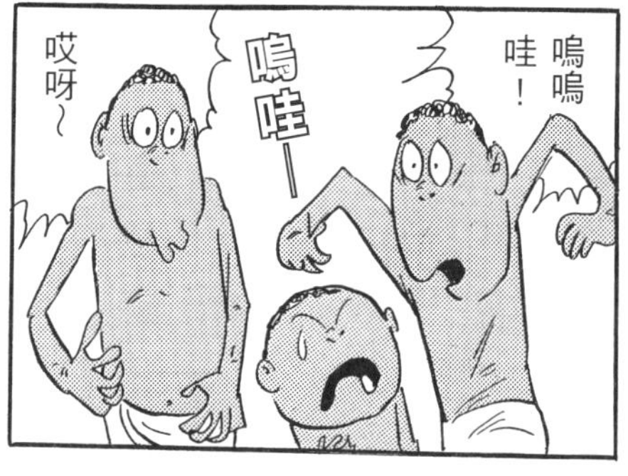
嗚嗚
哇！
嗚哇－
哎呀～

因為食物全
被我掃光了，
少年們開始
鼓譟了起來。
烏拿麻卡
皮阿烏洛。

美麗的女孩
不知說了
什麼，
少年們便
安靜了
下來。
笑嘻嘻

就這樣，
我們成了
朋友……
笑嘻嘻

少年叫托培托羅，而美麗女孩則是一位名叫艾蒲蓓的少婦。
中間的大嬸則叫伊卡莉妍，看起來不像他們的母親。

ピーヨ
ピーヨ

＊啾、啾

※「保羅」……記載於新約聖經之中，致力將福音傳給外邦人的傳教士。

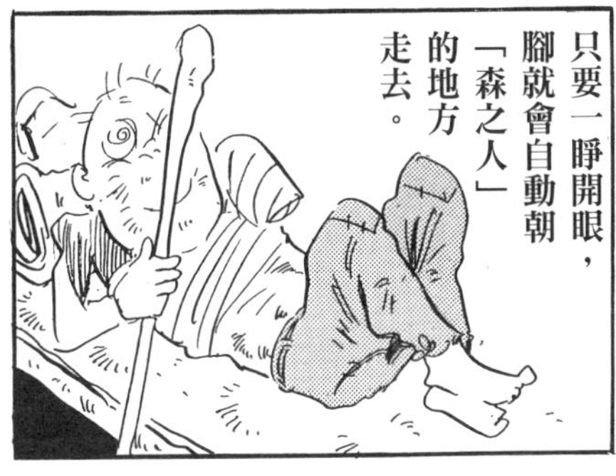

只要一睜開眼，腳就會自動朝「森之人」的地方走去。

到了最後，我就像加入了「森之人」一族似的。
或許是彼此意氣相投吧……我這輩子從未遇過這麼不可思議的遭遇。

我最喜歡艾蒲蓓家了，不僅房子蓋得很浪漫，甚至還有書……

這裡剛好有本聖經，我就拿來讀了。書中是用拉丁字母和卡那卡語書寫，就算搞不懂意思，還是琅琅上口。自此之後，我就被稱為「保羅」※了。

上頭偶爾發下香煙時，我就會轉送給他們。
ポイ
*丟
哇，香煙。

保羅。

花生。
ポイ
*丟

ポリ
ポリ
*抓癢
托培托羅會幫我剝殼。
就這麼的，我的身體逐漸好轉了起來……

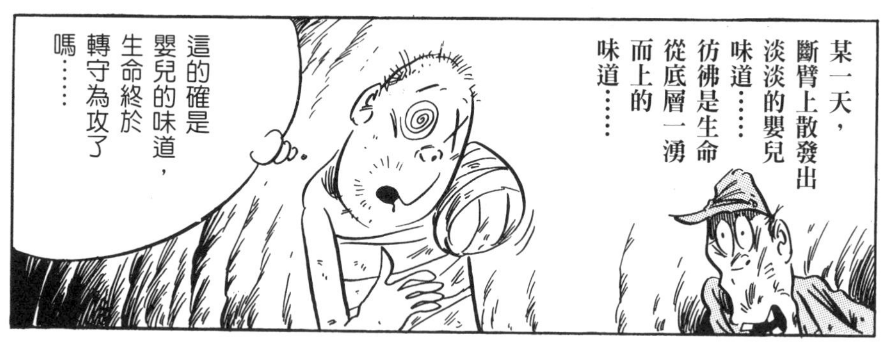
某一天，斷臂上散發出淡淡的嬰兒味道……彷彿是生命從底層一湧而上的味道……
這的確是嬰兒的味道，生命終於轉守為攻了嗎……

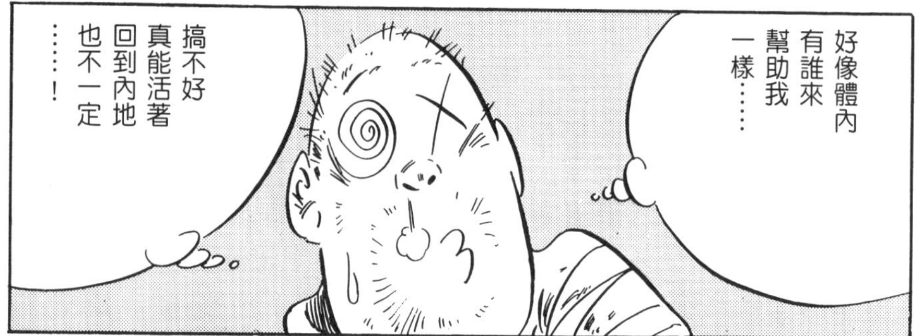
好像體內有誰來幫助我一樣……
搞不好真能活著回到內地也不一定……！

每天聞著
嬰兒的味道，
對我來說是
一大樂趣……
那是來自
上天的香氣。
雖然
看不見
也摸不著，
但神明或許
真的存在
也說不定。

＊呼哈——

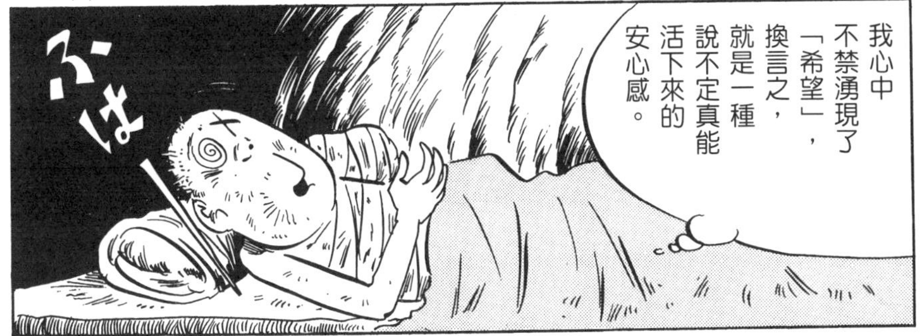
ふは
我心中
不禁湧現了
「希望」，
換言之，
就是一種
說不定真能
活下來的
安心感。

你好得
差不多了呢，
傷口再不久
就會癒合了。
這樣
啊。

這麼說來，
軍醫大人，
くん
くん

＊嗅嗅

我明明沒接受
什麼治療
（只貼了
黃藥水紗布），
居然能
自然康復
呢……

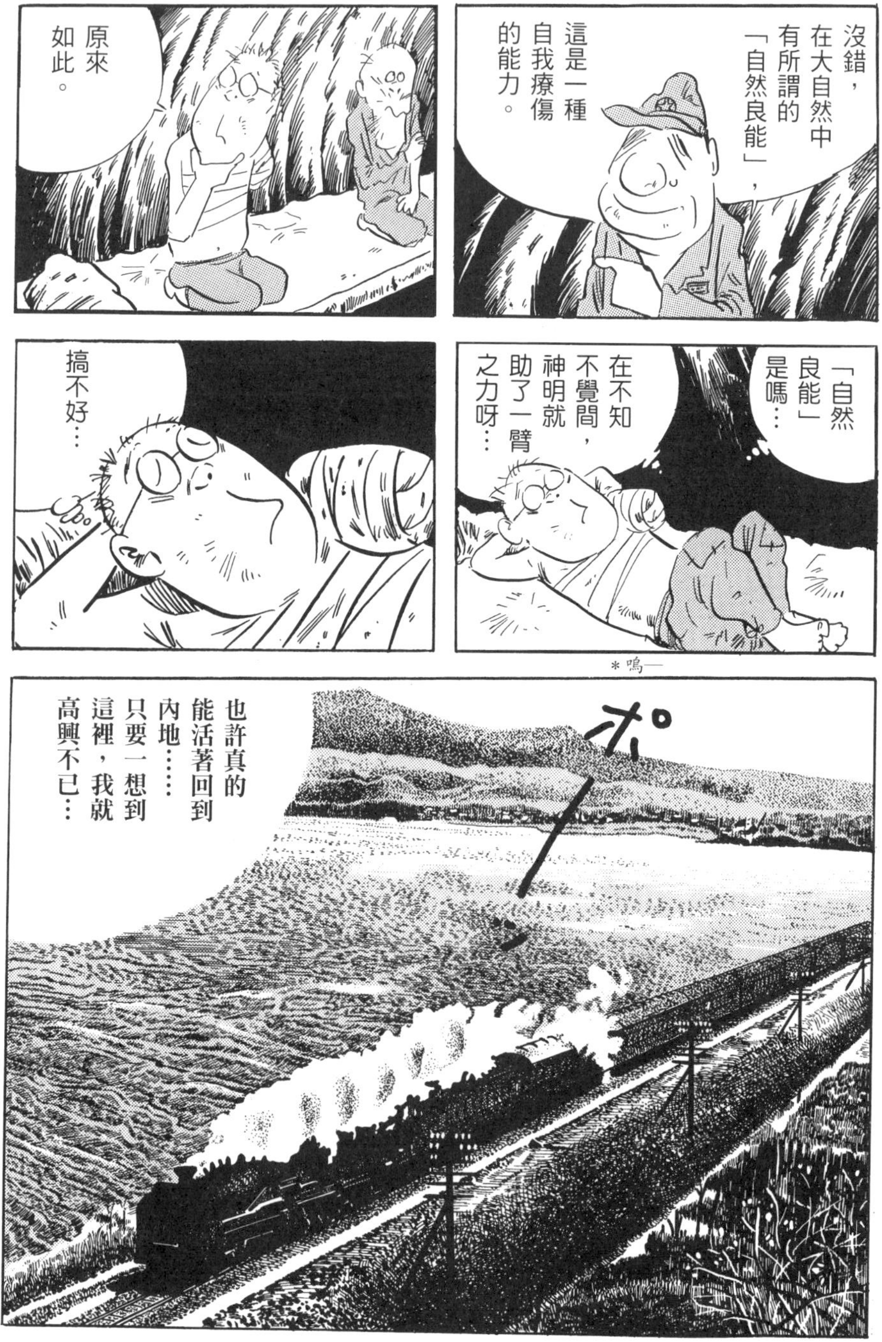

沒錯，在大自然中有所謂的「自然良能」，
這是一種自我療傷的能力。

原來如此。

「自然良能」是嗎…
在不知不覺間，神明就助了一臂之力呀…

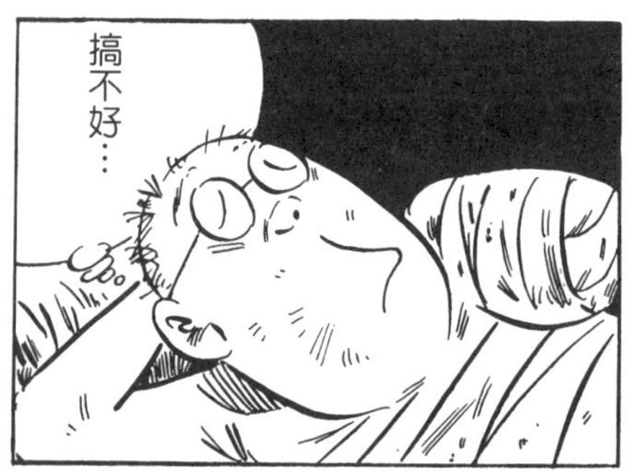
搞不好…

＊嗚—

ポー

也許真的能活著回到內地……只要一想到這裡，我就高興不已…

第3章 波茨坦宣言

自從德國投降之後，全世界都把焦點放在日本上。

但就美國參謀長聯席會議看來，就算沖繩戰役落幕了，仍然不認為日本會投降。
海軍只剩下小型機動部隊，而空軍也只能出動「神風特攻」了，然後——

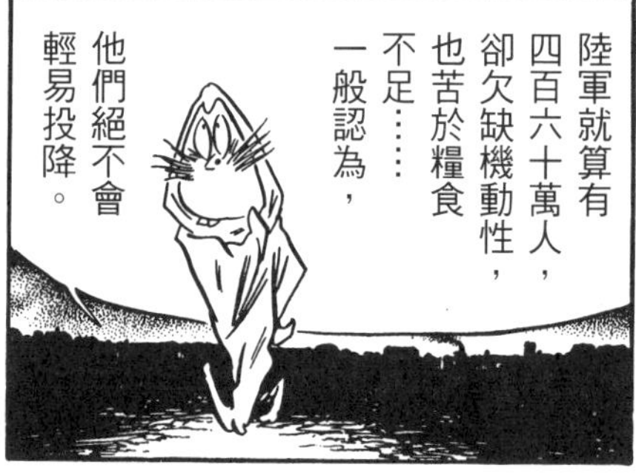
陸軍就算有四百六十萬人，卻欠缺機動性，也苦於糧食不足……一般認為，
他們絕不會輕易投降。

參謀長聯席會議的※馬歇爾參謀長則說，
光是靠空軍，無法令日本俯首稱臣。

就算面對德國，也無法僅憑空軍之力取勝，
還是得仰賴陸軍的軍靴來奪下最終的勝利。

※「馬歇爾」（一八八〇～一九五九）……美國軍人、政治家。一九三九年受命擔任陸軍參謀長。戰後於一九四七年，擔任杜魯門總統之下的國務卿。

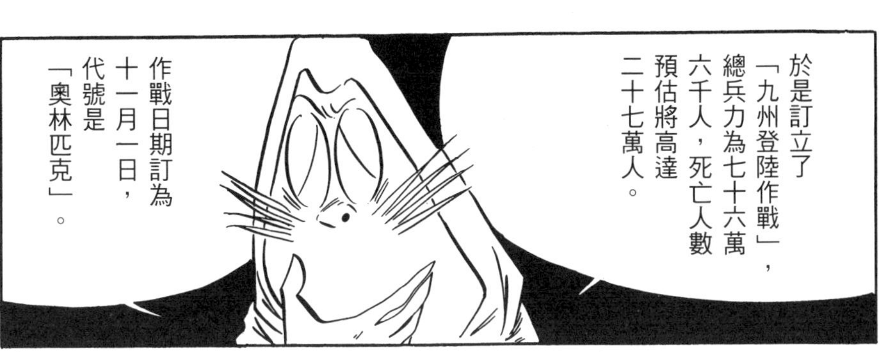
於是訂立了「九州登陸作戰」，總兵力為七十六萬六千人，死亡人數預估將高達二十七萬人。
作戰日期訂為十一月一日，代號是「奧林匹克」。

※杜魯門總統則說，
在日本本土作戰會不會演變成白人入侵領土，反而讓日本人更加團結？

史汀生部長則表示，
承認日本的天皇制，

好勸告他們投降，如何？
當時也曾出現這樣的提案……

總之，日本絕不會輕易投降，因此決定實施「九州登陸作戰」。
日本參謀本部則想出了特攻機、載人式火箭炸彈（櫻花）、人間魚雷（回天）、特殊潛航艇（蛟龍）、爆裝機動艇（震洋）等，以活人和炸藥為主體的作戰。

※「杜魯門」（一八八四～一九七二）……於一九四五年接任美國第三十三任總統。任內對第二次大戰戰末至戰後期間的世界情勢影響深遠。

以對馬海峽為首，日本沿海儘管佈滿了一萬二千顆水雷，但美軍潛艦仍然在日本海出沒。日本雖然為了尋求資源而進軍南方，南方補給路線卻遭切斷，國民生活也變得越來越窮困。

七月十七日，美英蘇三國首腦召開了※波茨坦會議。

※「波茨坦會議」……由美、英、蘇三國首腦於昭和二十年（一九四五）七月十七日至八月二日在德國波茨坦舉行的會談，主要目的在於討論如何處置戰敗德國與管理歐洲的問題。

日本軍隊解體，
領土縮小，
處罰戰爭罪犯等，

日本完全投降才是最好的結果。

在會談中，傳來了原子彈試爆成功的消息。

作好準備，預計在八月三日前後投彈。

不過，日本官方則以「默殺」回應※「波茨坦宣言」。
與此同時…

空襲從未間斷。

※「波茨坦宣言」……為美、英、中（蘇聯在對日宣戰後才被列入）在昭和二十年（一九四五）七月二十六日於波茨坦會議上對日本發出的共同宣言，訂定了戰後對日本的處置，呼籲日本無條件投降。對此，日本一開始用了意思曖昧的「默殺」回應，意為「擱置、沉默」。

從九州出發的特攻隊只裝了單程燃料，而在「去吧，琉球捐軀之旅」的心境下離陸升空……

＊咻—

BAN

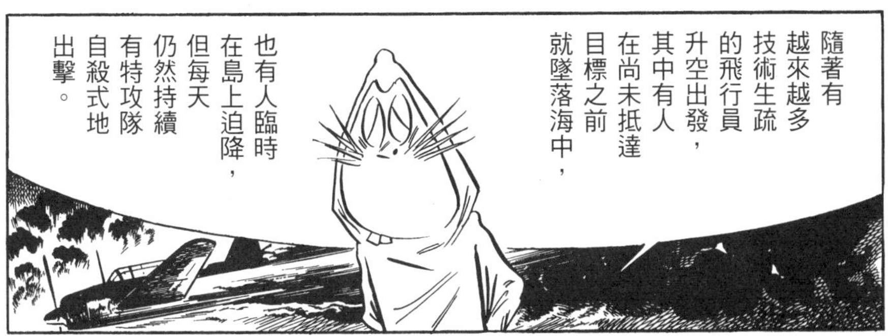
隨著有越來越多技術生疏的飛行員升空出發，其中有人在尚未抵達目標之前就墜落海中，
也有人臨時在島上迫降，但每天仍然持續有特攻隊自殺式地出擊。

＊嗡—
即便在這種狀況下，敵機還是每天出現在拉包爾上空，完全無法鬆懈。

＊噠噠噠噠、噠噠噠噠

＊磅—

每早九點起，就會開始空襲和機槍掃射，但最令我們頭痛的還是「缺水」問題。只有下雨時才會匯流成河川，但河水也稍縱即逝。

＊啪啪

只要一週沒下雨，鐵桶水槽就會見底。

如此一來，只能從水壺倒出一口水，用來洗臉、洗手和漱口。

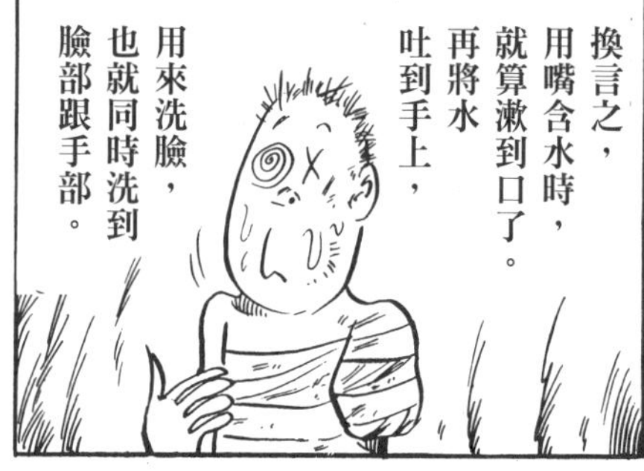
換言之，用嘴含水時，就算漱到口了。再將水吐到手上，
用來洗臉，也就同時洗到臉部跟手部。

如此一來，毛巾也洗得一片黑。

因為沒有浴室，只能趁驟雨時洗個痛快。

啊，久違的驟雨！

＊搓搓洗洗

這樣就能洗掉一年份的污垢了，哈哈哈哈。
哈哈哈哈

我也恢復精神了。

在驟雨中洗澡是一大失策，我隔天便瘧疾復發，全身無法動彈。

高燒持續了一週都沒退，

連吃飯的力氣都沒有了，整整十天都燒到四十度。

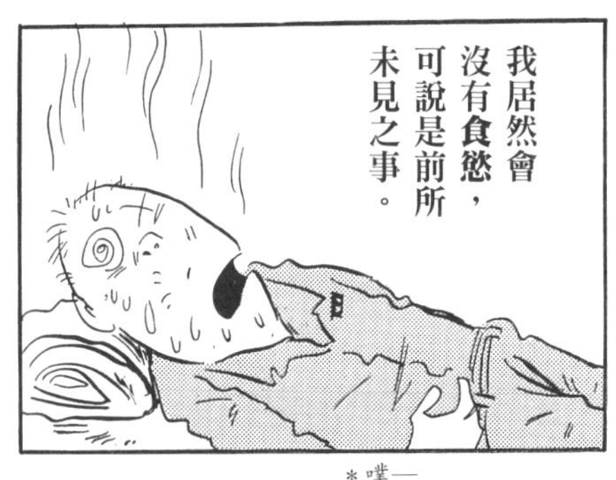
我居然會沒有食慾，可說是前所未見之事。

＊噗—

每天只能迷迷糊糊地接受針筒注射。

＊噗—

某個下雨的夜晚，腦袋終於燒壞了。
ポーッ
むっくり

＊起身

軍醫大人，運送患者的潛艦
好像終於來了呢，嘻嘻嘻。
ポッ

＊嘩啦—
是，我現在就過去

＊搖搖晃晃
我這就上船。

＊撲通
＊噗—

只要一下雨，叢林裡的小路就會氾濫成河，搞不清楚東南西北，幸好水深還很淺。

等我回過神來，自己已經身處在某個奇妙的地方。心中想著「我要死在這種地方啦」的時候，又這麼昏了過去。

哈哈哈，
原來你在這裡呀。

*噗—

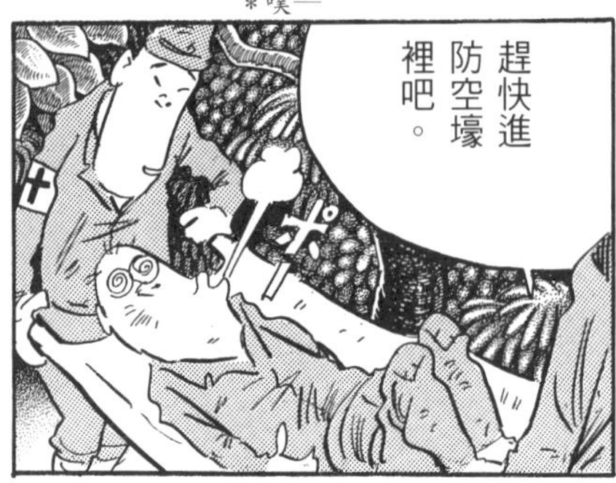
趕快進防空壕裡吧。
ポ

之後仍然燒個不停。瘧疾通常有所謂的三日熱，過了三天之後就會開始退燒，我卻連續燒了十天才終於退燒，成了瘧疾十日熱。

退燒後，就開始想吃水果了。
我想吃水果…

你在說什麼夢話。

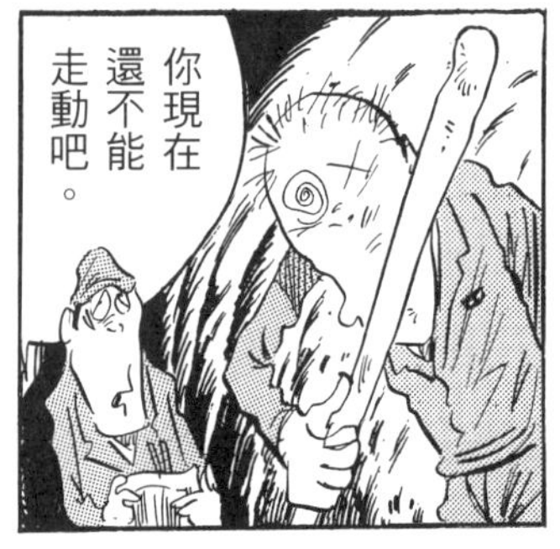
你現在還不能走動吧。

一站在防空壕的入口……

喔，是保羅。

啊，是森林裡的孩子們。
我，瘧疾，木瓜香蕉，烏拿麻卡皮亞烏奇（拿來給我）。

OK.
烏拿麻卡皮亞烏洛（這就拿給你）。

傻瓜，他們哪會照日本軍人的話去做。
哈哈哈，
我可不是一般的日本軍人。

而是名為保羅的「森之人」。

＊嘩—嘩—
就在隔天，

喂，保羅，卡伊卡伊（吃吧）。

＊嚼嚼
多謝了。

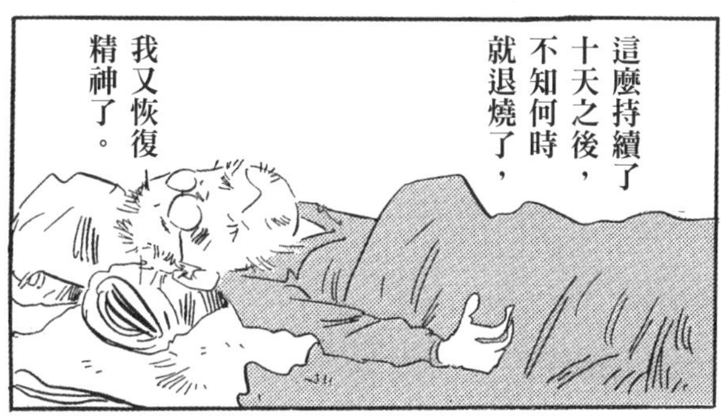
這麼持續了十天之後，不知何時就退燒了，
我又恢復精神了。

＊咕—咕—

從此時開始，軍方下令要還有氣力的患者下田工作。

我雖然暫時沒有下田，

但軍中的紀律十分嚴格。

ホーホー

我受了「森之人」這麼多照顧，拿毛毯送他們吧。

喂，你該不會是笨蛋吧。
在這種荒郊野外拿毛毯出門，後果可不堪設想。

少囉嗦！
我可是名為保羅的「森之人」。

＊碰咚

ドカッ

＊啪嚓

這不是※人馬殺傷彈嗎？
真危險。

喂，方面軍有令，禁止我們跟當地人接觸。

衛生大尉大人，管他是方面軍還是天國軍，我都沒放在心上，嘻嘻嘻嘻。

＊噗—
喂，這可違反軍紀。
別這麼計較嘛，別計較。

我這次要耕種自己的田地，不用顧及他人，好好大吃一頓。

哇，是保羅！

伊卡莉妍、托培托羅、艾蒲蓓，大家可好？
喔喔，保羅！

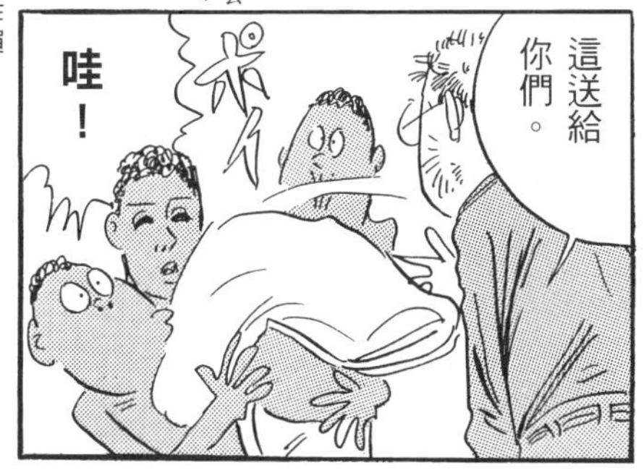
＊丟
ポイ
這送給你們。
哇！

※「人馬殺傷彈」……經過爆炸撕裂的彈體外殼、使其變成高速飛散的破片，對非裝甲目標（人、馬）造成傷害的炸彈。

我打算
在這一帶
開墾田地。

什麼嘛，
這裡怎麼
都是
黏土。
啊，是
呸可呸可
（糞便）。

搞什麼，
原來是
呸可呸可
地帶
呀。
保羅，
你不用
這麼做，
我們幫你
耕田吧。

哇哈哈，
這麼一來
就能樹薯
吃到飽了。
喂。

啊，
上尉大人，
好久不見。
我明明
再三
囑咐過
你了，

結果你還是
常常跑去，
給我來
軍官室。

到了軍官室，
竟被當成罪人對待。
打從你還在
包尿布時，
我就在
軍中
打滾了，
卻還是
第一次看到
像你這樣
的士兵。
啊，
這樣
啊。

＊啪

居然敢對軍官出言不遜！
好啦好啦。
ビシ

可是砂原大尉……
今天就先看在我的面子上……

到了隔天，

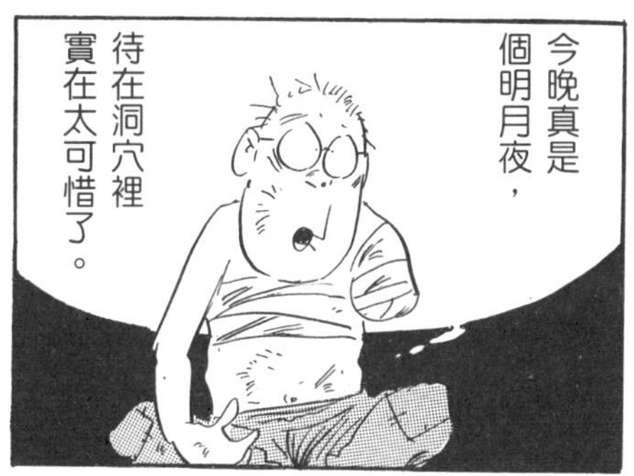
今晚真是個明月夜，
待在洞穴裡實在太可惜了。

在這種明月夜裡……
「森之人」會在做什麼呢，過去瞧瞧吧。

他根本就是狂人……
怎麼了，軍官室裡在吵架嗎？

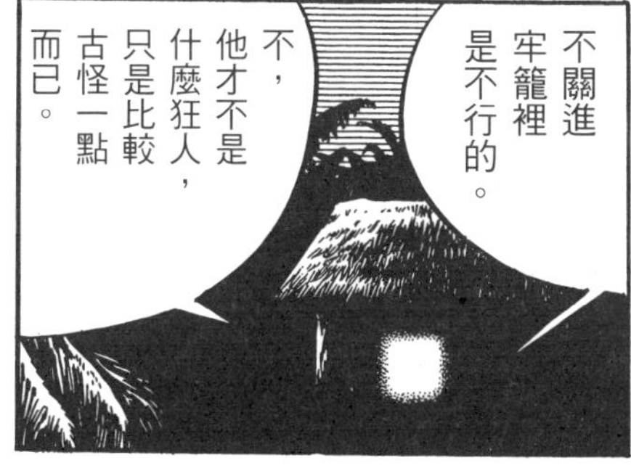
不關進牢籠裡是不行的。
不，他才不是什麼狂人，只是比較古怪一點而已。

搞什麼，原來是在說我呀。
應該把他關禁閉。

不妙，
今天先打退堂鼓吧。

但我還是無法不去找「森之人」……
ガサ
ガサ

＊沙沙

哇，保羅！

保羅不是日本人，而是坎德雷（同族）。

菲律賓香蕉！
最近會舉辦大型的欣欣（舞蹈）。

哇，我從以前就很想親眼一睹，到時一定要找我。
保羅。

瞧，這是你的田地。

哇！

＊嚼嚼

這裡種了你最愛吃的紫色阿卡烏亞烏（樹薯）。
太感激了！

乾脆就在這裡一直住下去吧。
もぐもぐ

就這麼辦吧，你是坎德雷（同族），本來就該如此。
跟我們一起住在這座森林裡吧，保羅。

興奮地
下山之後，
眼前來了
一群生
面孔。

＊敬禮

不自覺地
就敬了禮，
而對方也
回以敬禮。
ザッ

這名士兵的
臉色還真好，
原因何在？
是，
他老是
不聽勸告，
跑去跟
當地人鬼混，
原因應該
出在這裡。

啊，
這樣啊。
即便
如此，
他還吃得
真胖呢。
ジロリ

說完之後，
他就離開了
……
那個人
正是
今村大將。

＊側眼看

第4章 終戰

＊砰隆—

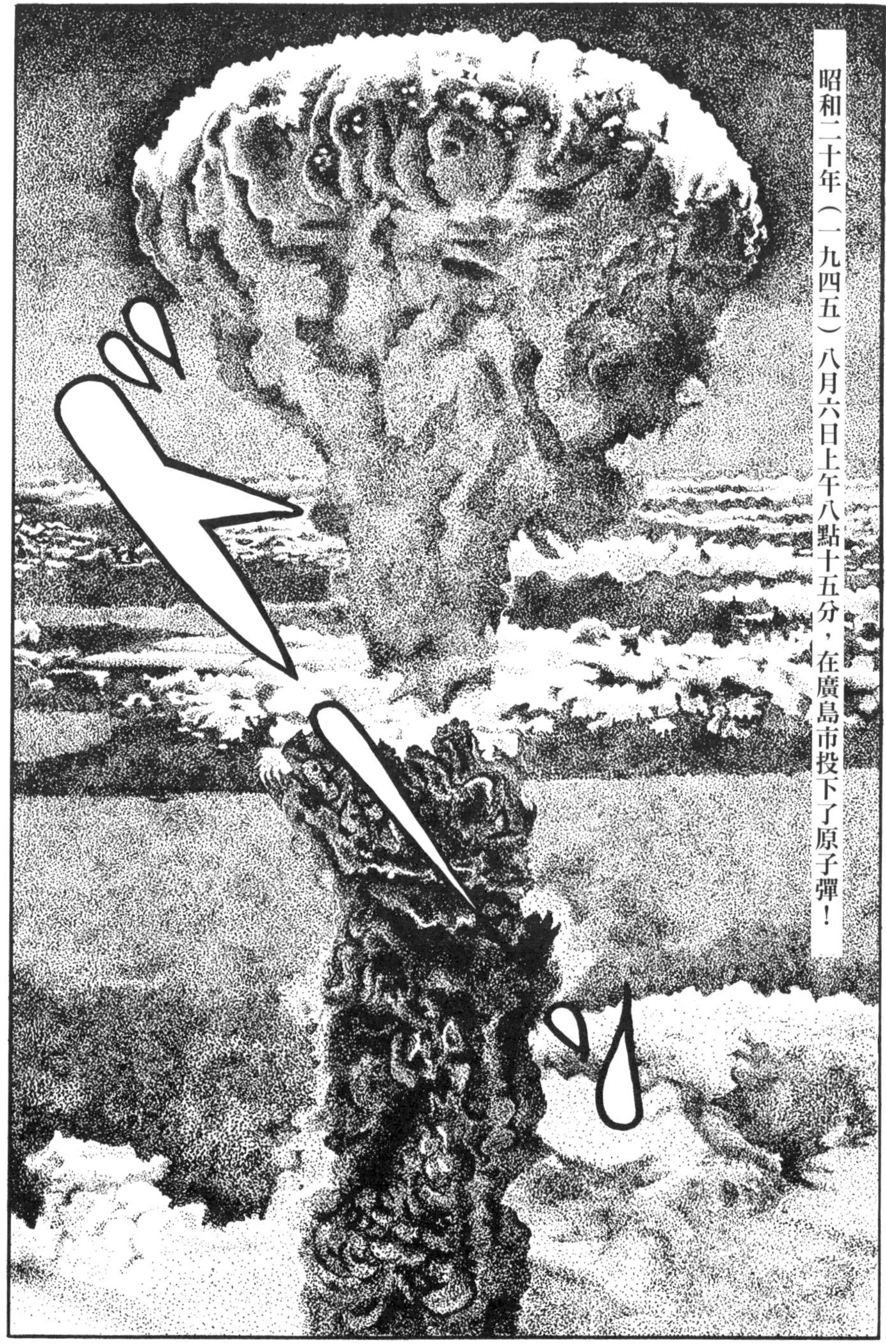
昭和二十年（一九四五）八月六日上午八點十五分，在廣島市投下了原子彈！

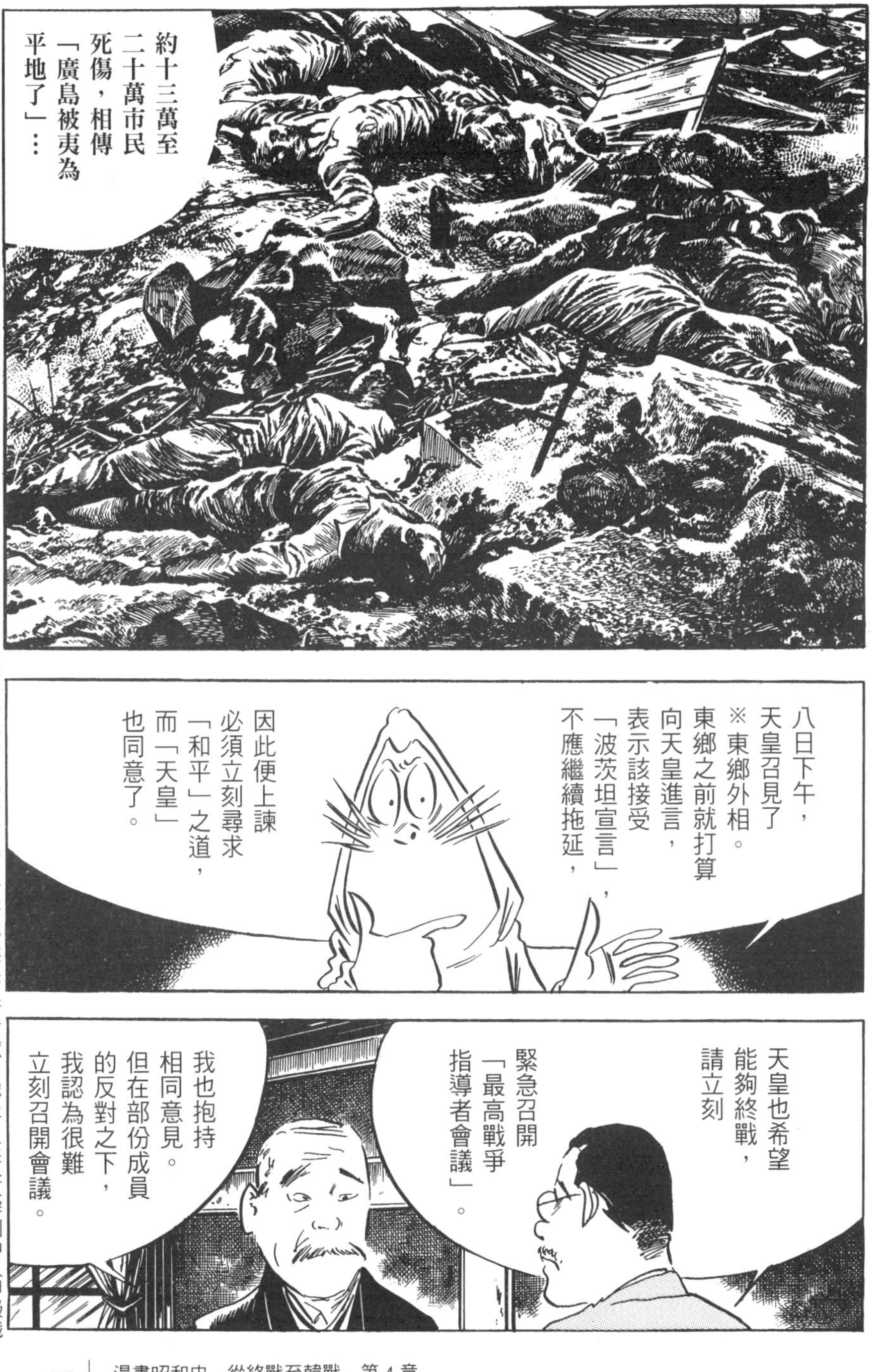

約十三萬至二十萬市民死傷，相傳「廣島被夷為平地了」…

八日下午，天皇召見了※東鄉外相。
東鄉之前就打算向天皇進言，表示該接受「波茨坦宣言」，不應繼續拖延，
因此便上諫必須立刻尋求「和平」之道，而「天皇」也同意了。
天皇也希望能夠終戰，請立刻
緊急召開「最高戰爭指導者會議」。
我也抱持相同意見。但在部份成員的反對之下，我認為很難立刻召開會議。

※「東鄉茂德」（一八八二～一九五〇）……外交官。擔任太平洋戰爭開戰與終戰時的外務大臣。對終戰決策有所貢獻。戰後，在東京審判中以甲級戰犯的身份被判處二十年徒刑，病歿於獄中。

八月九日早上，
大臣！蘇聯已發表向日本宣戰，
蘇聯軍目前正在入侵滿洲。
真是難以置信！

不只滿洲，蘇聯甚至還攻擊了南樺太、千島，甚至是北朝鮮，
鈴木首相向池田總合計劃局長官一問之下，才得知關東軍毫無指望、新京將在兩週內遭到佔領。

一般來說，首相在這種時候多半已經辭職下台了，可是鈴木首相深感自己有責任撐到「終戰」為止。

＊嗚哇—嗚哇—

於是鈴木立刻在宮中召開了最高戰爭指導者會議。
我們不得不接受波茨坦宣言。

可是！
陸軍還沒有落敗。

會議雖然進入白熱化，
但問題在於接受後又該附上哪些條件。

我認為該以國體護持作為唯一條件。

若不在戰犯、解除武裝、佔領等問題上
附帶條件，天知道他們會對我們怎麼樣。

跟同盟國交涉不利的話，反倒會讓我國陷入危險，面臨「本土登陸」的困境。
我們應該趁現在接受「波茨坦宣言」，才是拯救日本之道。

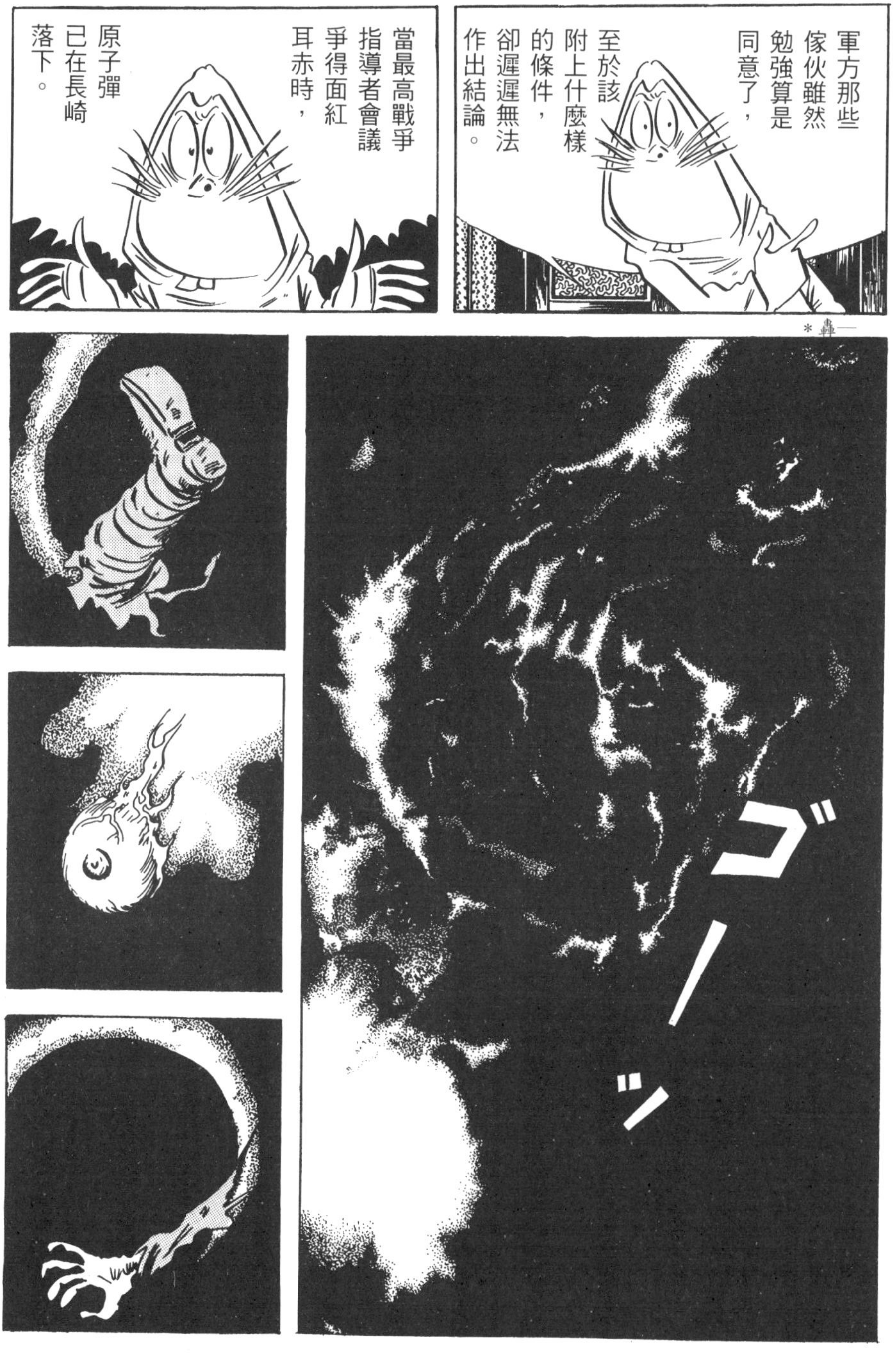

軍方那些傢伙雖然勉強算是同意了，
至於該附上什麼樣的條件，卻遲遲無法作出結論。

當最高戰爭指導者會議爭得面紅耳赤時，
原子彈已在長崎落下。

＊轟—

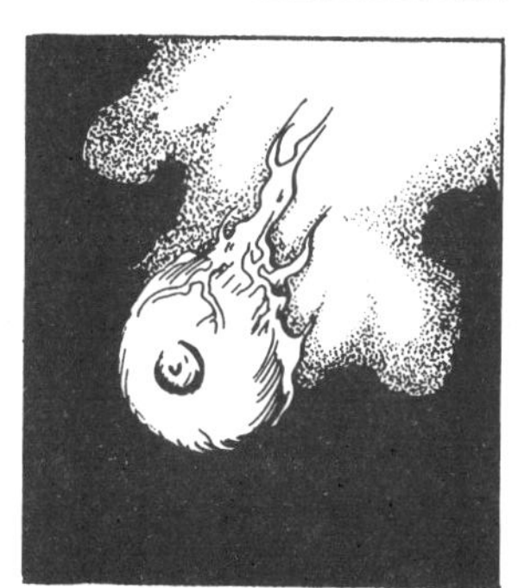

ゴーッ

此時，已疏散到島根半島鄉間的雙親則是……

啊，特殊炸彈落在長崎了！

噫，幸夫（三男）才剛好回到那裡。

因學徒動員而前往長崎的弟弟，剛休了兩、三天假回家，此時正要回長崎的造船廠。

這下不妙了，幸夫已經死在長崎了。

我明明有跟他說，要他再多待上一天的……
嗚咽

唉……

過了兩、三天之後，弟弟揹著巨大的水壺回到家裡。

我回來了，長崎造船廠已經不剩半個人了。

*呼—

只找到一個水壺，所以就帶回來了。

啊，你回來啦。
長崎那裡可不得了。

是喔？造船廠被炸飛啦？
嗯。

那大概所有人都死了吧。
應該是吧。

再這樣下去的話，
ズズズズ
全日本的人都會死光的。

這麵疙瘩真好吃。

＊唖唖唖唖

那被派去南方的兩人也……

畢竟已經長達兩年毫無音訊了呢……

嗯，應該已經戰死了吧。

就算到了這步田地，軍方還在逞強。大本營陸軍部更向全軍發佈：「落在長崎的特殊炸彈不足為懼，我們手上握有對策。」八月九日下午二點，

在全員參加的閣議上，究竟該尋求和平、還是該繼續戰爭，已進入了最終討論。

為了守護民族的名譽，只要繼續作戰，必會出現轉機。
（阿南陸相）

不能只因為不服輸，
或是太過樂觀的預測，就繼續冒險下去。

為了讓戰爭就此落幕，應當在符合現實的狀況之下展開交涉，以免日本遭到全面破壞。
（米內海相）
東鄉外相也再次遊說眾人接受波茨坦宣言，然而阿南陸相、※梅津參謀總長、豐田軍令部總長卻極力反對。

在鈴木首相激動地向天皇請願之下，天皇靜靜贊成了外務大臣的意見。

於是……

※「梅津美治郎」（一八八二～一九四九）……陸軍大將。敗戰時的陸軍參謀總長。戰後被定為甲級戰犯而被判處終身監禁，在獄中過世。

陸海軍的計劃漏洞百出，老是錯失時機，為了因應本土決戰的九十九里濱防禦作戰，進度也大為落後，
新設師團的裝備更是不充足，這樣要如何擊退敵軍侵略？

空襲越來越激烈了，再讓國民繼續忍受生靈塗炭之苦、文化遭到破壞、為世界人類帶來不幸，絕非我所希望。
聽了這一席話後，鈴木首相再次下定決心，必當實現「終戰」。

國民躲在防空壕裡，每天的生活都被壓得喘不過氣來。

你們還真辛苦呢。

最後的
御前會議
在八月十四日
早上十點
五十分召開。

地點是在
皇居的
地下壕…

鈴木首相
已向天皇
稟報，
內閣對
東鄉外相案
意見不一。

梅津、豐田、阿南等人表示，應該要求同盟國進一步說明，在得到回覆之前，
（梅津）
（豐田）
（阿南）
仗都該繼續打下去。他們一邊淚流滿面，一邊如此主張。

＊靜默

如果沒有其他意見，我就來談談自己的想法。
在充份檢討過全球現狀和國內局勢之下，我認為這場戰爭已經無法再繼續打下去了。
關於國體問題，雖然還有許多不明之處，但就這封回文的字裡行間來看，我覺得可以解讀成對方其實是帶有善意。

而對陸海軍將兵來說，解除武裝、遭到佔領這種事，勢必難以忍受……

但不管自己會被如何處置，
我都想拯救國民的性命。仗再這麼打下去，我國將化為一片焦土，我實在無法忍受讓萬民繼續受苦。

至於所謂和平的手段，當然不能全盤相信對方……但日本也不會就這麼被夷為平地。

只要能留下些許種子，未來就存有名為復興的一絲光明……

至今為止，一般國民全都被蒙在鼓裡……
必要的話，就讓我親自上陣說明也無妨。
…………

語畢，
鈴木首相
起身進言，
應當立刻
實行天皇
御旨。

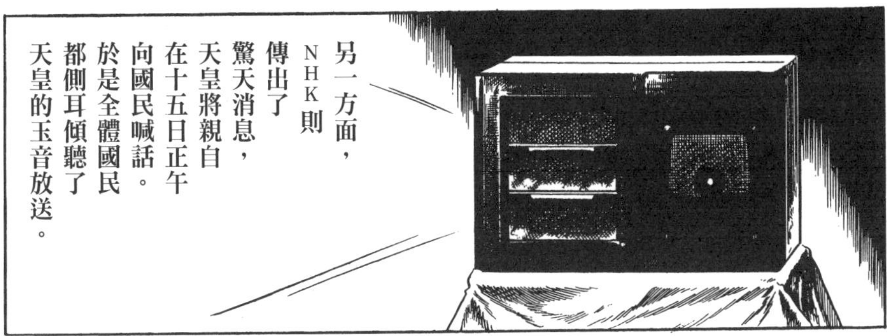
另一方面，
NHK則
傳出了
驚天消息，
天皇將親自
在十五日正午
向國民喊話。
於是全體國民
都側耳傾聽了
天皇的玉音放送。

朕深鑑於
世界大勢
與帝國現狀，
欲以非常措置
收拾時局，

茲告爾
忠良臣民……

……
惟今後帝國
所受之苦難，
固非比尋常，
爾臣民之衷情，
朕善知之。
然時運所趨，
朕堪所難堪、忍所難忍，
欲以為萬世開太平。

雖然完全
沒提到戰敗
二字……
但日本
已經輸了。
這樣的話，
說不定
宗平跟阿茂
都能回家了。

阿南陸相
在終戰詔書上
副署之後，
於十五日早上
切腹自殺。
遺書上
寫著：
「謹以一死
以謝大罪。」

神風特攻隊之父、大西瀧治郎中將、杉山元夫婦等軍人和右翼人士也接連自裁，東條大將則自殺失敗。

作為日本傀儡的滿洲國皇帝溥儀，雖然在蘇聯參戰下，移駕到離朝鮮較近的大栗子，但仍在八月十八日退位，滿洲國從此滅亡。隔天十九日，遭蘇聯軍逮捕。

昭和二十年（一九四五）
九月二日，在密蘇里號
戰艦上簽署降書。
太平洋戰爭在開戰
三年八個多月之後，
終於落幕，
國民遭受損害
約為十至二十兆日圓，
戰死一百八十萬人、
平民百萬人。
精疲力盡的國民們
終於鬆了一口氣。

自此之後，日本就由美國總統任命的
盟軍總司令麥克阿瑟元帥來統治。
元帥選擇將位於東京日比谷的
第一生命大樓作為根據地。

第5章 終戰前後的我們

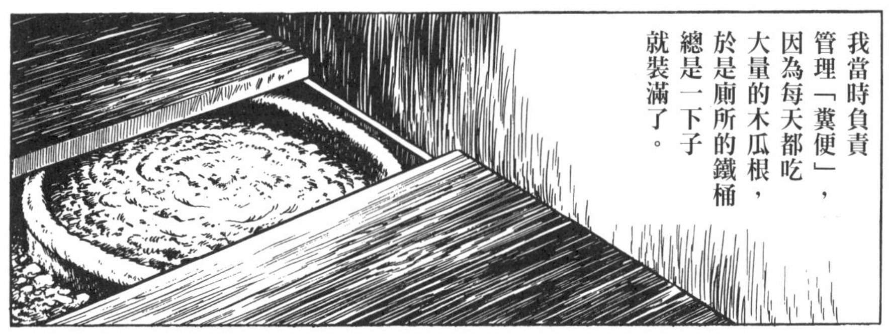
我當時負責
管理「糞便」，
因為每天都吃
大量的木瓜根，
於是廁所的鐵桶
總是一下子
就裝滿了。

在水分蒸發後，
簡直就跟
「麻糬」沒兩樣。

再把糞便
帶到田裡，
用力敲進
大地之中。

當糞便
不小心飛濺
過來時，
要效仿
宮本武藏

迅速飛身
閃過，
每天都過得
非常刺激。

兩、三天後，當我在運送糞便時⋯
保羅，要舉辦欣欣（舞蹈）了。

哇，我等好久了。

喂，糞便要怎麼辦？

原本以為舞蹈會辦在村外，但我猜錯了，是要到遠方的大酋長那邊舉行。托培托羅顯得活力十足。

＊咚隆咚隆　＊哇啊—　＊絆倒

因此只要一響起鼓聲，大家就會開始狂奔。

我才不會輸給你們呢。
啊—!

＊咚隆咚隆　＊咚隆咚隆

就連老太太伊卡莉妍都超越了我。

回過神來，我已經墊底了。
也太狂熱了吧。

＊窸窣

啊，保羅。

…艾蒲蓓溫柔地協助我站起身來。
沒事吧？

＊咚隆咚叩、咚隆咚叩

大酋長也來到了會場。
啊，保羅！

大酋長跑來找我握手。
保羅。
我，爸爸。

什麼，原來是托培托羅的父親呀。

請坐。
啊，我坐這裡沒關係嗎……

保羅，卡伊卡伊（吃吧）。
啊。

我說不定能當上這裡的國王……
心中實在無法克制這種卑劣的想法。

＊咔滋、咔滋

ポッポッ

＊咚隆咚叩、咚隆咚叩

ドンドコ
ドンドコ
ドコドコ
ドン

保羅，這是艾蒲蓓的雙親。

哦。
保羅。

回程繞去艾蒲蓓雙親的家中，親眼一睹貝幣（貝殼貨幣）的模樣，還叨擾了一頓晚餐。

以宛如王公貴族般的心情回到兵舍之後…

＊嗚哇—

報數！
三！
二！
一！

正因為少了一名士兵而鬧得雞飛狗跳。
少了一個，究竟是誰？

大蠢蛋！

立刻到衛生隊長宿舍前
整隊！

大家安靜！

我們雖然抱持著必勝的信念，試圖衝破逆境……

ガヤガヤ ガヤガヤ ガヤガヤ ガヤガヤ ガヤガヤ ガヤ

＊議論紛紛

但帝國最後還是接受了波茨坦宣言……

嗚嗚嗚。

日本好像輸了。
說起戰敗，今天飛機好像來得特別少呢。

什麼嘛，原來戰爭結束了啊……
嘻嘻嘻嘻嘻

然而就算戰爭落幕了，也不過是稍微多配給了點米，在軍中仍然要下田幹活……每天都在謠傳船就要來了。

據說我們可以平安回到內地的樣子。
好像全體都要被摘掉睪丸。

噫噫！
ガヤガヤガヤガヤ

＊議論紛紛

這就是所謂的斬草除根吧。
就算被摘掉睪丸，只要能活著回去就好了。

但也有人說，我們永遠無法離開這裡了。

就在流言蜚語傳得滿天飛之際，今村大將一行人突然現身。
各位，長久以來辛苦你們了。

等到可以回家的時候，會最先讓你們回去，
希望你們能安下心來。

聽了今村大將的這番話，我們開始覺得說不定真能回到內地了……

今村大將很有人情味，因此深受拉包爾將兵所愛戴。即便過了一個月，即便過了二個月，即便過了三個月，船還是沒有來…

我們將以一萬人為單位，各自分到不同部隊去。

移動嗎…說不定真的能回去囉。

這樣的話我得跟「森之人」告別一下才行。

這下不得了了，
必須趕快通知他們。

終於到了跟你們道別的時候了。
保羅，怎麼了？

戰爭結束了，
要莎喲娜啦了。

＊呆楞

＊嘿咻、嘿咻

隔天起，我們開始為移動作準備。

喂，當地人來了！
當地人。

怎麼了？
保羅。

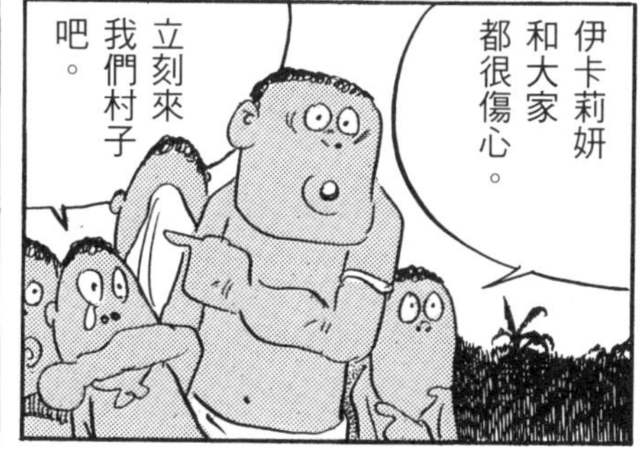
伊卡莉妍和大家都很傷心。
立刻來我們村子吧。

是嗎。
喂，工作要怎麼辦？

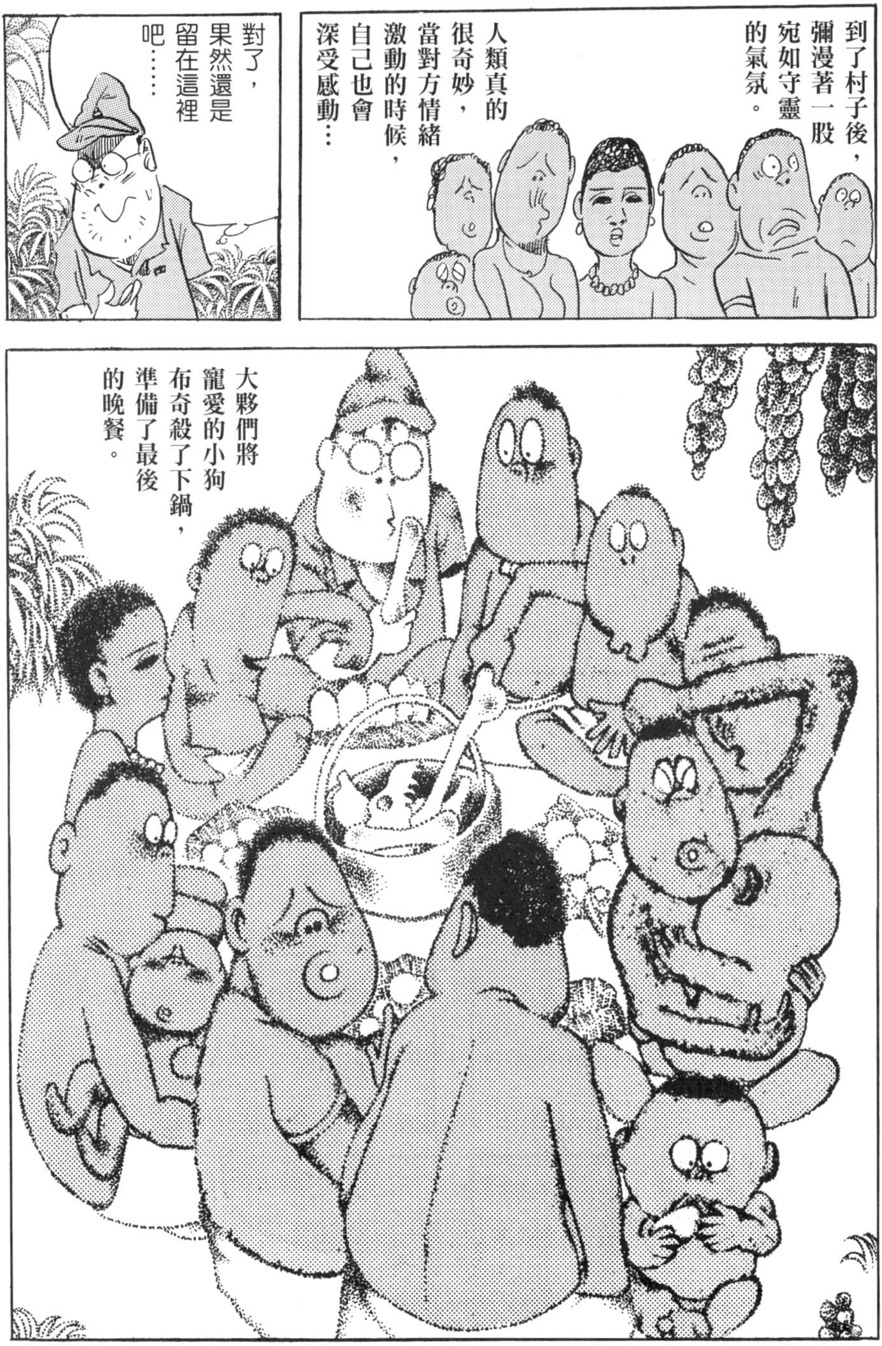

到了村子後，瀰漫著一股宛如守靈的氣氛。
人類真的很奇妙，當對方情緒激動的時候，自己也會深受感動……

對了，果然還是留在這裡吧……

大夥們將寵愛的小狗布奇殺了下鍋，準備了最後的晚餐。

可是雙親還在日本等我回去……
＊嚼嚼

保羅，別跟日本士兵一起去卡賽爾。

噫？

快逃跑吧，留在這裡。
我們會幫你蓋房子，

還幫你耕田種地，
而且從今以後，還會更盛大地舉辦你最喜愛的「欣欣」。

保羅，來當我們的夥伴吧。
逃跑吧！

先給我等一下，
我爸媽都還在日本等我。

我得先回去一趟才行。
那你什麼時候會回來？

＊哇啊—
這個嘛……十年之後如何？

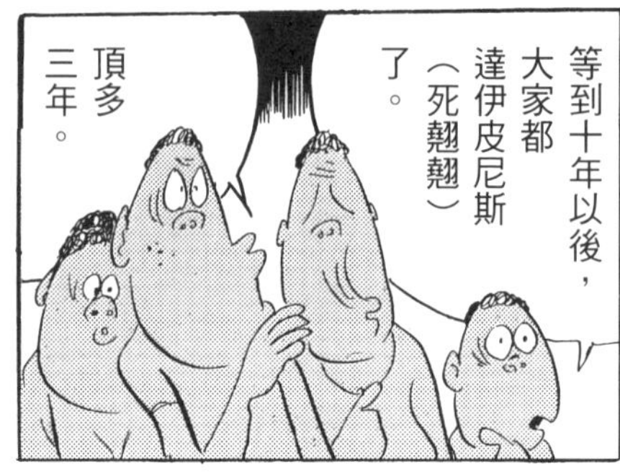
等到十年以後，大家都達伊皮尼斯（死翹翹）了。
頂多三年。

那改成七年如何？
七年……

七年有點久呢……
七年之後，我就會回來。

隔天，大夥開始朝各自分配到的部隊出發。

＊噗—

＊哇啊—哇啊—

保羅！

大家！

一個月之後……

跟「森之人」一起生活……
沒錯，那簡直有如天國…

現在還不遲，回去找「森之人」吧。

去找軍醫大人商量看看好了。

怎麼了，還好嗎？
我想直接在此除役，好跟「森之人」一起生活。

噫噫！
居然想幹這種蠢事…

我可是會付諸實行喔。
我很清楚你那奇妙的行動力，可是雙親還在日本等你吧？

何不先回日本一趟，再另作打算呢？
總之這茲事體大，我們去外面談吧。

雖然說得輕鬆，但此事非同小可，是一輩子的問題。首先，你的骨頭突出了截肢處，不再動一次手術可不行。

＊嚇

放著不管的話，說不定會送命喔。
ドキッ＊

再過兩、三個月，驅逐艦就會來。
啊，只要等兩、三個月……

這次就聽醫生的話，乖乖回家如何？反正你下次還可以再來……

聽完軍醫的話，我終於打消了念頭…驅逐艦卻遲遲不來。

我們每天忙著下田，此時，軍官和士兵卻染上了瘧疾的併發症「黑水病」，一種會產生血尿的疾病，接二連三地去世。昨天還很有精神的患者，隔天就斷氣了。

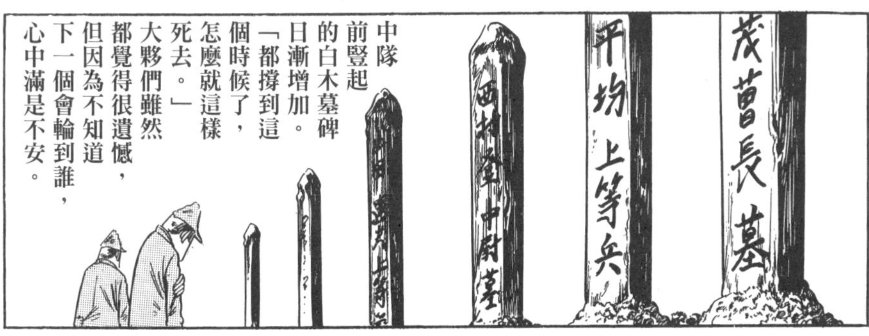
茂曹長墓
平均 上等兵
中隊前豎起的白木墓碑日漸增加。「都撐到這個時候了，怎麼就這樣死去。」大夥們雖然都覺得很遺憾，但因為不知道下一個會輪到誰，心中滿是不安。

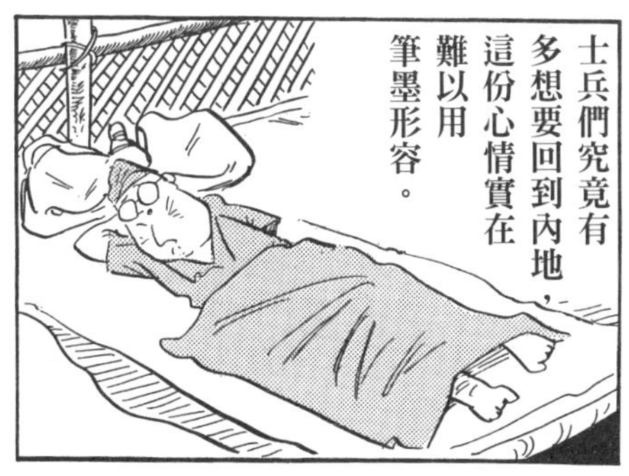
士兵們究竟有多想要回到內地，這份心情實在難以用筆墨形容。

只能說唯有親身經歷過，才能夠體會……就在某天，驅逐艦到了。
明天終於要搭船了……

驅逐艦靜靜地離開了拉包爾。大夥們對每一棵椰子樹都顯得依依不捨，那是因為我們**作夢也沒想到**，自己竟然真的有辦法活著回來。

一週後，當我們看到**富士山**時，這才捏著自己的臉頰，心想：「啊，真的回到日本啦⋯」美夢終於成真，能夠再次踏上日本這塊土地。

第6章 人間天皇與復員

九月二十七日，天皇前往美國大使館拜訪麥克阿瑟。

此時，據說麥克阿瑟對天皇誠摯無私的人品大為感動，因而決定保留天皇制。

但人們難免會感到疑問，怎麼可能只憑一時心情，就此決定佔領政策。應該是考量到天皇制能夠讓佔領進行得更加順利，才做出如此判斷的吧。
畢竟從天皇和麥克阿瑟並肩而立的照片中，就可以清楚看出麥克阿瑟的態度。這張照片的背後意圖，是為了要讓國民親眼一睹天皇和麥克阿瑟之間的權力關係。

這張照片
雖然被刊登在
朝日、每日、
讀賣三報上，
政府卻下令
禁止報紙販售。
然而
※GHQ
（盟軍最高
司令官
總司令部）
卻撤回了
販售禁令。

GHQ是由幕僚課（共四課），以及負責實施佔領行政的各種特別局處所組成。其中，幕僚二課（G2）課長威洛比、民政局（GS）局長惠特尼，

則是麥克阿瑟
元帥的親信，
在佔領政策中
扮演著關鍵角色。
GHQ這個詞每天
出現在報紙上，
對當時的
人們而言，
可說是十分
熟悉的字眼。
GHQ負責
指揮監督日本
各式公共機關，
其勢力甚至
深入了民間
輿論機關。

※「GHQ」……「General Headquarters of the Supreme Commander for the Allied Powers」之簡稱，即「盟軍最高總司令官總司令部」。主導了二戰日本投降後盟軍（實質上只有美軍）對日本實施的軍事佔領與間接統治，直到昭和二十七年（一九五二）四月舊金山和約生效才結束。

一方面
壓制日本的
舊勢力，
以保障言論
自由。

不管寫再多
揭露軍國主義
罪行的新聞，
都不會再遭受打壓，
甚至可以自由主張
共產主義思想。

然而另一方面，
對美軍不利的消息，
或是歌頌日本傳統
價值觀的大眾戲劇
等，則遭到了
嚴厲禁止。

《忠臣藏》
等以忠君為
題材的戲劇、
在學校教授
柔道劍道等，
均遭到禁止。

就像戰前的緊急敕令一樣，GHQ發佈了「隨接受波茨坦宣言所發命令之相關事宜」
的敕令五四二號，效力優先於所有法令。

昭和二十一年（一九四六）元旦，天皇發表了否定自身神格的詔書：「朕與爾等國民之間的紐帶，始終由互相信賴和敬愛所連結而成，」

「而非出自將天皇視為現世神的此種架空概念。」

換言之，便是透過這份人間宣言，來強調在這個新時代，天皇和國民都是互為一體。
接著，天皇也在二月十九日從神奈川縣出發，展開了全國巡幸。

以鼓舞投身
於戰後復興
的國民們
為目的，

至今為止，就連想
正面看天皇一眼，
都被視為大逆不道的
國民們，也藉此對天皇
湧現出一份親切感。

延續至今的「飽受愛戴的皇室路線」，就這麼開始了。
昭和二十一年五月三日，遠東國際軍事法庭（東京審判）開庭，共有二十八名甲級戰犯出庭。

有別於在戰場上劫掠、暴行等一般戰爭犯罪，甲級戰犯犯下的是破壞和平的罪行。

這不僅僅是將國家行為轉嫁至個人責任，也有人批評，這只不過是戰勝國單方面的審判。
尤其印度的帕爾法官更極力反對處罰甲級戰犯。而發表了人間宣言的天皇，則打從一開始就沒被列入戰犯之中。

昭和二十三年（一九四八）十一月十二日，包含東條英機等七人的絞刑在內，共有二十五名被告遭判決有罪，並在十二月二十三日執行絞刑。

我在昭和二十二年三月抵達浦賀。

雖然有二、三十名護士前來迎接，但日本女性全都長著一副扁平的圓臉，讓我大吃了一驚（應該是因為我之前只接觸到「森之人」的關係吧）。

＊叩隆、叩隆　＊嗚—

雖然為了再次動手術，而住進了國立相模原醫院（前陸軍醫院），醫院卻顯得徒具其名，只是一排看來寒酸的建築。院方說我可以先回家一趟，我便搭火車返鄉。

＊叩隆、叩隆

我的軍隊生活雖然只有約四年的時間，但我幾乎以為此生再也無法踏上內地了，四年感覺起來就像四十年，心情宛如浦島太郎一樣。

沒錯……真的就是浦島太郎的感覺……

父親跑來
米子車站接我。
在這四、五年
之間，父親
老了好多……

啊，
也太短
了吧。
嗯。

我還以為
會長一點。

大家都
還好嗎？
嗯……

啊，
阿茂！

境田先生的母親也在等你。
啊，境田的……

我是境田的媽媽。

境田先生的通知寄到了嗎？
有收到陣亡通知書了。

不，遺骨盒裡有放什麼嗎？
笨蛋！怎麼可以問這種事。

不，應該沒有遺骨才對吧……
裡頭只有一些土塊……

境田先生曾經搞丟眼鏡，
剛好我身上帶著三副眼鏡，所以就送了一副給他。
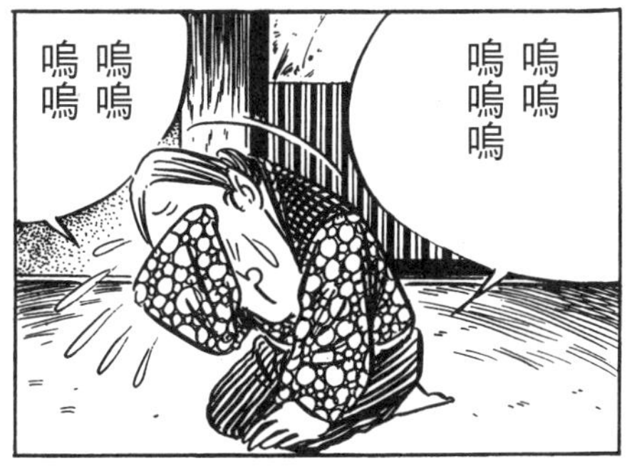
嗚嗚嗚嗚嗚
嗚嗚嗚嗚

？……
……
……

不知是打哪聽來的，竟然有兩、三位陣亡士兵的父母跑來造訪，
而每個人都顯得十分**哀傷**。在戰爭的背後，竟有這麼多人為之哀痛逾恆，不由得讓人重新震驚了一次。

哈哈哈哈哈

怎麼可以在這種時候發笑……

母親慌張地教訓了他一頓，但笑聲依然止不住。

仔細一想，他其實並不是在笑，而是
羞愧得難以自處，才會藉笑聲表現內心的哀傷。

不稍微說明一下，就會以為他**腦袋**有毛病……
不好意思，在此略加補充說明。

自此之後，就被母親禁止再去造訪戰死者的遺屬了。

你一向很能忍受孤獨，要不要去當燈塔管理員？

哈哈哈哈
燈塔管理員……
もぐもぐもぐ

再來一碗。
啊，已經沒了。

＊嚼嚼嚼

哎，你吃得真胖呢。

嗯。

不知為何地，父親居然跑來幫我洗背……

因建物疏開而半毀的老家，如今已恢復了原來的模樣，至於近鄰和漁船一點都沒變……
嗯，我確實活著回來了……

空中沒有傳來巨響……
（只要一聽到巨響，身體就會自動緊繃）
在※南方痴呆的作用之下，我沒來由地高興了起來。

對了，不管是明天、還是後天，我都依然活著……
不，從今以後都會一直活下去。
這是真的…

※「南方痴呆」……有許多在戰敗歸國後的日本士兵因為突然從戰爭時的緊繃情緒中解脫而一時陷入腦袋空空、反應遲鈍的狀態，這種人在當時被稱為「南方痴呆」。

我不斷地
自問自答，
好確認自己
真的活著
回來了。
以往所熟悉
的地藏，
每一尊也都還
保持著往日的
模樣……

該怎麼說呢，
就彷彿
頓悟的高僧
一樣，
光是活著
這麼
簡單的
一件事，

＊哈哈哈哈

はははは！

＊哈哈哈哈

都讓我感到
欣喜莫名。
はははは

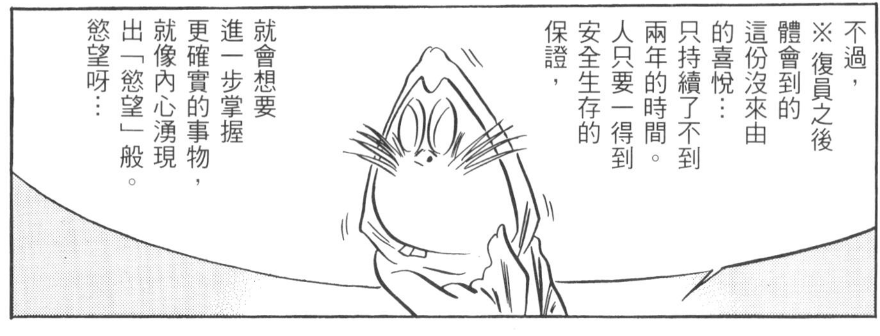
不過，※復員之後體會到的這份沒來由的喜悅⋯⋯只持續了不到兩年的時間。人只要一得到安全生存的保證，
就會想要進一步掌握更確實的事物，就像內心湧現出「慾望」般。慾望呀⋯⋯

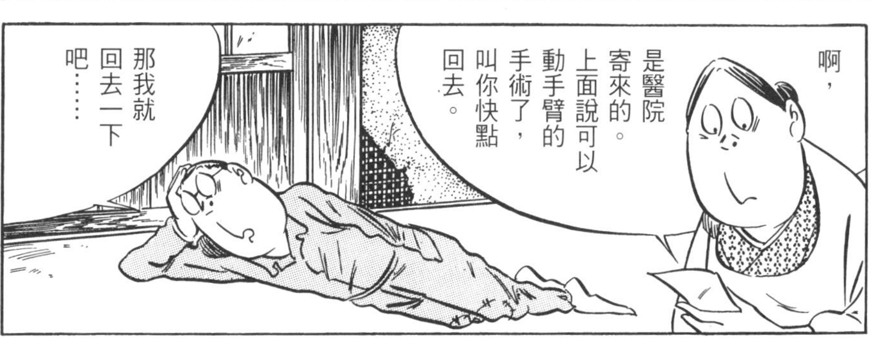
啊，是醫院寄來的。上面說可以動手臂的手術了，叫你快點回去。
那我就回去一下吧⋯⋯

身上只帶著充作午餐的飯團，我回到了東京⋯⋯

※「復員」⋯⋯指的是受到召集派遣外地的軍人得以解除軍務，返回祖國之意。

可是醫院裡的
伙食都很簡陋，
只發了一個
包玉米的餐包，
晚餐則是
滷蘿蔔和
米飯
……

就算想找工作，
但戰爭才剛落幕，
根本找不到什麼缺。
再加上我的胃又比
常人好上一倍，
實在對空腹沒轍。
於是我靈機一動，
跟睡在隔壁的戰友…
不，是朋友，
一起跑去千葉採購米，
一趟可以賺到五百元。

*喧鬧喧鬧

ガヤ ガヤ ガヤ ガヤ ヤ ヤ ヤ

再拿著這筆錢去新宿的※黑市吃豆渣壽司。這種壽司是在豆渣上擺放鱈魚或烏賊，五個壽司五元。有個一百元，就能大吃一頓了。

おいしい おからずし 一パイ五圓 おなじみの 荒又屋 出店

焼酎 お酒

呼，豆渣壽司吃得真飽。

不知為何，遲遲沒輪到我的手術。
乾脆認真幹採購這行，讓肚子吃得飽飽的吧。

再怎麼說，稻米果然還是東北最有名吧。

東北？
很好，就去東北大賺一票吧。

※「黑市」……日本戰敗後，糧食與物資的嚴重不足使得各地開始盛行以物易物或販售非法物資的黑市買賣，成為當時人們獲取生活必需品的重要管道。

火車上
總是坐滿了人，
必須拼命擠進
人群之中，
若任憑他人推擠，

就會被
推下火車。

下車時也得
像耍雜技般，
從火車窗口
鑽出去。

＊呼哈

呼，
終於
下車了
……
咦？

手伸進
口袋裡一摸，
卻找不著錢包！

＊噓—

不僅弄丟了買米錢，也買不起回程的車票。逼不得已，只好賣掉外套，（當時可以馬上換錢）才好不容易回去。

ドボドボドボ

事情進行得**不順利**嗎？
不行呢，連外套都保不住了，哈啾。

怎麼樣，要不要一起去教會？那裡不但有很多女生，還有地瓜吃。
教會？地瓜！

第7章 新憲法與戰後改革

在GHQ的指揮下，
一舉展開了戰後改革。
儘管這只不過是大戰
之後美國在世界戰略
的一環，處處依循著
美國的利益，
但對一路撐過
昭和戰前、
戰時抑鬱社會的
日本人來說，
仍然值得張開
雙臂歡迎。

就連即將
在數年之後
被GHQ鎮壓的
共產黨，
都將美軍明文
規定為
「解放軍」。
總而言之，
在「軍人」、
「右翼」大為活躍
的國家，國民生活
都會過得很痛苦。
這點即便放眼
全世界、至今為止
也仍然是如此……

戰後改革朝著
將軍國主義連根
挖起，並確立
民主主義、
和平主義的方向
前進，其主要
作法如下列
所述：
即為
「言論、思想、
政治之自由化」。
昭和二十年
（一九四五）
十月十日，
釋放政治犯。

共產黨的德田球一、志賀義雄等人，發表了「訴諸於人民」的聲明，甚至召開了歡迎大會。

志賀義雄

德田球一

同月十三、十五日，在波茨坦敕令之下，接連廢除了言論集會等取締法、治安維持法。

接著則是「財閥解體」。

經濟的過度集中也會助長軍國主義，於是推動了財界的非軍事化與民主化，

即為三井、三菱、住友安田四大財閥之解體，從昭和二十年十一月六日開始進行。昭和二十二年四月公佈了獨佔禁止法，

十二月則
公佈了
過度經濟
集中排除法，
在二十三年
大致完成。
此後，
因為美國
改將重心放在
對蘇戰略之上，
相關限制變得
比較寬鬆。

「農地改革」

另一項經濟改革
則是農地改革。
戰前的大地主制度
曾催生出許多貧農，
成為農本法西斯主義的溫床，
因此訂立這項政策。
此外，為了改善糧食問題，
也打算藉此刺激生產意願。
昭和二十年十二月二十九日，
修正並公佈農地調整法
（第一次農地改革）。

不過還不夠徹底，
於是在隔年二十一年
十月二十一日
公佈了同修正法
（第二次改革）。
在新法之下，
八成的租地都
能自有化。

昭和二十年
十二月二十二日，
公佈了工會法
以保證勞工權益、
勞工團結的
交涉爭議權，

並於翌年三月實施，
另先後在二十一年
九月二十七日
公佈了勞動關係
調整法、
二十二年四月七日
公佈了
勞動基準法。

昭和二十年
十二月
三十一日
GHQ下令
停止修身、
國史、地理
等課程，
目的是為了改革 
軍國主義教育。
在此之前則發佈了
「塗墨通告」，
要孩子們將課本中
有關軍國主義、
忠君愛國的部份
用墨水塗黑。
不久
之前才教他們
要忠君愛國，
如今卻變成了
「讚美民主主義」、
「讚美和平主義」，
這種教育不禁讓
孩子們感到懷疑。

而曾經嚴格要求他們好好珍惜的課本，現在卻得用墨水塗黑，讓這份懷疑又更深了一層。
孩子們最後反而學會了一項諷刺事實：教育這玩意兒都是依國家的方便來行事。

昭和二十年十二月十七日，在選舉法修正下，承認了婦女參政權。在翌年四月十日的第二十二回眾議院選舉上，一共出現了三十九位初次當選的女性議員。

該場選舉中，共產黨也首次以合法政黨的身份贏得了五個席次。

昭和二十一年一月四日，GHQ下令剝奪軍國主義協力者的公職。
在此命令之下，中央層次共有一千六百六十七人，包含地方在內則有數萬人遭到除職。雖然其中大多數人都跟軍國主義脫不了關係，
追放箱
投票
一月二十八日
二十九日
三十日
午前九時ヨ
午後五時

但也看到長年致力於
女性運動的※市川房枝，
只因短暫參加過
言論報國會…

就因此遭到除職
的不當案例。
每當歷史轉動時
總是會出現
不合理之處。

集上述戰後改革
之大成的，
則是日本國憲法。
昭和二十一年十一月三日，
公佈了日本國憲法。
手續上雖然是
修正大日本國憲法，

※「市川房枝」（一八九三～一九八一）……出生於愛知縣的女權運動家兼政治家，曾任參議院議員。於二次世界大戰期間促成日本女性參政權的落實，戰後亦致力於公娼制度以及軍備強化的反對運動。

但如第一條的象徵天皇、主權在民，第九條的放棄戰爭，第十一條的尊重人權等，都可以看到迥異於舊憲法的全新理念貫穿其中。可惜的是，主導新憲法制定的人是麥克阿瑟。

昭和二十年十月，他在與※東久邇內閣的近衛國務相會談間建議制定新憲法。

十一月，與全新組閣的※幣原喜重郎首相會談時，他則發下了正式指示，
幣原內閣也設立了憲法問題調查委員會。

※「東久邇內閣」……自昭和二十年（一九四五）八月至同年十月以日本皇族兼當時陸軍大臣的東久邇宮稔彥王為首所組成的內閣，協助處理戰敗後的善後工作。卻因為與GHQ意見不合在短時間內解散，由幣原內閣接替。

GHQ↓

翌年二十一年二月，以委員會的調查為基礎，政府雖整理出一份修正案，

GHQ卻對此大為不滿，因為提案中仍保留著強烈的天皇主權。而設立於二十一年二月、作為GHQ諮詢機關的遠東委員會，其中的天皇制完全廢絕論者也始終無法接受此案。

GHQ則在二月十三日提出他們親自準備的提案，並以此為基礎，由日本政府在三月六日發表憲法改正草案要綱。
但或許是因為國民們都忙著張羅食物，竟然對新憲法提案一點都不關心。在兩個月後的五月一日，戰後首次舉辦勞動節。

ボクタチワ
オナカスイテ
ハラペコデス

＊我們什麼都沒得吃，簡直餓到快發慌了

※「幣原喜重郎」（一八七二～一九五一）……外交官、政治家。四度擔任外務大臣，推行對英、美的溫和外交路線。戰後曾擔任內閣總理大臣。

雖然舉辦了戰後首次的勞動節，但訴求幾乎都跟「食物」有關……

昭和二十一年五月十九日，二十五萬名民眾聚集在皇居前廣場，召開了「糧食勞動節」。

甚至還有一部份人闖入了皇居，可見場面有多浩大，但這次的口號也集中在「食物」上。比起高尚的理念，人們還是選擇將最切身的**食物**問題擺在前面。

無論如何，之後國會只作了些許修正，便在十一月三日公佈了新憲法。

翌年
昭和二十二年
五月三日，
實施日本國憲法，
並在皇居前廣場
舉辦典禮。
在麥克阿瑟許可下，
平常遭禁止的
日之丸國旗…

終於在典禮上
冉冉升起。
那份優雅姿態，
也是日本憲法
之象徵。

即使在
這種時候，
復員船仍然
接二連三地
駛進了橫濱、
浦賀。
哥哥宗平
雖然平安復員，
親戚彥一
卻戰死於爪哇。

第8章 飢餓與混亂與活力

日本戰敗後最具象徵性的景象，就是在一片焦土中的黑市。人們最原始的慾望、劣根性和活力，全在此共存。

東京上野的阿美橫町，便是少數留存黑市痕跡的地區之一……

出租書籍的批發商就位於阿美橫町附近，
卸問屋
漫畫雜誌《GARO》的長井勝一也於兩、三年後，開始在這條小路上批發※赤本漫畫。

※「赤本漫畫」……日本戰後所流行、以粗糙紙張大量印製的廉價漫畫。因封面清一色使用紅色而得名。全盛期約為一九四八～一九五〇年。

這種戰後黑市全國大大小小加起來，相傳一度多達一萬七千座。
黑市是在嚴重物資缺乏和統制經濟下，因需求而自然衍生出的。

黑市商人多半是找不到工作的復員兵，以及無須遵守戰敗國日本之警察權的在日外國人。

都可以算你便宜一點。

而在這種地方，當然也只有說實話才管用。有關昭和二十年（一九四五）十月的黑市價格，留下以下數字。
白米一升（一・五公斤）七〇円（※公價五三錢），
銀座松竹
作品

※「公價」……「公定價格」的簡稱。指在第二次世界大戰期間至戰後日本政府為抑制經濟亂象，於是依法針對各特定商品所制定出來的價格。另外，關於貨幣單位的換算，一円＝一百錢。

醬油一升（一．八公升）六〇円（公價一円三〇錢），啊！
花婿 太闇記
30日より
松座
原來你在當昭和史的主持人呀，應該很忙吧，我們來幫你。

撒沙婆婆，這怎麼好意思……我只不過當作在打工而已……
你不用擔心。
30日より 太閤
免費幫忙，免費。

如果是這樣倒也無妨……
雞蛋一顆三円（公價二六錢），香煙（金鵄牌）十根一三円（公價三五錢）。
肥皂一顆二〇円（公價一〇錢）。

外套一六〇円（公價一八円）。
燈泡一顆二〇円（公價一一八錢）。
商品除了個人私物之外，

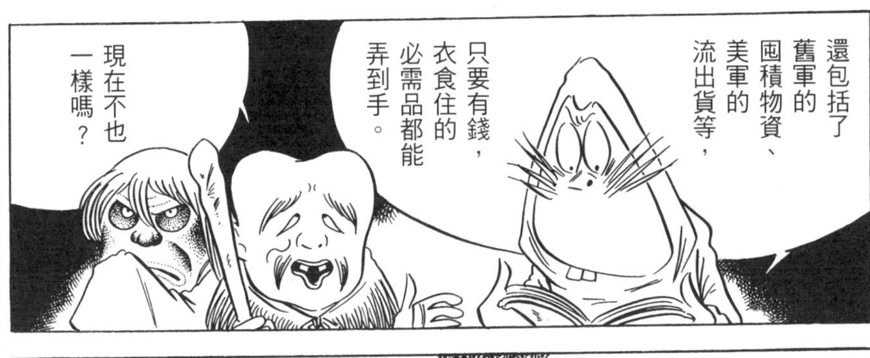
還包括了舊軍的囤積物資、美軍的流出貨等，
只要有錢，衣食住的必需品都能弄到手。
現在不也一樣嗎？

哇哇爺，不要亂插嘴，臭鼠男可是很認真地在主持。
配給遲遲不到、通貨膨脹猖獗，再加上存款凍結，令庶民生活在水深火熱之中。
花
記
竹松

總之，就算有錢也沒辦法花。

政府更頒布了金融緊急措置令，
要在昭和二十一年二月二十五日起的一週內，將舊円換成※新円。

換言之，每個人只能兌換為數不多的新円。
其他的金額則假借「封鎖」之名，淪為銀行帳戶裡的空頭數字，實在太辛酸了。

※「新円」……用來俗稱昭和二十一年（一九四六）作為幣原內閣解決戰後通膨問題的措施之一而全新發行的紙幣。至今為止所流通的貨幣（舊円）則在這之後很快地就被禁止使用。

光靠配給只會餓肚子，於是人們便直接跟農家交易，也就是所謂的黑米採購。開往農村的火車、電車，

坐滿了要去採購黑米的客人。要是對此置之不理，狀況便會越演越烈，警察管制起來也十分辛苦。

採購糧食時不使用現金，而是以和服、貴金屬來交換。

為了填飽肚子，人們只好穿上和服前往農家，因而被稱為「竹筍生活」。

而小平事件便是
發生在如此背景下。
昭和二十一年
八月十七日，
在東京芝增上寺的
後山發現了兩具
女性遺體，雙雙
都是強姦殺人
的受害者。

八月二十日，栃木縣出身
的小平義雄遭到逮捕。
在昭和二十年五月至
二十一年八月的
一年多之間，
小平先後犯下了
十起姦殺案。
當時莫名深受年輕
男性歡迎的小平先生
犯案手法
幾乎都是
向女性介紹
採購農家、
或送她們麵包等，
利用糧食不足
來借機欺騙女性。

你為何
做這麼
愚蠢的事？
嗯，
果然是在
戰時，
我為了服役
而前往中國，
大概是被當時的
異常體驗影響了吧。

因為我那時犯下了難以置信的非人道行徑。
如此一來，你應該是被戰爭中的異常體驗給逼得發狂了。

對呀，因為我可是以勇士身份而獲頒勳八等旭日章呢。
原來如此，果然沒有比勳章更靠不住的東西了呢。

而這種案例不只有小平事件，偽裝成黑米取締官的強姦事件、以籌措糧食作為誘餌的強姦殺人事件、以賤賣黑市物資為名

詐欺的強姦事件……各地都接連傳出類似的案件，而犯人多半都曾在戰場上體驗過強姦殺人的滋味。

＊嗡—

JERSEYJERK

JOE

OYAGI NOUMI

クルオン

女性也不只受小平等人所害，以進駐軍為名的美軍也不時犯下強姦或傷害事件。

日本警察無權逮捕這一類犯人，只能等待美軍MP（憲兵）出動。

而且就算將犯人逮捕到案，事件也常常不了了之，就連新聞報導都受到GHQ的監控所限制。

除了這種非法事件的受害者，還有所謂「半合法」受害者。
在進駐軍即將登陸的昭和二十年八月二十六日，

曾藉由RAA（Recreation and Amusement Association，特殊慰安設施協會）之設立，而打造出一道「性的防波堤」。

在國務大臣近衛文麿的提案之下，藉由警察相關組織來召集女性，街頭上立起了看板：「謹告新日本女性！

作為戰後處理的國家緊急設施之一環，徵求新日本女性率先協力，

一同參加慰安駐留軍的大事業。」而報紙上也刊登了廣告：
「急告！募集特別女子工作人員。」光是在東京都內，就開了二十五間RAA營業所。

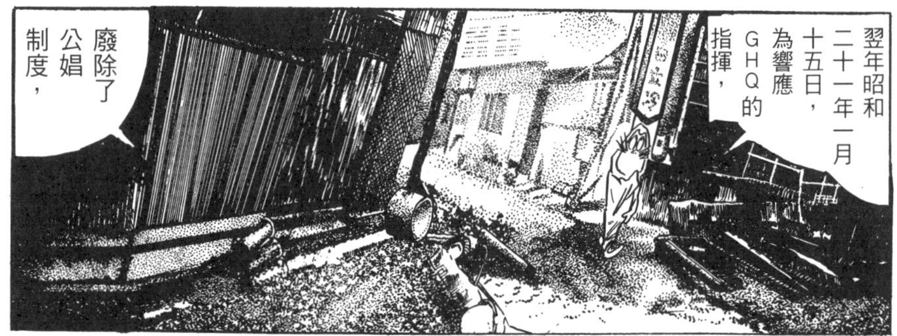
翌年昭和二十一年一月十五日，為響應GHQ的指揮，
廢除了公娼制度，

理由是違反了民主主義及人權思想。但即便廢除了公娼，

在「不禁止從事自發性賣春行為」的規定下，仍得以私娼的形式持續下去。RAA雖然也在同年三月關閉，但狀況還是一樣。

這該怎麼說才好呢，遇上了性愛這個問題，若要勉強年輕人禁慾，就會像漫畫劇情一樣大流鼻血，
實在很難加以禁止，甚至會演變成犯罪問題。而從事私娼工作的女性則被稱為「伴伴女郎」。

「伴伴女郎」……這稱呼還真令人懷念。
可以從中感受到這個時代所獨有的虛無頹廢氛圍。

在戰時飽受
打壓的出版界，
也一舉找回生氣。
對活字飢渴不已
的人們，全忘了
飢餓，在書店前
大排長龍。

因為紙張不足的關係，
書籍印量受到限制，
除了哲學、思想、
文學領域的書籍，
《日美會話手帳》
更是一路狂銷。
其中也不乏一些
昨天以前還在鼓吹
軍國主義、如今卻
改口盛讚民主主義
有多麼美好的書。
而被稱為「粕取雜誌」
的粗製雜誌

也大量創刊，
內容多為
情色新聞、
爆料等，
入口
ENTRNCE
定期券拝見
危険物 お断り
出口
WAY OUT

為人們荒蕪的內心帶來片刻娛樂，往往在刊行數期之後就廢刊了。
此時，黑市的酒店也有一種由酒粕製成、來路不明的「粕取燒酒」，

這種酒只要喝下三合就會爛醉如泥，甚至有雙眼失明的風險。

粕取雜誌則是因為每刊行三期（音近三合）就倒得名。

此外，新興宗教也接連問世。
跳舞的宗教……

一者是因為信仰的自由獲得保證；另一者則是出自價值觀的巨大轉變，
人們往往會在生活不安時尋求**心靈慰藉**。家庭離散、糧食缺乏、新憲法、新民法……

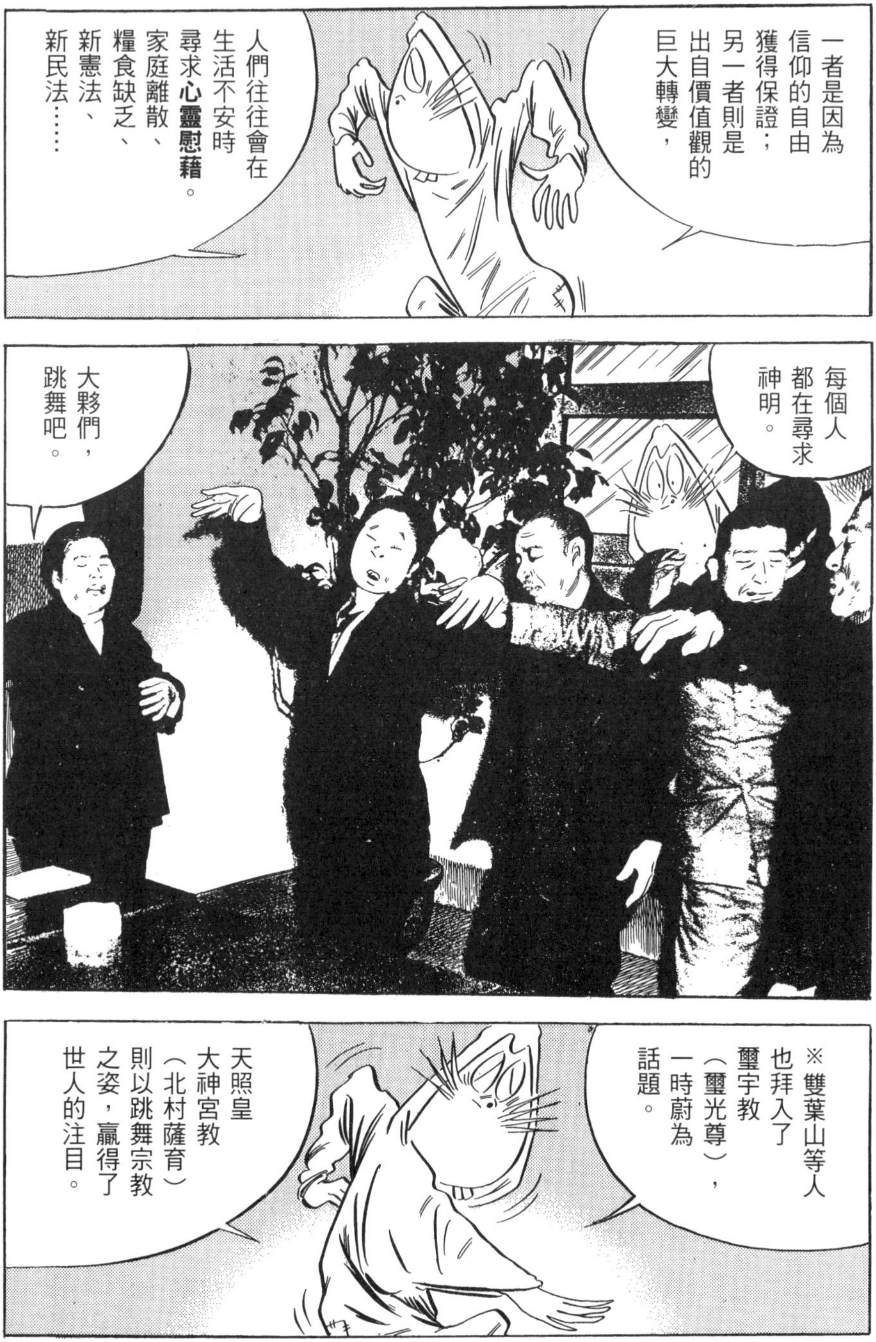

每個人都在尋求神明。

大夥們，跳舞吧。

※雙葉山等人也拜入了璽宇教（璽光尊），一時蔚為話題。
天照皇大神宮教（北村薩育）則以跳舞宗教之姿，贏得了世人的注目。

※「雙葉山」（一九一二～一九六八）……第三十五代橫綱力士。創下十二次優勝、六十九連勝的名力士。引退後擔任日本相撲協會理事長。

第9章 與空腹作戰

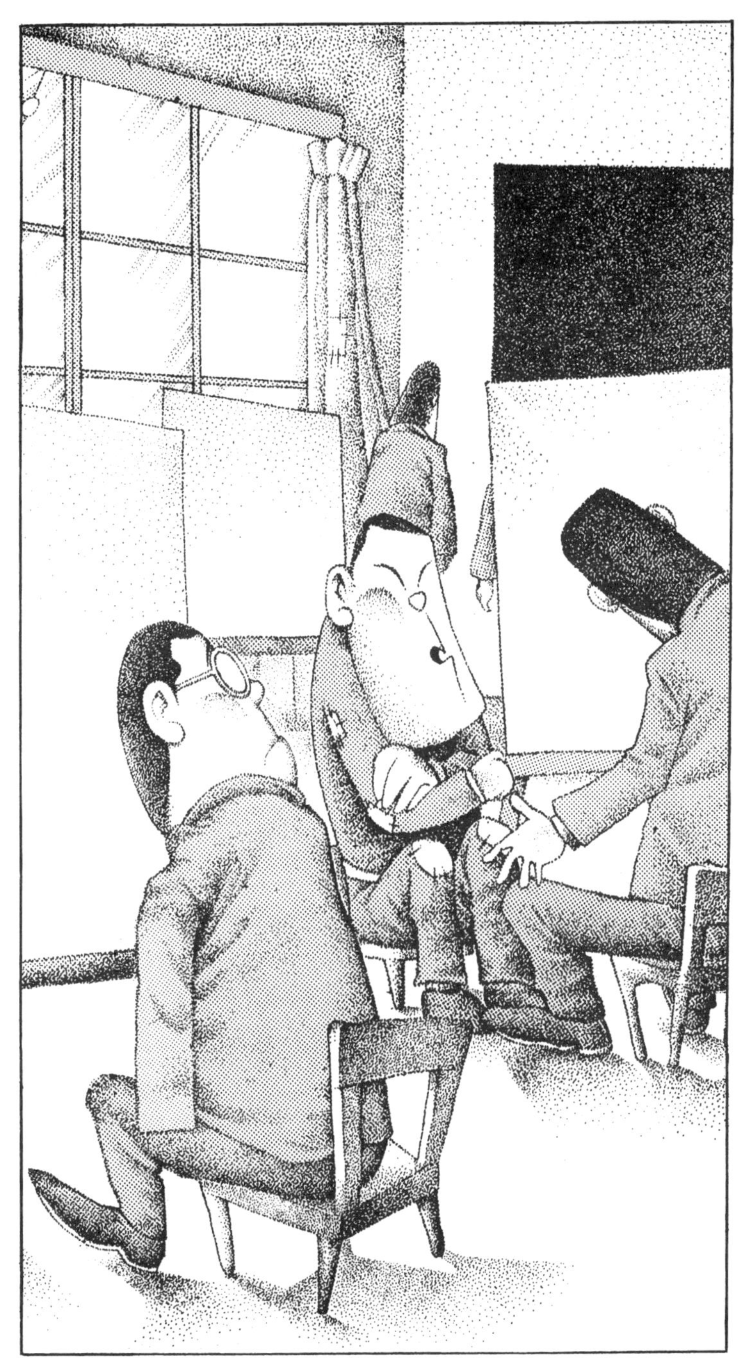

在相模原醫院的一角——

肚子好餓，我撐不下去了。

我認識一間會招待地瓜的教會。

原來如此。
就在原町田那邊，裡頭還有美女唷，嘻嘻嘻。

下次也帶我一起去吧。

喂，走吧。
也太快了吧。

真的有地瓜可吃吧？

你最好正經一點，就快到了。

歡迎歡迎，
今天還帶了朋友來呀……

在教會聽完講道後，大概是被認定為心中有煩惱吧，傷痍軍人和年輕女性都受邀來到了牧師家。
キョロキョロ
＊東張西望

不知是在戰爭中失去了察言觀色的敏銳度，又或者本性如此，帶著一張厚得不能再厚的臉皮，我始終等待著「地瓜」登場。
グゥ～ッ
＊咕嚕—

今天還帶了朋友來呀……
牧師之妻

對，我是來聆聽「耶穌地瓜督」的教誨。
這傢伙根本不知道客氣這兩個字怎麼寫……
沒關係，年輕人嘛……

你也稍微客氣一點。
啊，嗯──

就像這樣，為了大吃地瓜，連兩個月都去那間教會報到，心態就跟在南方造訪當地人村落時一樣。

因為他對聖經倒背如流，常常和牧師聊得很盡興，
不過他地瓜實在吃得太多，就連友人都不好意思再同行了。

在那個一無所有的時代，居然肯請別人吃地瓜，實在難能可貴。

後來終於輪到我動手術了，
但因為麻醉藥不足，痛得要命。

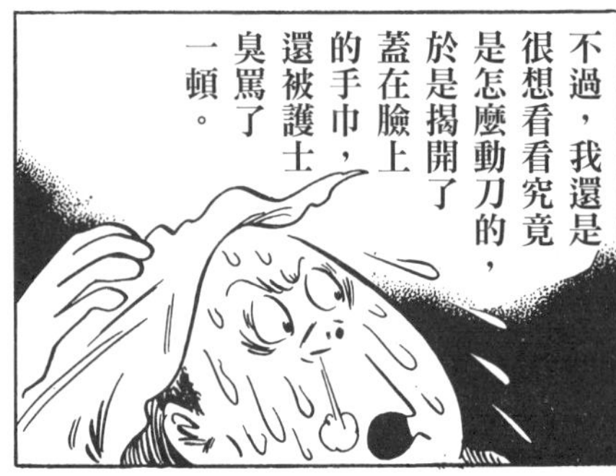
不過，我還是很想看看究竟是怎麼動刀的，於是揭開了蓋在臉上的手巾，還被護士臭罵了一頓。

一週之後我就康復了。

前面的士兵怎麼了？

他死了。

居然會因為手臂手術而死，應該是營養失調吧。

讀了隔天的報紙之後，
上頭寫著，武藏野美術學校正在招生。

去唸美術學校吧。

似乎是因為穿白衣應考而太過顯眼……
雖然有很多人報考，我卻奇蹟似地合格了。

我暫時從醫院往返學校上課……

但因為缺錢又缺食物，日子過得很苦。

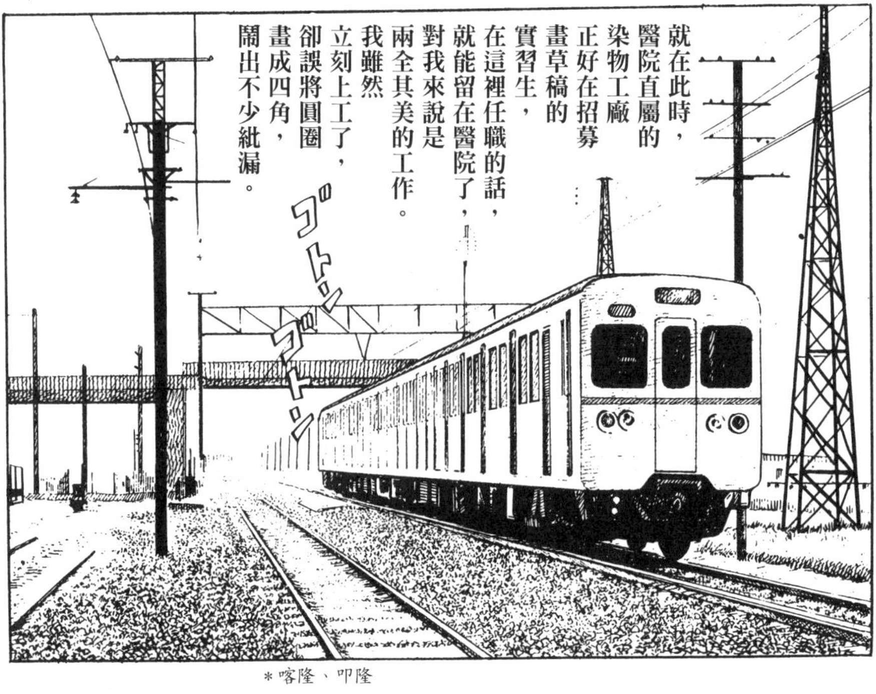

就在此時，醫院直屬的染物工廠正好在招募畫草稿的實習生，……在這裡任職的話，就能留在醫院了，對我來說是兩全其美的工作。我雖然立刻上工了，卻誤將圓圈畫成四角，鬧出不少紕漏。

ゴトン
ゴトン

＊喀隆、叩隆

然而才剛上手，醫院直屬的染物工廠就決定拉下鐵門了。

無計可施下，我在醫院呼呼大睡，此時獨臂、又只剩下三根手指的熊谷就跑來了。

有場秘密集會，你要不要出席？
秘密集會？

如果你也願意加入，就如虎添翼了。
這樣啊。

跟著那個男人一同跑到之前的海軍醫院後……
不是約在這裡，而是在青山喔。

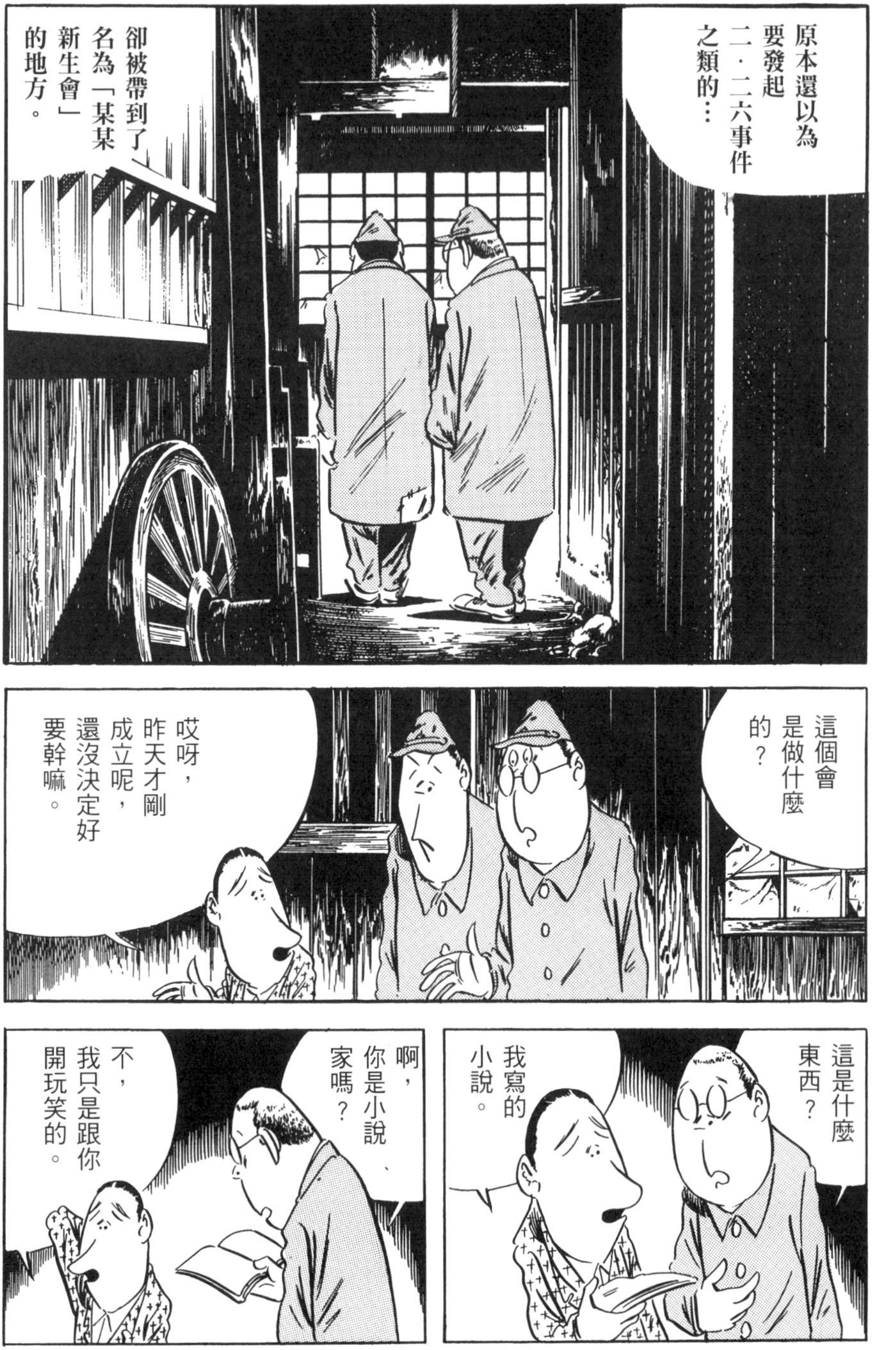

原本還以為要發起二·二六事件之類的…

卻被帶到了名為「某某新生會」的地方。

這個會是做什麼的？
哎呀，昨天才剛成立呢，還沒決定好要幹嘛。

這是什麼東西？
我寫的小說。

啊，你是小說家嗎？
不，我只是跟你開玩笑的。

當我喝了茶、吃下一顆水煮蛋後，就成為會員了。看來這似乎是第一次集會吧……
為了讓這個會更加茁壯，還需要一棟建築。

提到建築，燒毀的廢棄大樓在東京要多少有多少。
在青山就有一棟交通局的廢棄大樓，正好可以派上用場。

那今晚就去佔領吧。
佔領？
作為傷病兵之會，我們未來將成就出一番大事業。

帶著飯團跟草席，明天就去佔領吧。
要佔領的話，最好採取夜襲。

我們隔天
帶著幾張草席、
趁著夜色，
無血佔領了
燒毀的廢棄大樓。

萬歲—
萬歲—

＊咻—

ピュー

大樓裡
沒有電、
沒有瓦斯，
窗戶也破了，
任憑強風吹襲。

畢竟當時
才三月，
天氣還
很寒冷。
最高一層
的四樓有著
三疊大的
空間，
大概是廁所
或廚房。
就把草席
鋪在這裡
睡覺吧。

好冷呢。
就用草席來擋風吧。

ゴトゴト
怪了。
＊碰咚碰咚

好像有什麼聲音。
ゴトン
好像有東西在喔。
＊碰咚

＊咻—
＊窸窸窣窣

不好意素。

搞什麼，原來是※進駐軍呀。
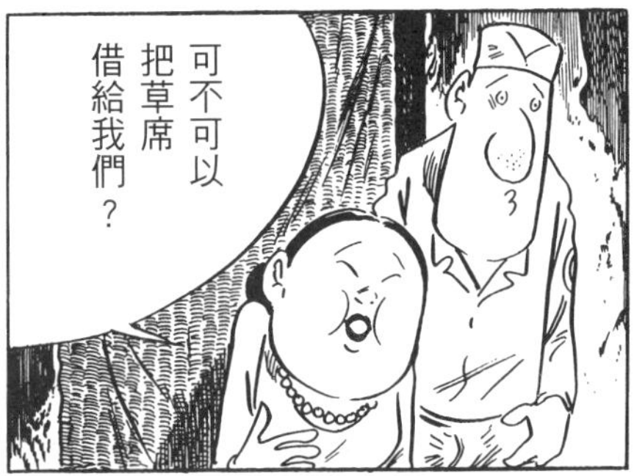
可不可以把草席借給我們？

沒問題。

搞什麼，原來是伴伴女郎呀。

他們冷到做不下去啦。

二、三十分鐘後，就歸還了草席，還附贈一盒香煙。
多屑啦。
ポイ

※「進駐軍」……指在二戰之後進駐日本的盟軍軍隊，以美國的麥克阿瑟將軍為最高司令在東京設立了總司令部（GHQ）。

＊丟

到了破曉時分，
總覺得有點
輕飄飄的，
睜開眼睛一看，
才發現上半身
已經伸在半空中了……

不知哪弄來的，
自稱為會長的矮個子
蒐集了很多
竹籃來。

而擔任
本部要員
的我，
每天都
負責顧家。

整天都
沒有人在……

既沒有錢、
又沒有食物，
我只好每天
拿一個竹籃
上飯館。
與其說
「需要為發明之母」，
倒不如說
「空腹為發明之母」。

在這個一無
所有的時代，
不可思議的，
竹籃居然可以
當作貨幣使用，
我光靠竹籃
就吃了一星期的飯。

入夜以後，不知去向的
大夥們全都回來了……
感覺就像格林童話裡的
七個小矮人一樣……

東京都
交通局說，
只要交得出
七十萬元，
就願意出租。

七十萬元已經夠蓋三、四棟房子了。
不，如果有這麼多錢的話，幹嘛還來佔領這種廢棄大樓。

東京都說，要是沒錢，月島的遣返者宿舍現在是空的，要我們過去那邊。

這樣也不錯呀。
至少比這裡好吧。

七個小矮人，不，是本會的七人……

好啦，我們接下來該怎麼糊口呢？
今天就是要來談這件事。

認為有總比沒有好，便在月島落腳了。

澀谷魚販的老大說，魚販接下來也會改採登錄制。
要用配給的了。

只要找到三百間客戶，就能當魚販了。
現在處於配給制之下，當魚販的話，至少就有飯吃了。

只要有飯吃的話，就沒什麼好抱怨的了。
萬一肚子餓，直接把魚頭煮來吃就好了。

總比吃貓頭好。

對呀，至少可以活下去。
那就來幹吧。

但是要登錄三百間，可絕非易事。
更何況…

這麼腥的玩意兒，單手要怎麼切？
在澀谷開店的魚河岸老大會幫我們的。

之後，大夥們便兵分二路，在月島和澀谷找客戶。

鳥居商店

你就去澀谷老大那邊吧。

澀谷是嗎……
ハトヤ大学
ラグーン

你好，要不要登錄鮮魚？
豆腐（音近登錄）……這裡是香煙店唷。
たばこ

豆腐我也吃喔。
たばこ
你到底是來幹嘛的？

來登錄的。

我這邊已經登錄過了。
不，是鮮魚。

我這裡可是香煙店呢。
說得也是。

連我都搞不清楚自己究竟在說些什麼……回到澀谷車站附近的市場之後，

怎麼樣？

完全不行。
什麼不行，怎麼可以說喪氣話。

要突擊，突擊，

再突擊！

只能這麼做了，好好加油吧！
嗯？

那到底是誰呀？
他啊，

是在那邊開運動用品店的前軍司令官呢。
他可是高官呢。

高官？
就是荻洲中將呀。

原來如此。
……
那邊還有一位陸軍大佐在開木屐店呢，過去瞧瞧吧。

現在正是天照大神躲在岩窟的時期。
下駄屋
原來如此，※天岩戶呀……

※「天岩戶」……日本神話故事中登場的岩石洞窟。傳說天照大神（太陽神）為素盞嗚尊的胡作非為所憤怒，決定把自己關進天岩戶中，使得整個世界日月無光。用以譬喻社會狀況正處於黑暗期。

必須忍耐到岩戶重開為止，加油吧。
他原本是擔任連隊長的高官呢。
木屐店連隊長是嗎。

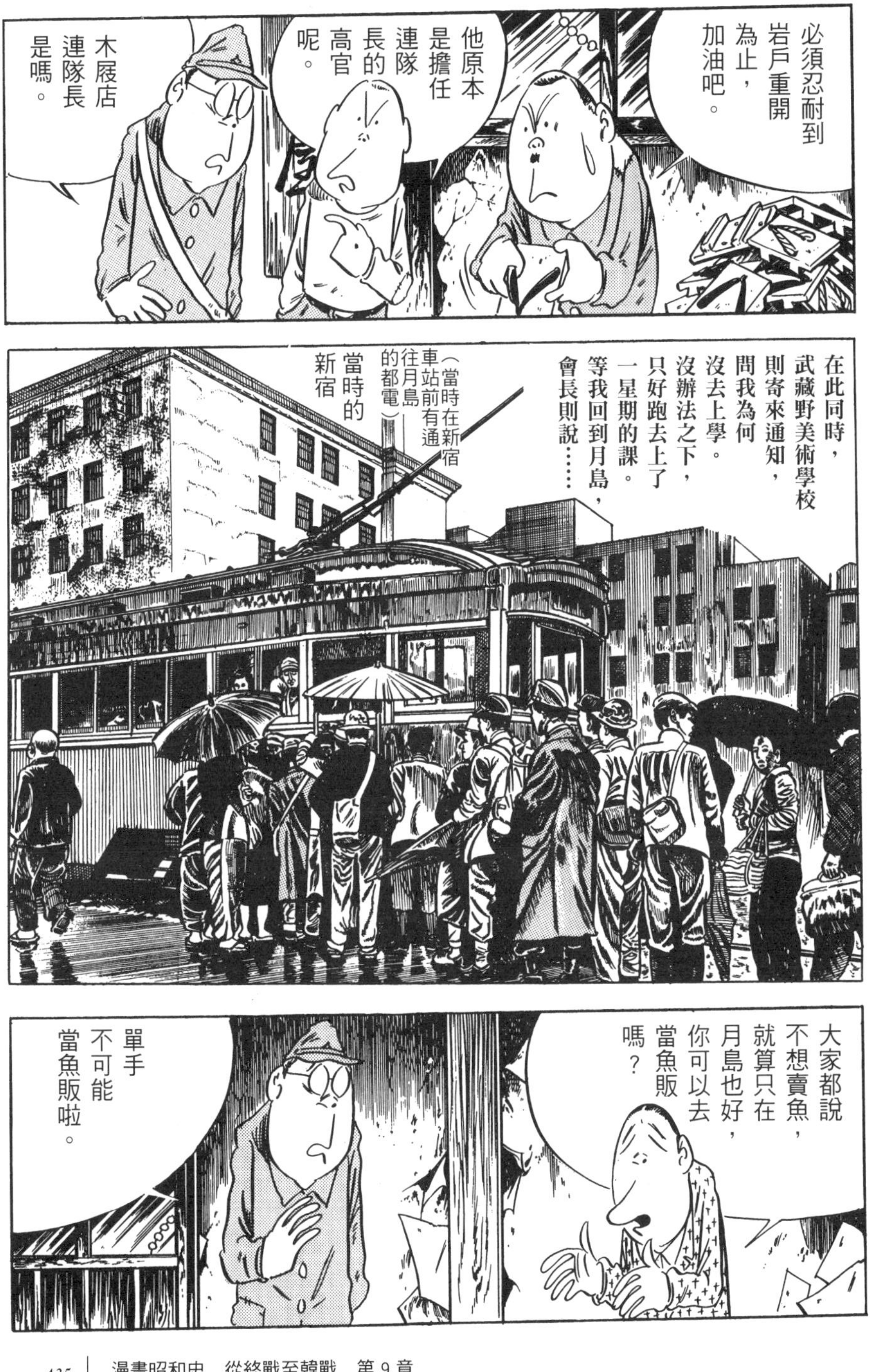

在此同時，武藏野美術學校則寄來通知，問我為何沒去上學。沒辦法之下，只好跑去上了一星期的課。等我回到月島，會長則說……

（當時在新宿車站前有通往月島的都電）

當時的新宿

大家都說不想賣魚，就算只在月島也好，你可以去當魚販嗎？
單手不可能當魚販啦。

這個嘛，
澀谷老大
說會派一名
夥計來幫你。
……
……

拿到登錄
之後，
不賣魚
也不行。
這樣啊，
不過我打從
一開始就
反對這麼做呢。

那就只幹
半年囉…
怎麼樣
都好，
拜託你了。

澀谷老大
買了菜刀
和手拉車
送我，
逼不得已，
只好當起魚販了。

到了
魚市場後，
居然把宛如
「腔棘魚」般
的巨魚
塞給我……

太巨大
了吧…

這是什麼
玩意兒？

應該是
遠洋魚吧…

我跟少年花了半天，聯手將「腔棘魚」切成魚片。

賣魚的，
這魚片怎麼切得大小不一啊？

是……魚片。
主婦們實在很囉嗦。

因為你都沒有先秤過。

這個嘛，魚秤。
是算公克的呀……

就這樣，弄得一陣手忙腳亂。事後一算，才發現還倒賠了五百元。
當魚販還真不簡單呢。

＊喀隆、叩隆

一週只有兩天會配給鮮魚，在沒有配給的日子，我就去美術學校上課。

其他人因為無法糊口，只好開始在街上募款。剛開始還覺得丟臉，所以從相模原醫院找了十個人來站台。

第10章

美蘇冷戰架構成形

戰後的日本
對戰前的軍國
主義加以反省，
並以和平國家、
國際國家
的身份
重新出發。
不過嘴上
講起來雖然
很輕鬆，
內情卻
錯綜複雜，
現實可沒
這麼簡單。

說到底，日本的民主化、非軍事化，本來就是在佔領國美國的主導之下所實現的。可以想見，一座東洋小國，而且還是戰敗化為焦土的小國，

是不可能
被冷峻的
國際情勢
所顧及的。
更何況
日本國民
光是要照顧
自己的生活，
就已經夠
焦頭爛額了。

而在此之中，
二戰後的世界
則以美蘇兩大國
為中心，
呈現出東西對立
的局勢。

即便如此，
至少在
終戰的
那一年，

不只是日本，
全世界均朝著和平
邁進。歐洲的人們對
戰火的記憶也十分鮮明，
因此格外期盼和平
與復興的來臨。
昭和二十年（一九四五）
十月二十四日，
聯合國就此成立。

在日本仍處於戰爭中的六月二十六日，由全球五十國所簽署的聯合國憲章，
獲得了過半數國家的批准。有鑑於之前的國際聯盟，

在第二次世界大戰爆發時

未能產生遏阻作用，這次便對※安全理事會賦予了強大權限。

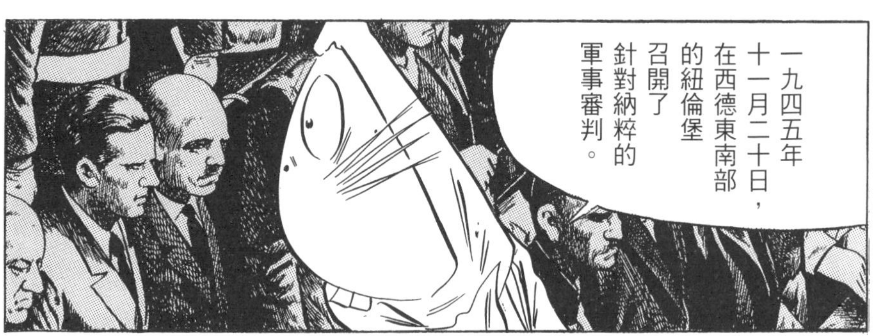
一九四五年十一月二十日，在西德東南部的紐倫堡召開了針對納粹的軍事審判。

※「聯合國安全理事會」……簡稱「安理會」，為聯合國的主要機關之一，以維護國際和平與安全為目的，是實質上的最高決策機關。由五個常任理事國（美、英、蘇、中、法）以及定期改選的十個非常任理事國所組成，共同協調國際紛爭。

與東京審判相同，
這場審判也採取了
由戰勝國來為
戰敗國定罪的
形式……

沒有勝利，
就無法伸張
正義了嗎——
不論哪個時代，
都會反覆上演
這種大哉問。

翌年
一九四十六年
十月一日，
※戈林
國家元帥
等十二人
被判處絞刑，

赫斯副元首
等七人
被判處徒刑，
三人
無罪。

※「戈林」（一八九三～一九四六）……納粹德國的政軍領袖。擔任過德國空軍總司令等諸多重要職務，在成立部隊與作戰指揮上都對德軍有相當下的影響，曾被希特勒指定為接班人。

※「鐵幕」……原出自英國首相邱吉爾的演說，指二戰後在蘇聯、東歐諸國以及西歐諸國之間劃出的勢力範圍界線，後來開始被廣泛用來形容歐洲的分裂。

行刑訂在
十六日深夜，
但戈林元帥在
肚臍中藏了毒藥，
在行刑之前
就先自殺了。

戈林元帥體型肥胖，
肚臍也深陷
在小腹之中，
因此就連
盟軍憲兵
都沒有察覺。

在終戰翌年，
很快就呈現
東西對立
的局勢。

一九四六年
三月五日，
正在訪美的
英國前首相
邱吉爾前往
西敏寺學院，
在美國政府
高層面前
舉行了一場演說。
演說中所
提到的
※「鐵幕」一詞，
日後在全世界
廣為流行。

如今，從波羅的海
一路至亞得里亞海為止，
鐵幕已將歐洲一分為二。
我們不應公開
原子彈的秘密，
而是該由美英加
三國來掌控……

他呼籲自由主義
國家應該聯手，
好對付社會主義國家。

七月一日，
美國選在南太平洋
的比基尼環礁，
舉辦對記者團公開
的原子彈試爆。

＊砰砰砰砰砰砰

日本的戰艦長門號
和七十五艘靶艦，
都在蕈狀雲之中
消失於海裡……

這是針對
不知是否
擁有原子彈
的蘇聯，
所上演的
一場示威
行動。

翌年一九四七年三月十二日，美國總統杜魯門在美國議會的特別會議上發表演說，揭示了所謂的「杜魯門主義」。談話中不僅強調共產主義的威脅，而且為了保護自由主義，美國也將提供軍事援助。

這項封鎖蘇聯的政策被稱為「冷戰」，也奠定了往後世界局勢的基本面貌。

美國國務卿
馬歇爾則在
哈佛大學的
畢業典禮上，
發表了
「歐洲經濟
復興計劃」。

好藉此強化
資本主義
的基礎，
並與
蘇聯
抗衡。

西歐十六國
因此接受了
美國的援助，

並成立歐洲經濟
合作組織
（OEEC），
此即為
馬歇爾
計劃。

蘇聯也採取了
對抗措施，
一九四七年
九月二十二日
在波蘭
施柯拉爾斯卡
波倫巴的古城中，
由蘇聯、東歐六國
的共產黨，
乃至於法、義
共產黨的幹部，
召開了一場
秘密會議。

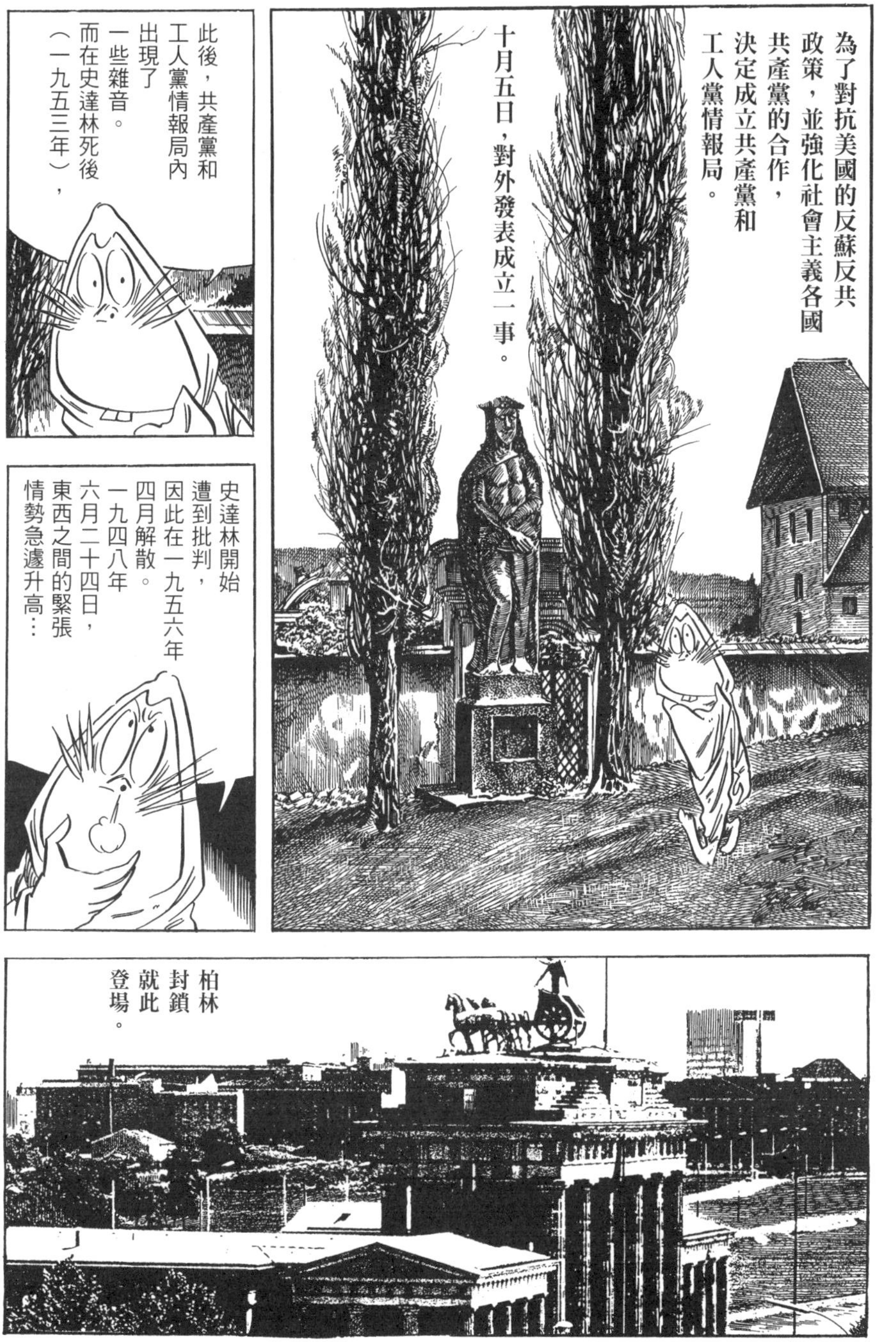

為了對抗美國的反蘇反共政策，並強化社會主義各國共產黨的合作，決定成立共產黨和工人黨情報局。

十月五日，對外發表成立一事。

此後，共產黨和工人黨情報局內出現了一些雜音。
而在史達林死後（一九五三年），

史達林開始遭到批判，因此在一九五六年四月解散。
一九四八年六月二十四日，東西之間的緊張情勢急遽升高…

柏林封鎖就此登場。

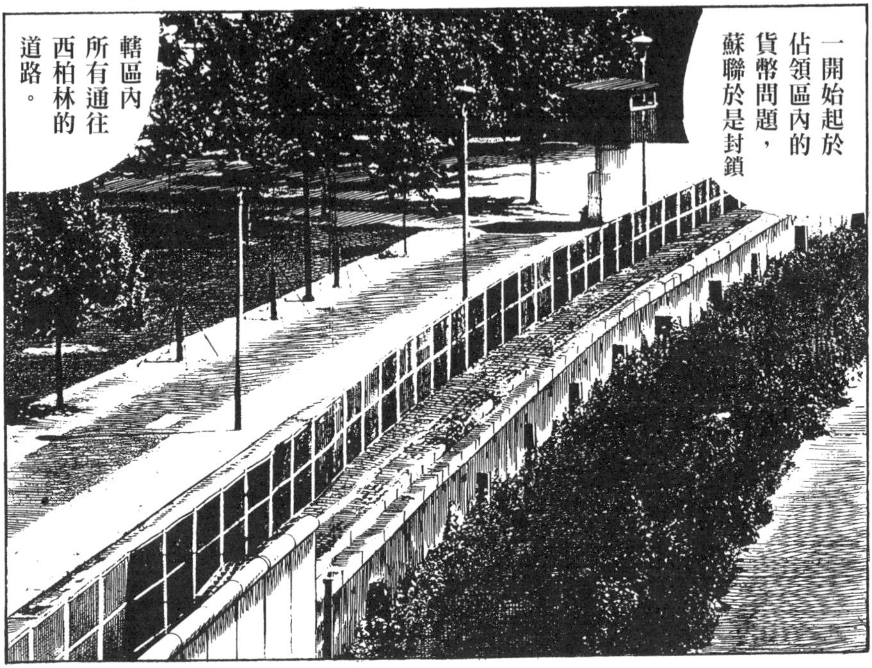

一開始起於佔領區內的貨幣問題，蘇聯於是封鎖轄區內所有通往西柏林的道路。

為了替柏林市民運輸糧食，美國採取了唯一剩下的空路，而上演了「柏林空運」。

※「李承晚」（一八七五～一九六五）……韓國政治家。為知名的獨立運動領袖，在戰後獲選為大韓民國首任總統。而後卻因選舉問題引發學生與在野黨不滿，於一九六〇年被迫辭職。

*轟一隆

接著，
就連遠東方面
也提高了
緊張情勢。

在柏林封鎖
兩個月後的
八月十五日，
朝鮮半島南部
的「大韓民國」
成立。從日本
殖民統治中
獲得解放之後，
此時正好屆滿三年。

由初代總統
※李承晚
為美軍統治接棒，
但相對的，在朝鮮
半島北半部，
則於九月九日
宣佈成立「朝鮮
民主主義人民
共和國」，
由※金日成
擔任首相。

※「金日成」（一九一二～一九九四）……朝鮮政治家。早年加入蘇聯共產黨，後曾參與東北抗日聯軍，於戰後建立朝鮮民主主義人民共和國（北韓），擔任最高領導人長達四十六年之久。

朝鮮半島上這兩座水火不容的國家，在美蘇的操控之下成立。
而這場朝鮮民族對立的悲劇，則在兩年後的「韓戰」中升至顛峰。

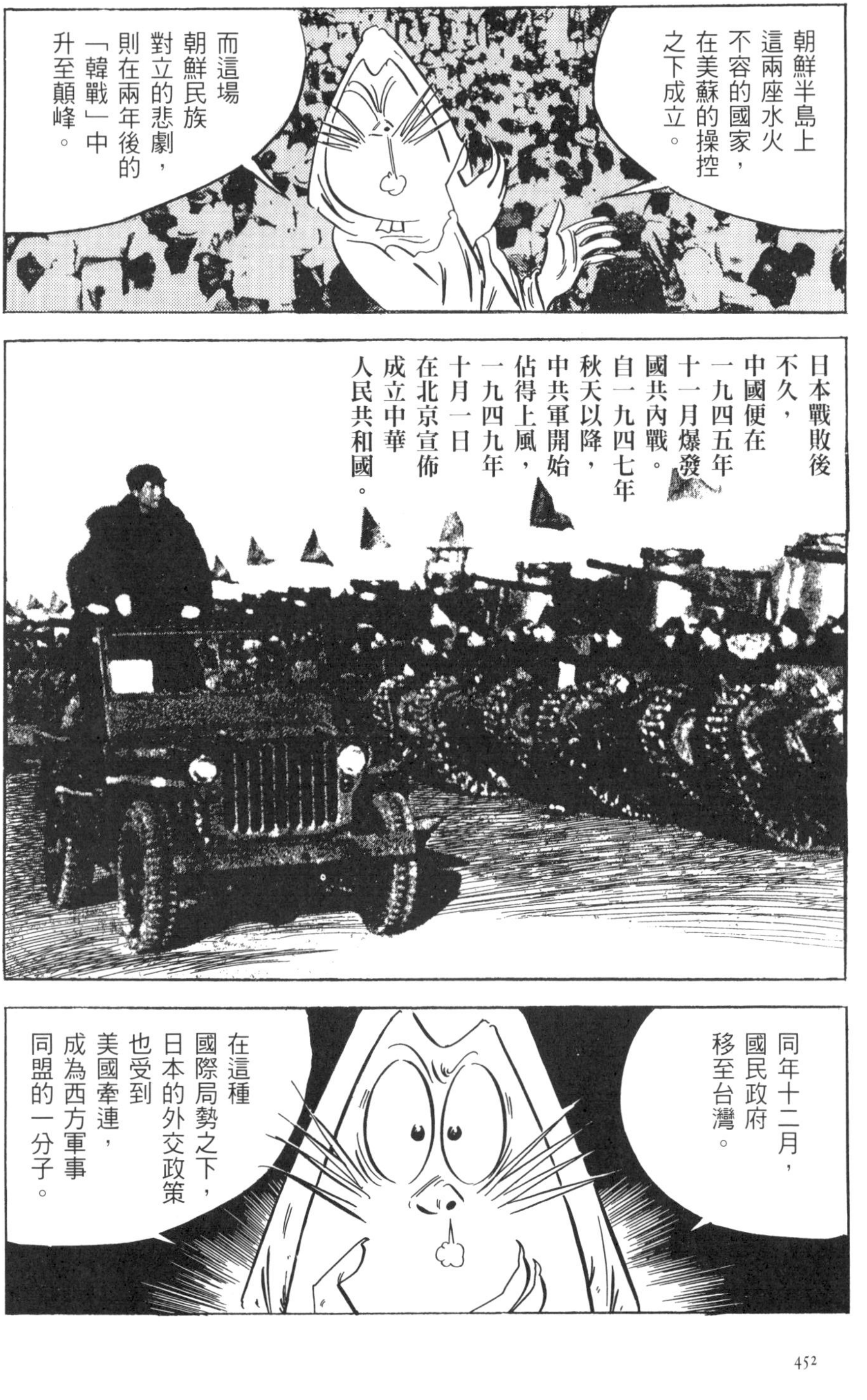

日本戰敗後不久，中國便在一九四五年十一月爆發國共內戰。自一九四七年秋天以降，中共軍開始佔得上風，一九四九年十月一日在北京宣佈成立中華人民共和國。

同年十二月，國民政府移至台灣。
在這種國際局勢之下，日本的外交政策也受到美國牽連，成為西方軍事同盟的一分子。

＊磅磅磅磅磅磅

但與此同時，也堅守了經濟立國的方針。隨著一九五〇年代的韓戰、一九六〇年代的越戰…

日本在這些戰爭中都發揮了兵站基地的角色，因此贏得了經濟上的繁榮。

日本在戰後所採取的巧妙定位，就是在這個時期奠定的。

此時，因為
勝鬨橋這裡
開起了市場，
水木茂
便買了攤位，
似乎要定下來
幹魚販這一行
了……

當時雖然名為市場，但其實只是用一片五公釐厚的木板，作為區隔彼此的界線，
外型看來真的就像袖珍屋。寬度只有一間半、深度也差不多，是一間小得不能再小的市場。

或許是因為在東京成功了，原本應該在工業學校教書的哥哥，竟出其不意地現身。
我搬來東京了。

第11章 不幹魚販，改當學生

フクムスメ
大衆食堂
久栄屋
大衆食堂
久栄屋

隔天，自稱為戰友的刑警就把哥哥給帶走了，而他生病的妻子和孩子都還留著在鄉下……換言之，就是以「乙級戰犯」的身份遭到逮捕。

聽說他被關在久松看守所，大夥們一同前往探訪之後，才知道警察原來依美國的指示，以在新幾內亞處決B17機組員一事將他逮捕。

即便如此，堂堂日本人邊對著同為日本人的同胞說是戰友，卻還將他逮捕到案，這實在太不像話了。
去的時候用歡呼聲送行，打了敗仗後就被當成戰犯，這到底算什麼！

話雖這麼說，不過還是無能為力……好啦，至於賣魚這一邊，有位叫阿哞的，
他雙手雖然健在、腿部卻受了傷，以前是幹兵長的。靠著他的幫忙，一切順利進行。

某一天——

如何，要不要把魚攤賣給我？

我用四萬元跟你買攤子。
啊，阿哞，

你是說真的嗎？
當然，我打算靠賣魚這一行來安身立命。

這也不錯，何況我還得去上美術學校。

獨臂是幹不了魚販的。
就是說呀。

於是，
我把攤子
賣給了阿咋，
再搬到
吉祥寺的
井之頭公園
附近。
在思考過
各種能靠獨臂
從事的行業之後，
我決定做「輪車」
這一行。
「輪車」是三輪
計程車的簡稱，
我用二萬元
買了一台，

再以一天
五百元的
費用租給
車夫。

只要存上
兩個月，
這筆錢就能
再買一台
三輪車。

＊鼾—鼾—

如此一來，
我只要在家
睡大頭覺就好了，
所以每天都睡到
中午才起床，
打完柏青哥
（不是貪玩，
而是為了
賺錢），
再去上學
……

上午的課程此時已經結束了，便就跟兩、三名同學一起畫石膏素描，到了傍晚再回家，這就是我當時的生活。

＊喀啦、叩囉

這種生活雖然過了將近一年，學校卻將空著的教室租給烏龍麵工廠。當時全日本都為經營困難所苦，而學校自然也不例外。

校園都被
烏龍麵
給佔領了。

啊，
連教室
也……
學生們
開始騷動。

＊砰

堅決反對
將教室租給
烏龍麵工廠！
可是還有
四間教室
不是嗎？

不過……
只要
一想到
隔壁的
教室
塞滿了
烏龍麵…
拿來吃
不就好了。

既然你
這麼說，
那就
請你來
當委員
吧。
嗯？

去教授那邊晃一圈，表示反對之意。
原來如此呢。

就算校內曬了點烏龍麵，我也不怎麼放在心上……
但一想到教授們究竟住在什麼樣的地方、過著什麼樣的生活，我就不自覺地跟在他們後頭了，與其他委員關切的重點截然不同。

畢竟我的胃很健壯，所以老是在肚子餓。
在學生之中，還有人靠著賣「血」為生。

正當我考慮要來慢慢賣「血」的時候……
已經到了考試的季節…

不，就連考試都不知何時結束了。因為我上午都在睡覺，而主要學科也都安排在上午，
所以不知不覺就考完了。嗯，可見睡眠對我來說有多麼重要。

接下來叫到的名字，都來辦公室報到。中島巖，
啊，阿巖因為賣了太多「血」，出現貧血症狀而暈倒在馬腹之下，

因此被馬踢中，現在無法下床的樣子。
原來如此，居然倒在馬腹下…

……如此感嘆之時，我的名字也被叫到了。
因為我法文的成績不太好。

啊，其實你可以不用來啦。
助教這麼對我說。
沒說什麼要緊事，就讓我升上二年級了。

回到家之後，當我正提筆撰寫南方敗走記時，父親就跑來了。
啊，我去參加宗平的乙級審判了。

他被判了十年徒刑。
十年……

請我吃個飯吧。
啊，吃飯…

我身上沒錢。
那就把這本書拿去舊書店賣吧……

嗯，也只能這麼辦了。
好像每個月開放會客一次。

我也去了一、兩次。半年之後，在鄉下日本酒公司上班的弟弟也跑來了。
大哥寄信過來，要我們去巢鴨監獄見他。

碰面之後，大哥說他很缺煙，要我們把香煙丟到看守所的庭園給他。

SUGAMO PRISON

蠢弟弟趁著夜色潛近巢鴨監獄，把香煙綁在石頭上，就這麼扔了進去。
一扔之下——

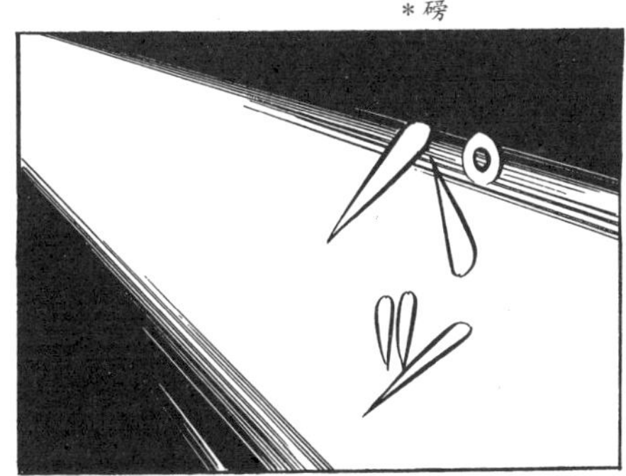
＊磅

被探照燈這麼一照，下一秒我就被壓倒在草地上了。
蠢透了，拜託人的傢伙雖然也很蠢，但付諸實行的傢伙就更蠢了。

或許是吧。
要是被機關槍掃射怎麼辦？

……就像這樣，雖然鬧出一些蠢事，大哥還是在八年後順利從巢鴨出獄了。

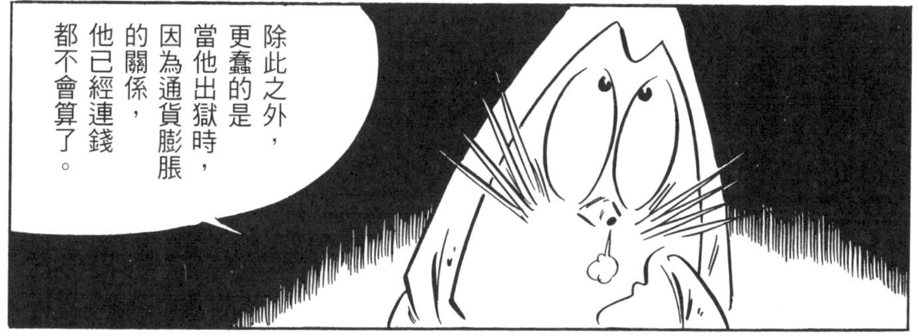
除此之外，更蠢的是當他出獄時，因為通貨膨脹的關係，他已經連錢都不會算了。

第12章 謎案接連登場

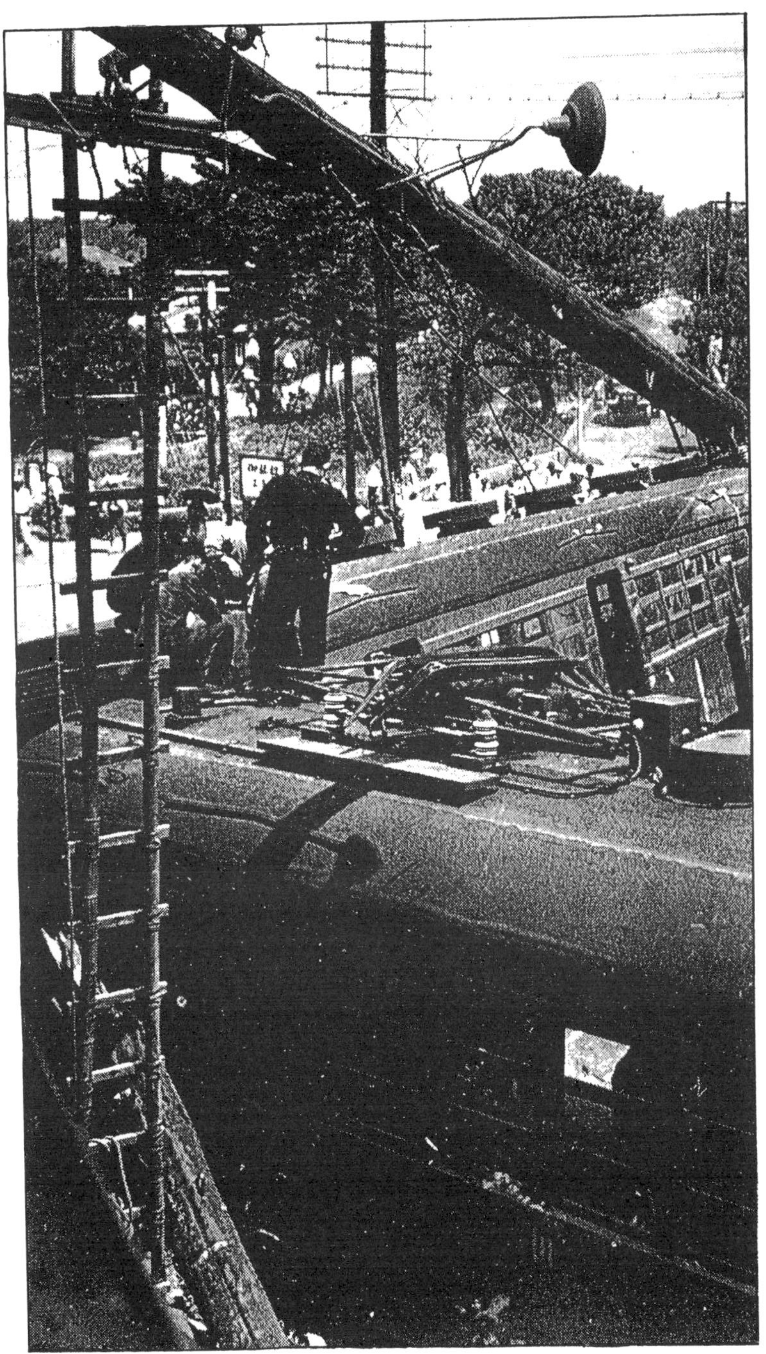

日本也受到世界局勢的影響。終戰後不久，勞工運動、社會主義運動雖然看似被賦予了一定程度的自由，GHQ卻逐漸加強了限制。

就美國看來，比起日本軍國主義復甦的危險性，反美親蘇勢力增長的危險性反而來得更大。

全日本產業別勞動組合會議（產別會議）原本打算在昭和二十二年二月一日，實施動員全國

六百萬人的※總罷工。這源於※吉田茂首相年初在電台上發表了

※「總罷工」……由所有產業的勞工同時上演的總同盟罷工。在昭和二十二年的「二・一總罷工」事件中，勞工受到首相吉田茂演說的刺激，於一月十五日結合總同盟、產別會議等三十個工會團體，組織全國勞動組合共同鬥爭委員會（全鬥）。

要求勞工運動自重的演說，才會產生這種反彈。

然而GHQ卻發佈了中止罷工的命令。

「就日本當下的窮困衰弱狀態而言，
不允許行使這種致命的社會性武器。」

一月三十一日，被GHQ找去的罷工全鬥議長伊井彌四郎，被迫在電台上宣佈中止罷工。在播送後的全鬥委員會上，

伊井也不禁落下了男兒淚。自從「二・一總罷工」中止後，GHQ對勞工運動、社會主義運動的鎮壓也變得強硬。

※「吉田茂」（一八七八～一九六七）……日本政治家。於戰後數次成立內閣，領導日本走過盟軍佔領時期。此外亦長期兼任外務大臣，與麥克阿瑟關係友好。在任期間的經濟發展國策奠定了日本經濟基礎，並締結了舊金山和約，為戰後日本的復興貢獻良多。

昭和二十四年（一九四九）一月二十三日的眾議院大選上，共產黨贏得三十五個席次，
在此之前只有四個席次，稱得上是一大躍進。

隨著GHQ的佔領政策轉為反蘇反共之後，

昭和二十三年以降，知識分子和文人，開始對共產黨抱有越來越高的期望，入黨人數也增加。昭和二十四年一月初，日本基督教會牧師赤岩榮更以基督徒身份入黨，一時蔚為話題。

共產黨便在如此背景下逐漸抬頭。
保守勢力和GHQ為了因應這種狀況，同年四月四日公佈了※團體等規正令。此外，在接收到此意向後，

※「團體等規正令」……制定於昭和二十四年（一九四九），明文禁止任何「違反和平主義、民主主義之團體」。為波茨坦政令之一，意在打壓當時逐漸失勢的右派以及共產主義運動。

各自治體也都
制定了公安條例。
對此，勞工團體、
左翼團體則展開
激烈的反對運動，
勞資糾紛和
街頭抗爭
層出不窮。
同年五月三十日
晚間的東京都
公安條例反對
示威上，
在與都廳內的
警官隊相互
推擠之下，
甚至有工會
成員因此喪命。

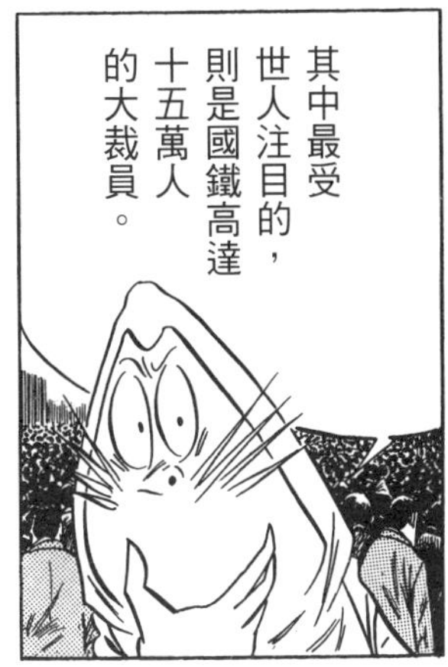
其中最受
世人注目的，
則是國鐵高達
十五萬人
的大裁員。

勞方作好了
迎接
決戰的
準備，
卻接連
發生了
三起謎案。

昭和二十四年
七月五日深夜，
在國鐵常磐線的
北千住、綾瀨區間
鐵軌上，
發現國鐵總裁
下山定則
被輾死的
屍體，
即為所謂的
「下山事件」。

下山當天早上
在日本橋的
百貨公司被人
目擊到最後
的蹤跡後，

便就此
下落不明。
而國鐵大裁員
問題的中心
人物之死，

也對社會
帶來了
重大衝擊。

就連屍體是在生前
或死後遭到輾斷，
又究竟是自殺或他殺，
當局都意見紛紜。
當作「自殺」的話，
遍尋不著自殺動機；
假設是他殺的話，
究竟誰才是犯人，
是否為反對裁員的
工會成員所為？
若是這樣的話……

又毫無
證據可言，
然而社會上
的氛圍覺得
就是如此。

勞工運動也
被澆了一盆
冷水。最後
在真相未明下，
調查就中止了。

十五年後，這樁謎案也過了時效。而在下山事件的十天後，

發生了「三鷹事件」…七月十五日晚上九點半左右，國鐵中央線三鷹站車庫裡的無人電車竟突然暴走，撞毀了站前的派出所和民宅，造成死者六人、傷者二十餘人。這也是大裁員背景之下的國鐵謎案之一。

警方逮捕了
反對裁員的
十名共產黨員
及工會成員，
隔天十六日，
吉田茂首相
發表聲明，
痛斥共產黨是
社會不安的根源。
此外，國鐵工會
內部的穩健派
與激進派
也在十八日
產生衝突，

最後由穩健派
掌握了主導權。
而CIE（民間
情報教育局）
顧問伊爾斯
也於十九日
在新潟大學
發表了
放逐共產
主義教授
的演說，
並在全國
大學巡迴
演講。

被捕的十人
雖然被
送上法庭，
但在六年後的
昭和三十年
（一九五五），
十人中有九人
獲判無罪。
只有一名
非共產黨員
被視為單獨犯
判處死刑，
而他也在獄中
提起上訴，

卻於昭和四十二年病死獄中。案中暴走的電車

是出自戰時的設計，本就時常故障，因此也有人主張這是單純的意外。就算真是人為案件，也存有太多謎團。最後三鷹事件也在真相不明下收場。

緊接在下山事件、三鷹事件的一個月後，同年八月十七日發生「松川事件」，同以國體為舞台。十七日凌晨三點出頭，福島縣東北線的松川車站

和金谷川
車站區間，
一輛上行夜間
列車脫軌翻覆，
乘務員三死。

政府宣佈
這是集團組織
策劃的罪行，
有九名
國鐵工會
成員、
十一名東芝
松川工會成員
遭到逮捕。

一、二審
都被判有罪，
並被視為是
以共產黨員
為中心的
工會成員
共同策劃所為，
判五人死刑，
罪刑相當重。

但有不少人指出，
這可能是旨於反共
的陰謀事件，
以小說家
※廣津和郎
等人為中心，
發起了
救援被告
運動。

在昭和
三十八年的
重審之下，
歷經十四年
的纏訟，
全員終於
獲判
無罪。

而在被告們
無罪的同時，
事件的時效也
隨之到期了，
真相從此
被埋葬在
黑暗之中。

※「廣津和郎」（一八九一～一九六八）……作家。代表作為《神經病時代》。在松川事件中，強烈主張被告無罪，寫出長篇政論《松川裁判》試圖揭穿事件真相。

此外，昭和二十三年一月二十六日，東京帝國銀行的椎名町分行發生十二名行員遭毒殺、被奪取十六萬現金及支票的事件。

犯人偽裝成東京都的衛生課員，騙他們喝下氰化鉀。畫家平澤貞通雖被視為本案犯人，但他卻始終沒被處刑；而不久之後，作家※太宰治便自殺了。

※「太宰治」（一九〇九～一九四八）……作家。戰後「無賴派」文學的代表人物。一生曾自殺五次。代表作有《斜陽》、《人間失格》等。

玉川上水剛好離家不遠，我便去看看。但這麼淺的河，哪淹得死人，我深感不可思議……與其說他軟弱，倒不如說世上還真有這種怪人吧。

此時仍舊陸續有外地的軍人復員返鄉。昭和二十四年，甚至有人從蘇聯返鄉。

至於下山、三鷹、松川這三起事件，推理作家※松本清張日後曾私下展開調查，認為這很可能是美軍為刻意拉低共產黨和工會聲望的陰謀事件。
而在此之下，社會主義運動、勞工運動也確實銷聲匿跡了，
＊轟—
ゴ
改由所謂的「逆轉政策」登場。
至於在朝鮮半島，
緊張情勢已提升到戰爭即將爆發的地步了。

※「松本清張」（一九〇九～一九九二）……作家。開創社會派推理小說的先河。代表作有〈某「小倉日記」傳〉、《點與線》、《日本之黑霧》等。

第13章 當上紙芝居畫家

當我正畫著
煩人的石膏
素描時，
旁邊有位教授
一邊發出怪聲，
一邊跟學生對話。

老師，這年頭要幹畫家這一行……
這個嘛，如果你想在這種時代當上畫家的話，沒有一千萬元可是不行的喔。

嗯？
一千萬元
是嗎……
原來如此
呢……
好像可以理解
他的意思。

當時我的錢正好快花光了，再不工作就沒辦法上學了，

我這才意識到去工作的話，時間就會減少；時間減少的話，就沒辦法畫畫了。

就連那位知名教授都穿著破破爛爛的衣服……
而且還結結巴巴地高喊著一千萬元，真是**魄力十足**，唉…

要繼續上學恐怕很難了…
不，

我不可能當上畫家了。
可是我好不容易才活了下來，

只能盡情做自己喜歡的事，直到死去為止。
換言之，就是要靠繪畫相關的行業來糊口了。

ドンドンドン
＊咚咚咚

是誰？玻璃都要被敲壞了。

是我呀，別太驚訝。
哎呀，會也解散了。

有沒有食物？
食物！

我這邊只有剩菜，
要不要吃魚骨頭？

我什麼東西都能吃，
畢竟我可是差點死在南方呢。

＊喀哩喀哩

你簡直比野貓還厲害。
你好像很沒精神呢。

＊咕嘟咕嚕

我剛聽說，沒有一千萬元就當不成畫家，正在沮喪呢。
哎呀，這不是很簡單嗎。

＊碰

只要沿著東海道街頭募款、一路南下，不但可以當作旅行，
一千萬元也能輕鬆入袋。而且我也差不多該去波羅本島了。

波羅本島？
啊，原來你沒聽說過呀，真意外。
是鳥糞吶，可以賣個好價錢喔。

所以我打算建一艘船。
船！

別這麼驚訝，目標不訂得高一點怎麼行。
我連募款箱都帶來了。

原來如此…
果然沒錢是不行的。

既然你都想通了，那就一起去吧。

在他的建議下，我搬離位於吉祥寺的家，
從東海道的平塚出發，踏上首次的募款旅行。

＊嘩—嘩—

ザーザーーッ

行經平塚、熱海，
抵達大垣、岐阜時，
別說一千萬元了，
甚至還落得
身無分文。
除此之外，
還遇上
連日豪雨。

＊搔搔抓抓
積欠廉價旅館的住宿費，動彈不得。
ポリポリ
ポリポリ
你也長虱子啦？

＊搔搔抓抓
在神聖的本大爺身上，怎麼可能長虱子。
ポリポリ

不，我清楚得很，你那種抓法就是長虱子了。

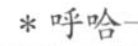
＊呼哈——

聽他這麼說，我脫掉白衣仔細一瞧，
才發現上頭到處都是虱子。

ふはー！っ
我嚇了一跳，只好拜託旅館女侍。

不好意思，請幫我用鍋子煮沸，這上頭都是虱子。

咦，**虱子**！用鍋子煮嗎？

旅館的女侍們雖然看似大吃了一驚……

但只要付二百元，她們就願意幫我用鍋子煮**虱子**。
哈哈，這麼一來就沒問題了。

＊哎呀—

ギャ

隔天，曬衣場傳來了前所未聞的慘叫聲——

怎麼了？
居然會有這種事。
一水煮反倒讓虱子的卵全孵化了，現在衣服上到處都是虱子…

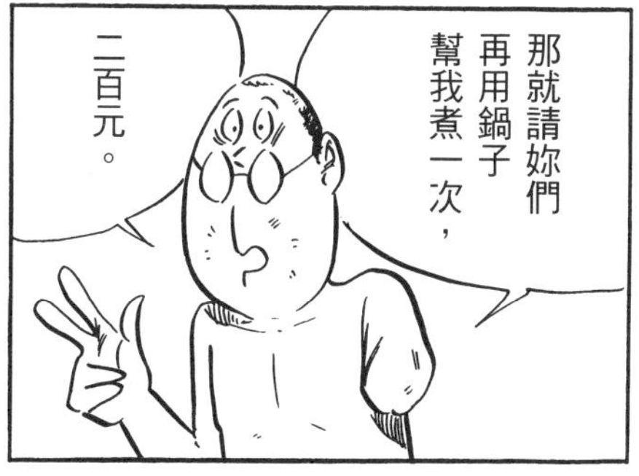
那就請妳們再用鍋子幫我煮一次，
二百元。

＊噫、噫—

ギョギョーッ

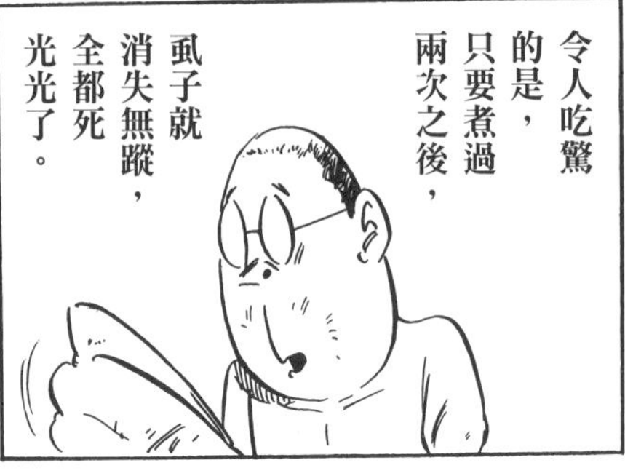
令人吃驚的是，只要煮過兩次之後，
虱子就消失無蹤，全都死光光了。

還真不得了。

此後，我在那間旅館裡就被稱為「虱子仔」。

岐阜始終為長雨所苦，結果我們一共停留了三個月，跟當地餐館也都混得很熟了。

虱子仔，我們去京都吧。

然而在京都大阪完全吃不開。

虱子仔，我們去神戶吧。

實在很難湊到一千萬呢。

嗯，我有同感。等湊到往東京的旅費，我們就回去吧。

最後就這麼
改弦易轍，
在神戶水木通的
可疑旅館中落腳。

旅館內
有一位宛如
妖怪的大嬸。

怎麼樣，
我打算以
二十萬元
的價格把
這裡賣掉。
咦，
二十萬元
也太便宜
了！

這裡揹有
一百萬元
的債務，
若願意
承接的話，
就只收
二十萬元。

喔，
原來
如此。

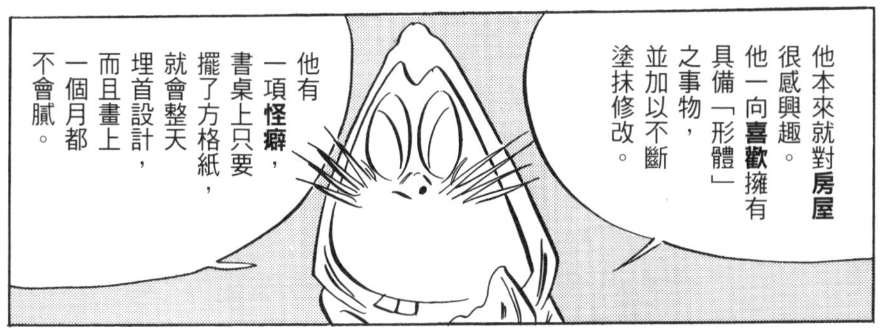
他本來就對**房屋**很感興趣。他一向**喜歡**擁有具備「形體」之事物，並加以不斷塗抹修改。
他有一項**怪癖**，書桌上只要擺了方格紙，就會整天埋首設計，而且畫上一個月都不會膩。

換言之，他可說是天生的**建築迷**。
所以日後去海外旅行時，他只要一看到各式各樣的建築物，就會不禁**深深**感動，他生性如此…

虱子仔，我要回東京了。
そごう

多保重。
你打算怎麼辦？

無論如何，我都想買間「房子」。
沒問題吧……

我立刻找老爸商量，但他也不肯承接一百萬元的債務。

為了向銀行借錢，我來到了神戶。最後雖然順利買下來了，債務卻始終如影隨形。

你都沒錢了，得把房間租出去才行。

首先出現的房客是為便秘所苦的※紙芝居畫家。

我終於大出來了，
已經十天了呢。

※「紙芝居」……一種透過連環圖畫，一邊抽換畫面、一邊說故事的街頭演出形式。

真是恭喜你……
對了，

啊，這樣啊？那我推薦去「林」那邊。
「林」？

我也想當紙芝居畫家，正在找工作呢……

問了地址之後，我雖然試著找過在哪裡，卻完全找不到。

請問這一帶……

啊，紙芝居店的話，就在那邊喔。

什麼嘛，居然在這種地方……沒問題吧？

「林」竟設在廢校中，將教室區分為四塊……

在斗篷下直接穿著四角褲，好奇妙的打扮……而且還戴著宛如※黃金蝙蝠般的面具……
這個嘛，畫什麼都好，來幫我們畫畫吧。

接著出現的是鈴木勝丸。說到紙芝居說書，他稱得上是日本第一。
啊，你住得很近嘛，有空常來玩吧。
他說話就像電影《男人真命苦》裡的阿寅一樣字字清晰……

※「黃金蝙蝠」……為紙芝居《黃金蝙蝠》的主角，金色骷髏頭加上紅色披風的樣貌，非常受小朋友歡迎。

雖然以一集（十張）二百元的價格接了案，便秘的紙芝居畫家卻整天窩在我家，讓我無法工作。
到了關西紙芝居界的巨匠相山老師這個等級……

早上醒來都要喝咖啡，而且是去喫茶店喝。
咦、咦！

我當時認為，去喫茶店喝咖啡是貴族才會做的事，因此大吃一驚。
而且每天都要喝。

此外稿費可是一集一千元呢。
※呼哈！

一千元！
過了兩、三天後，他帶了巨匠過來。

稍微打過招呼之後，巨匠開始談起關西紙芝居的現況。
悠哉地吞雲吐霧後，他就打道回府了。

至於「林」這一邊，付起錢來總是不乾不脆的。
對了，去勝丸先生那邊瞧瞧吧。

※「呼哈」……水木茂漫畫作品中的特有詞彙，常用於驚訝、感嘆之時。

鈴木勝丸老師的地方離我不遠，我決定拜訪一下。首先，在看過這棟建築物之後，我不禁「呼哈」地大吃了一驚；走進去一看之後，更是「呼哈」地嚇了一大跳，東西滿到根本走進不去。

阪神画劇社

歡迎歡迎。
啊，倒杯紅茶吧。
該怎麼說呢，用字遣詞雖然很優雅……
不了，我站在這裡就好。

你家是在水木通上吧，水木先生。
我叫武良。

那種事情一點都不重要，水木先生。
你來的正是時候呢，水木先生。

不，我叫武良。
現在，日本第一的紙芝居畫家加太浩二大師，

正好來到了神戶，水木先生。
方便的話，請讓他在你那邊借宿。

對了，有關工作的部份，你就來當我的專屬畫家……
這樣啊。

因此，水木先生…
……

不管怎麼樣，他都只肯叫我「水木先生」。
實在拿他沒辦法，只好在畫紙芝居時把筆名寫作「水木茂」，於是也漸漸習慣了。

生活也漸漸安定（？）下來了，所以就讓大師住在我這裡。
這位就是大師。
我是加太，請多指教。

談到日本紙芝居界的現況，大師不但說話很快，聲音還很尖。不知為何，話題居然轉到煙管上頭了。
武士拿煙管的方式，跟平民的拿法大有不同。

你分得出來嗎？
我不知道。

就像這樣，我加入了這個團體，也當上了紙芝居畫家……

人生中自有「命定」。每當遇上這種命運的安排時，就好像有一位隱形的木工正在組裝房子一樣，
叩叩叩的，天衣無縫地彼此契合。而跟這個團體的相遇，就是「命定」的產物。

第14章 復興的徵兆

※「道奇」（一八九〇～一九六四）……美國銀行家。財政家。於二戰戰後擔任日本和德國經濟政策顧問。於昭和二十四年（一九四九）來到日本，制定「道奇路線」，使日本經濟逐步恢復穩定，為日後發展奠定基礎。

從昭和二十三年（一九四八）至二十五年前半，不但企業財務吃緊、失業者也不斷增加。

在昭和二十四年二月來日的GHQ財政顧問※約瑟夫・道奇，

依日本經濟再建政策（經濟安定九原則）而訂下「道奇方針」。這是為了阻止通膨而採取的激烈手段，讓國民租稅負擔達到國民所得的27%。而以中小企業為中心的金融也深受其苦，失業者逐漸增加、

勞資糾紛頻傳的原因也是出自於此。在付出這些犧牲之後，日本的資本主義終於走向重生。

在昭和二十五年（一九五〇）一月七日發行千元鈔之時，就文化層面來說，令人感覺到日本重生的事件也接連登場。
生活在通膨和失業之中的國民們，從中看到了日本的成長，心靈也因此獲得了撫慰。

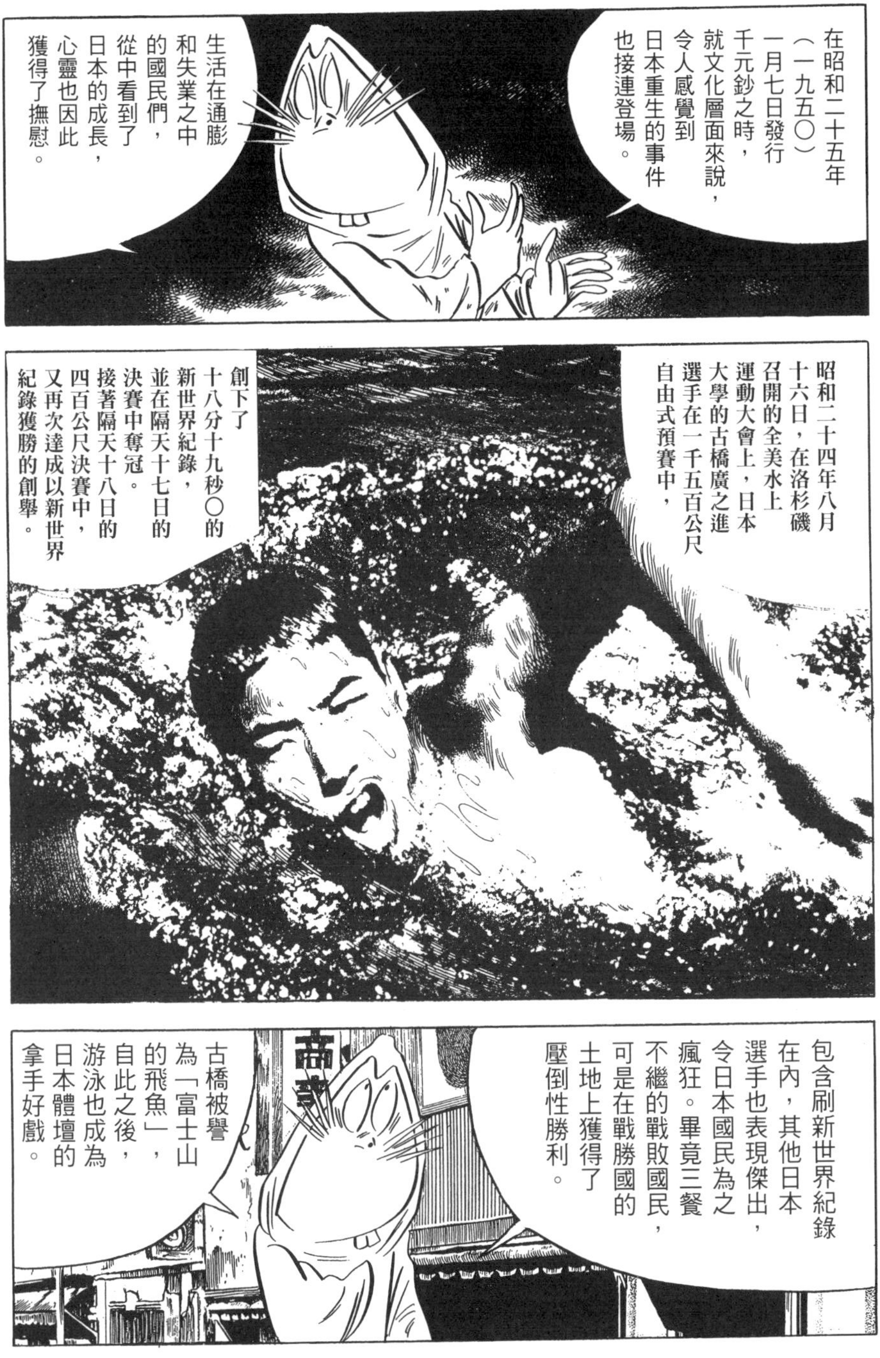

昭和二十四年八月十六日，在洛杉磯召開的全美水上運動大會上，日本大學的古橋廣之進選手在一千五百公尺自由式預賽中，

創下了十八分十九秒〇的新世界紀錄，並在隔天十七日的決賽中奪冠。接著隔天十八日的四百公尺決賽中，又再次達成以新世界紀錄獲勝的創舉。

包含刷新世界紀錄在內，其他日本選手也表現傑出，令日本國民為之瘋狂。畢竟三餐不繼的戰敗國民，可是在戰勝國的土地上獲得了壓倒性勝利。
古橋被譽為「富士山的飛魚」，自此之後，游泳也成為日本體壇的拿手好戲。

同年昭和二十四年十一月三日，※湯川博士榮獲諾貝爾物理學獎。

國民因此重拾了自信：即便是戰敗國出身，只要腦袋一流的話，一樣能獲得世界肯定。

翌年二十五年四月，舉辦第一屆日本小姐選美比賽，

由京都出身的山本富士子當選日本小姐，以和平大使的身份被派往美國。

在這些正面消息之下，日本人雖然可以從中自我確認，並獲得自信⋯

另一方面，因戰敗而生的心靈頹喪仍然徘徊不去。昭和二十四年十月十八日，警視廳

※「湯川秀樹」（一九〇七～一九八一）⋯⋯物理學家。一九三五年提出核子的介子理論，並預言介子的存在。於一九四九年成為第一位榮獲諾貝爾物理學獎的日本人。

下令取締興奮劑（安非他命）。安非他命其實是戰爭的產物，用來消除熬夜工作的睡意，以及維持

特攻隊員的精神亢奮狀態，

卻在戰後大為流行，尤其跟這個時期的
古城

頹廢氛圍一拍即合。在小說家和藝人之間，
也有不少愛用者。

相傳日本全國的上癮者高達八十萬人。

昭和二十四年十一月二十四日晚間，東京銀座的金融業者「光俱樂部」社長山崎晃嗣，因資金周轉不靈而服用氰化鉀自殺。

山崎雖然是東大法學部的學生，卻信奉金錢萬能主義，而經營起冷酷無情的金融業…

旗下社員一度達三十人之多。這種金錢萬能主義儼然成為戰後新時代的象徵，

報章雜誌也爭相採訪。他卻因涉嫌違法金融操作而遭到調查，最後陷入了經營危機，

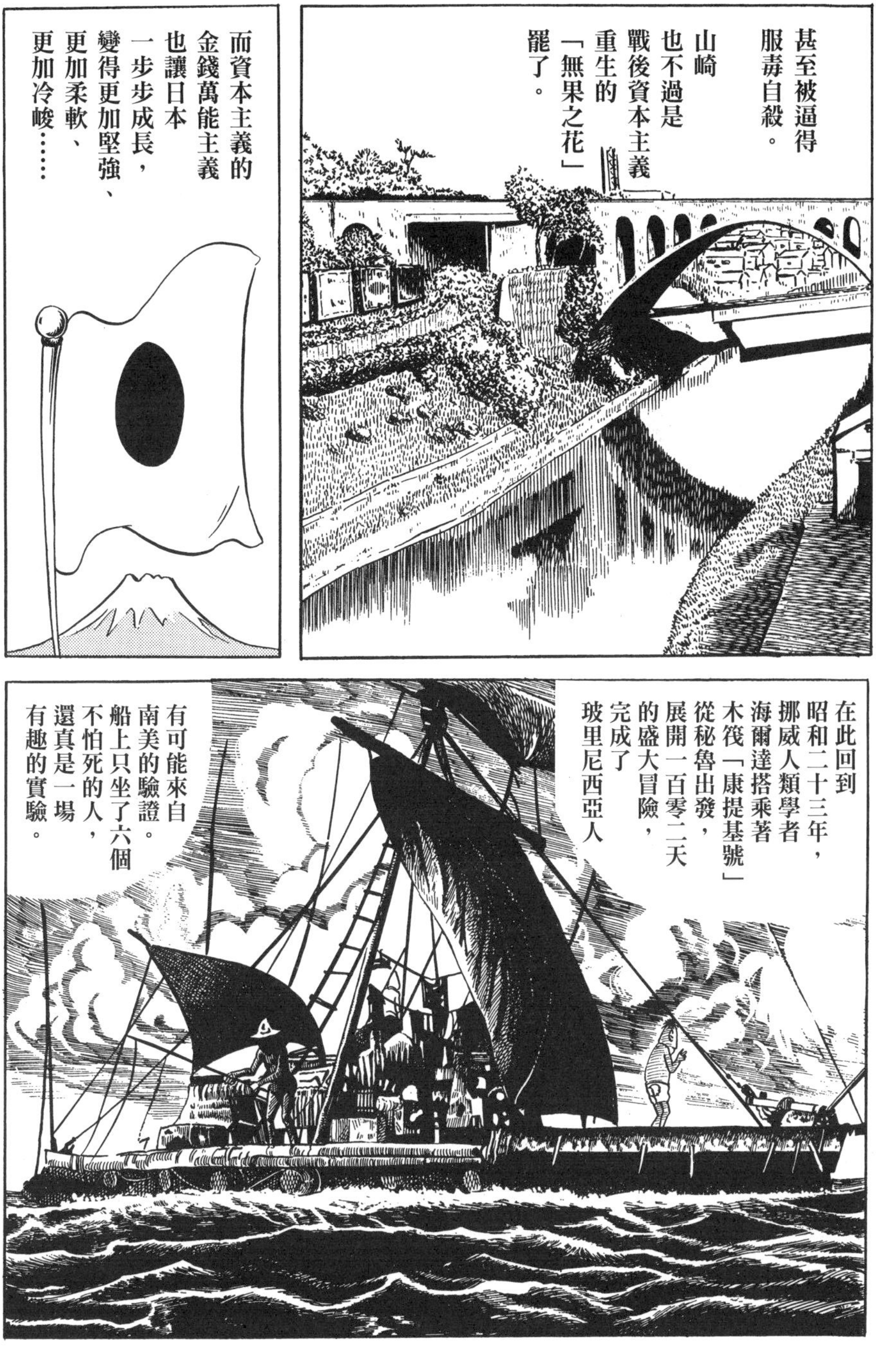

甚至被逼得
服毒自殺。
山崎
也不過是
戰後資本主義
重生的
「無果之花」
罷了。

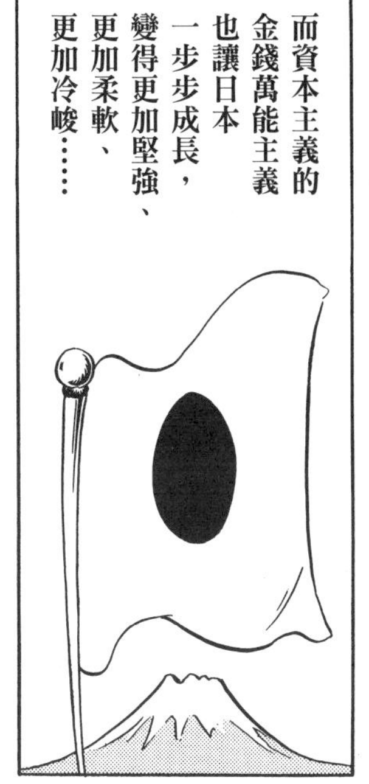
而資本主義的
金錢萬能主義
也讓日本
一步步成長，
變得更加堅強、
更加柔軟、
更加冷峻……

在此回到
昭和二十三年，
挪威人類學者
海爾達搭乘著
木筏「康提基號」
從秘魯出發，
展開一百零二天
的盛大冒險，
完成了
玻里尼西亞人
有可能來自
南美的驗證。

船上只坐了六個
不怕死的人，
還真是一場
有趣的實驗。

＊隨流星占卜自己的命運／何處才會是我今日的歸宿

此時的我，身兼紙芝居畫家和出租公寓經營者（？）。公寓共有十間房，我跟父親、弟弟、嫂嫂和姪兒同住。

正當我覺得肚子餓而在街上徘徊時，竟遇見了昔日老友。

＊口中抽著香煙、吹著口哨／流浪在這個漫無目的的夜裡

＊鏘鋃鋃鏘鋃鋃

啊，
好久
不見了。

你現在
在幹
哪一行？
我在畫
紙芝居。

都賺不了
什麼錢⋯⋯
你還在
街頭募款
呀？

畢竟沒地方
肯雇用我，
實在沒辦法
⋯⋯
啊，
裡頭的錢
還真不少。

要不要
去吃
烏龍麵？
嗯，
我也餓了。

うどん 20
そば 20
前田那傢伙
自殺了，
阿吉也死了。

＊咂—

人生在世，
臉皮不厚點
可不行。

＊稀哩呼嚕
來三瓶彈珠汽水。
氷

怎麼了，居然還請我喝彈珠汽水。
別客氣，我們不是戰友嗎？

＊哎呀—
うひゃ〜っ
不管何時喝彈珠汽水，都這麼好喝。

對了，我沒錢住旅館，就拜託你了。
呃噫……

房間裡只有一張床喔。

沒關係，我可以睡床下。

就你家來說，也未免太漂亮了。

＊吵雜

がやがやがや

房間雖然不錯，但似乎有點吵呢。
嗯，是隔壁的房間。

對方好像都是晝伏夜出呢。
是幹哪一行的？

小東西，不成敬意。
啊，是隔壁的房客，真不好意思。

呼哈，是西洋糕點。

馬上來享用吧。

他每次都會送禮呢。
這矮子做人還真客氣。

每次都有四、五個人留下來過夜。
在四疊半的房間嗎……？

是三疊。
ドトトトトン
＊碰碰咚
啊，又來了。

真不好意思，這可以寄放在你這裡嗎？

老是受你照顧了。
不會。

ゴトゴトゴトゴト
＊窸窸窣窣

怎麼了，你還真早起。

祭典在等著我呢。
祭典？

沒站在香油箱旁的話，**生意**就會比較差。
那位置非常搶手，不早點去就會被佔走。

還真辛苦呢。
那我先出門囉，再見。

＊鼾—鼾—

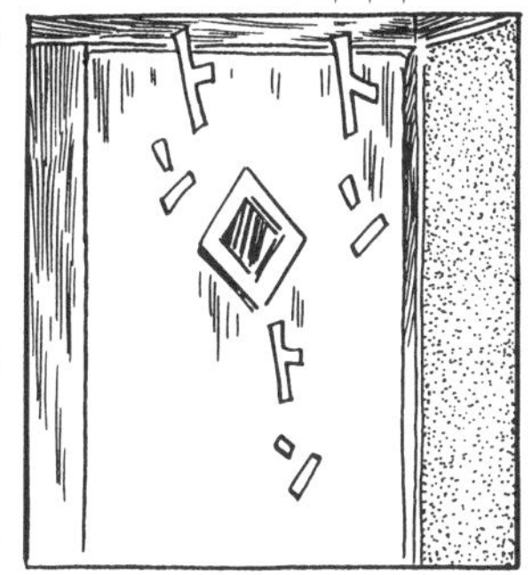
＊叩叩叩

誰呀，一大早就這麼吵。
哪位！

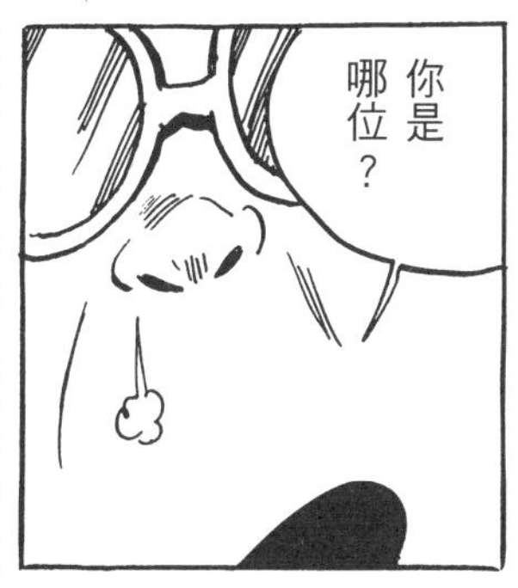
你是哪位？

這是我的名片。

啊。
可以讓我們暫時待在這裡嗎？

＊咚咚咚
ドカドカ
啊，人數還真多呢。

＊竊竊私語
＊叩叩叩

ひそひそひそ
真傷腦筋，這麼一來就算想工作也沒辦法。

ドンドンドン

畫好了嗎？

抱歉，打擾了。
他們是誰？
好像是警察。

啊，根本什麼都沒畫嘛。
不在今天三點前上漆的話，就趕不及了。
ブルブン

我會在三點前拿過去的。

好像打擾到你們了，那我們先失陪了，

那就拜託你作畫了。
好的。

＊叩叩叩

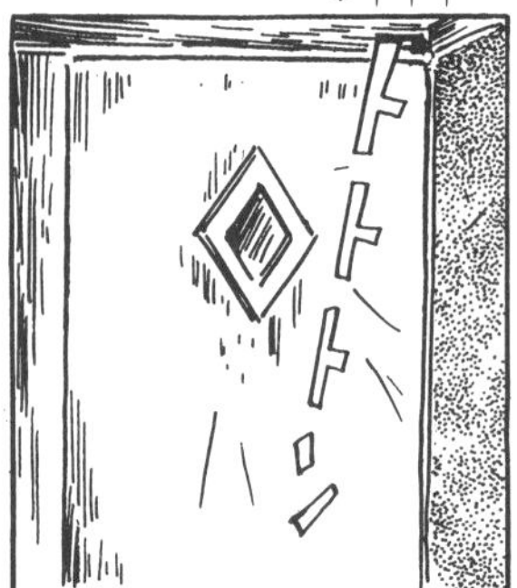
トトトン

？

打擾了。
今天來的人還真多。

我們是丸橋的警察。
警察剛剛才來過呢。

啊，他們應該是白黑署的人吧。
轄區雖歸白黑署，但這起事件是我們先……

事件指的是什麼？
應該待會就知道了吧。

我們要在這裡監視請借我們待一下。
監視？

我好不容易畫完了，把成品包好，一路跑到「勝丸畫劇」。

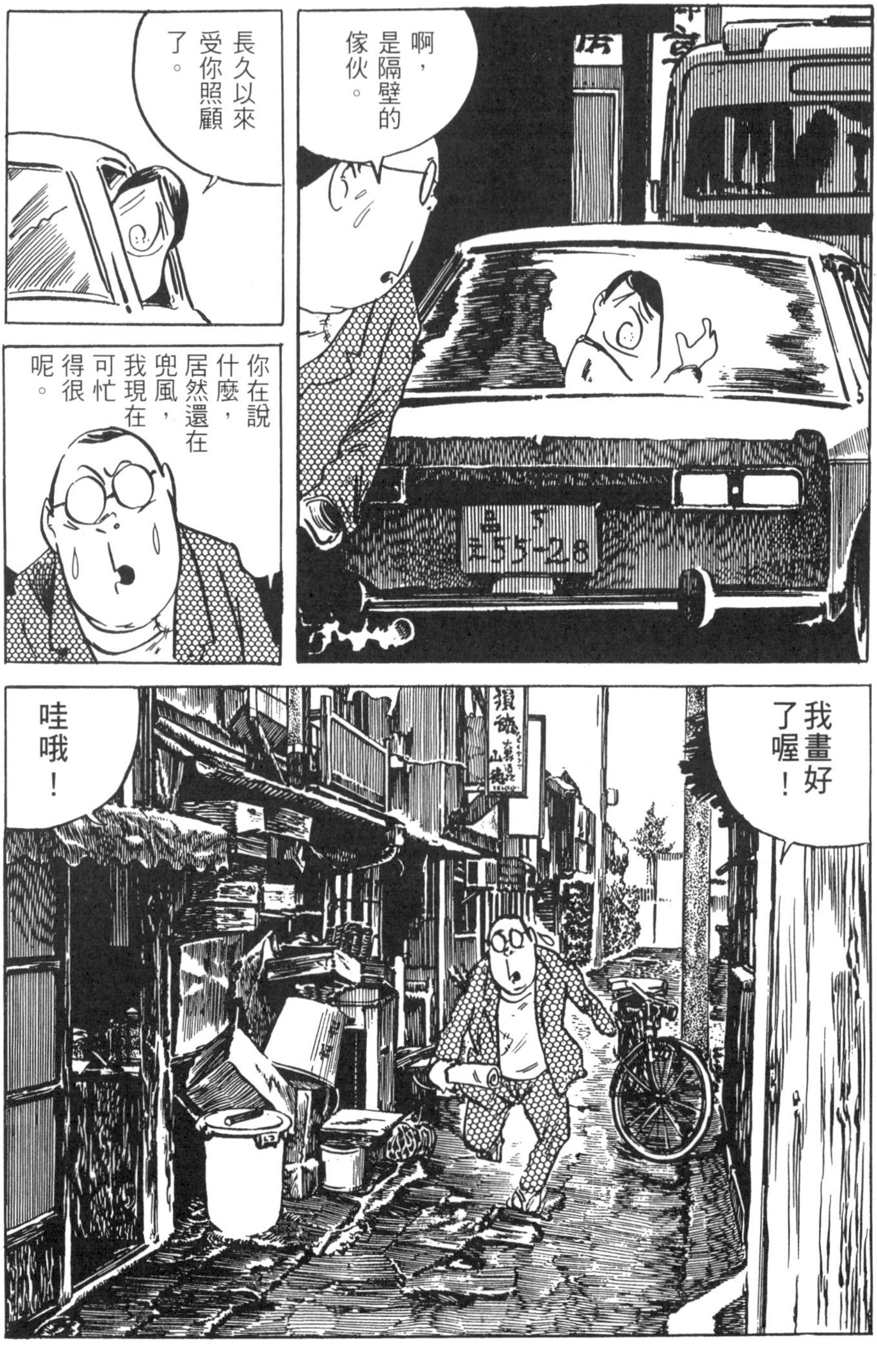

啊，是隔壁的傢伙。

長久以來受你照顧了。

你在說什麼，居然還在兜風，我現在可忙得很呢。

我畫好了喔！

哇哦！

把刷子拿過來。
來了——

那個⋯⋯稿費⋯⋯

現在手頭緊，再等兩、三天吧。
抱歉，我也是萬分不得已。

＊議論紛紛
ガラリの甘言 危い危い
ガヤガヤガヤ
對呀，要是爆發槍戰，我就沒命了。

呼哈。
回到公寓一看，居然擠滿了人。

＊議論紛紛
ガヤガヤガヤ

怎麼了？
出了什麼事嗎？

啊，就是他。他是住在隔壁的畫家。
啊，我們是NHK。

＊哈哈哈哈哈
幸好你保住了一條小命。
ははははは
怎麼了嗎？

國際黑幫集團遭到逮捕了，就住在你隔壁。
是宮崎先生嗎？

＊哈哈哈哈
請問你有什麼感想？
はははは
所以他剛剛在車上是被抓了。

我實在無法相信。

如何，住在這附近的心情是…
我害怕到心臟都快停了呢。

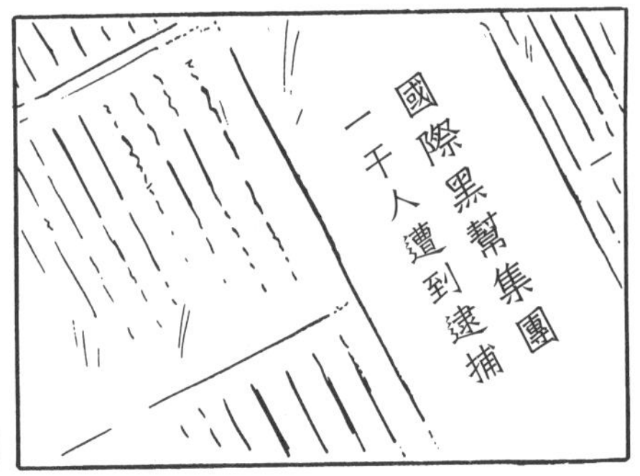
國際黑幫集團
一千人遭到逮捕

哦哦，沒想到那個矮子居然是
國際黑幫集團的首領……

兩、三天之後……

*叩叩

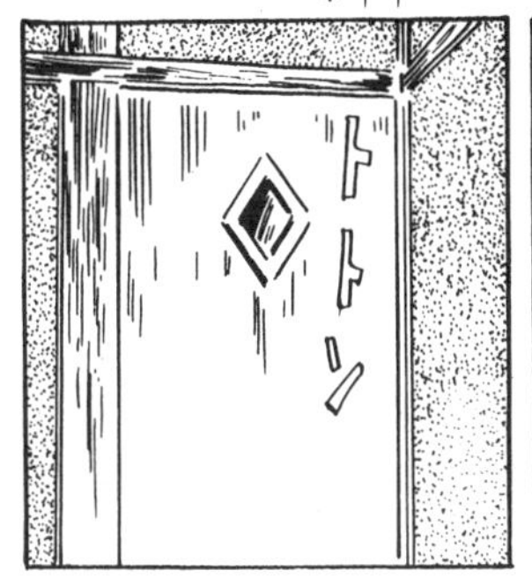
トトン

請進。

我是宮崎的父親……

聽說他有東西寄放在你這裡……

啊，是這個嗎？
實在感激不盡。

我呀……

我總是像這樣到處幫兒子擦屁股，唉。

是喔……
這已經是第四次了。

都讓這個獨子去上大學了，途中卻……

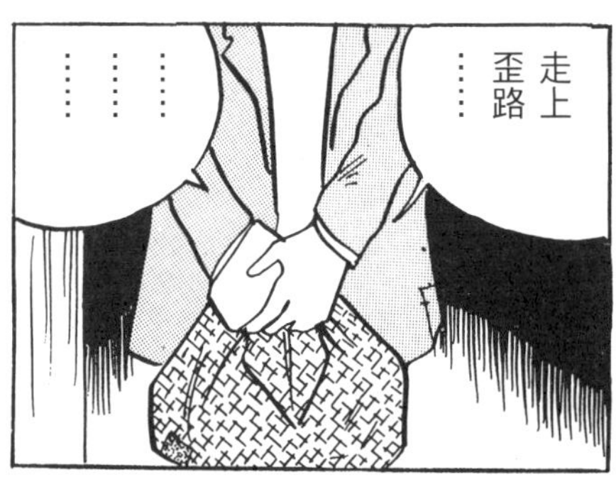
走上歪路……
…… ……

抱歉，事情鬧得這麼大。
不會……

紙芝居的稿費也老是遲付，我搬到西宮的今津。從此時起，紙芝居就開始走下坡了……

就像這樣，當時社會上每個人都漂散著一股既貧窮又悲哀的滑稽氛圍。我也還不出債，最後不得不賣掉公寓。畢竟我身上就是沒錢，實在無計可施。

第15章 朝鮮半島開火

＊砰砰砰砰砰砰

昭和二十五年
（一九五〇）
六月二十五日
凌晨四點，

朝鮮半島的
軍事分界線
「三十八度線」上
突然開戰，
北韓軍衝破了
軍事線，
開始南下！

北韓軍一路逼近到
韓國首都首爾的
四十公里之外，
韓戰就此爆發。
美國立刻決定
對韓國進行
軍事支援，

並要求召開
聯合國安全
理事會。
在蘇聯的
缺席之下，
決議要求
北韓軍撤退。

對於隔一座海峽
而鄰的日本來說，
韓戰的影響之大。
戰爭爆發後不久，
北九州地方就
開始謠傳，
日本又要陷入
戰爭之中了。

人們也為之
惶惶不安，
幸好戰火
並未延燒
至日本。

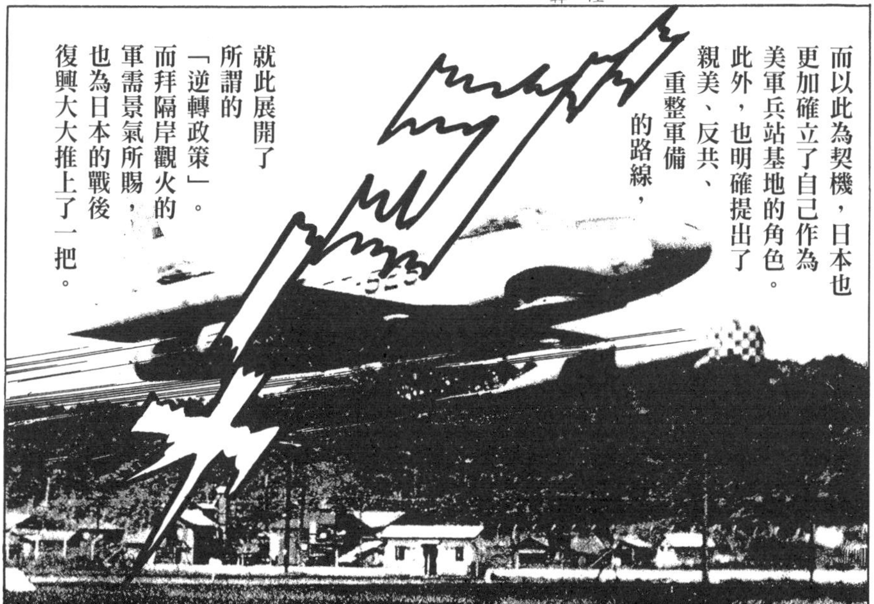

＊轟—隆

而以此為契機，日本也
更加確立了自己作為
美軍兵站基地的角色。
此外，也明確提出了
親美、反共、
重整軍備
的路線，

就此展開了
所謂的
「逆轉政策」。
而拜隔岸觀火的
軍需景氣所賜，
也為日本的戰後
復興大大推上了一把。

逆轉政策的第一步就是赤色清洗。昭和二十五年七月十四日，法務府特別審查局
對德田球一、野坂參三等九名共產黨幹部發出逮捕令，理由是他們拒絕因違反團體等規制令而出面自首。

九人立刻轉入地下，展開非法運動。幾乎同一時間，

GHQ也下令解除共產黨員公職，並停止發行共產黨機關報《赤旗報》。

七月二十四日，甚至勸告一般媒體機關，開除旗下的共產黨員及其支持者。
七月二十八日，東京的報社、電台共有七〇二人遭到解雇，勞工運動也自前一年開始不斷弱化。

於是赤色清洗的反對運動，一直無法聚焦。
日本也踏上了重建軍備之路，在韓戰爆發半個月之後的昭和二十五年七月八日，麥克阿瑟下令要吉田首相

新設立七萬五千人的警察預備隊，並在八月十日公佈警察預備隊令，十三日起開始召募隊員，日後的自衛隊便是由此而來。

與赤色清洗正好相反的「追放解除」也在此登場。
昭和二十五年十月十三日，過去為了負起戰爭責任而被剝奪公職者，在申請的三萬人中共有一萬人獲得復職。

隨著警察預備隊的設立，舊軍關係人士的解除條件也變得比較寬鬆。此後一直到昭和二十七年為止，逐步放寬了禁制。

昭和二十五年八月二十五日，美軍決定於橫濱設立在日兵站司令部。

事情進展得非常快速，運輸總額從昭和二十四年的五億美金，

到了昭和二十五年已升至八億美金。外匯存底則從昭和二十四年底二億美金，到昭和二十六年底已急升為九億美金。

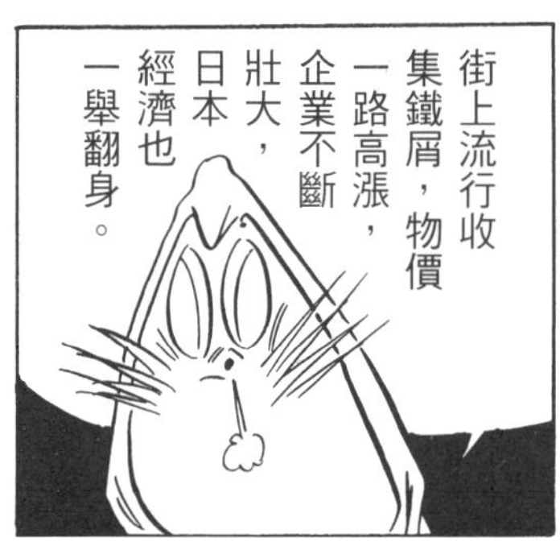
街上流行收集鐵屑，物價一路高漲，企業不斷壯大，日本經濟也一舉翻身。

與日本的欣欣向榮截然不同，朝鮮半島上激戰不斷。

昭和二十五年六月二十五日韓戰爆發之後，於七月七日組成由美軍所率領的聯合國軍，投入朝鮮半島。

進入八月之後，聯合國軍開始正式反攻。九月十五日深夜二點，阿爾蒙德少將指揮的美、英、韓大軍

在仁川登陸。這是一場旨在奪回首爾，並夾擊北韓軍的盛大作戰。

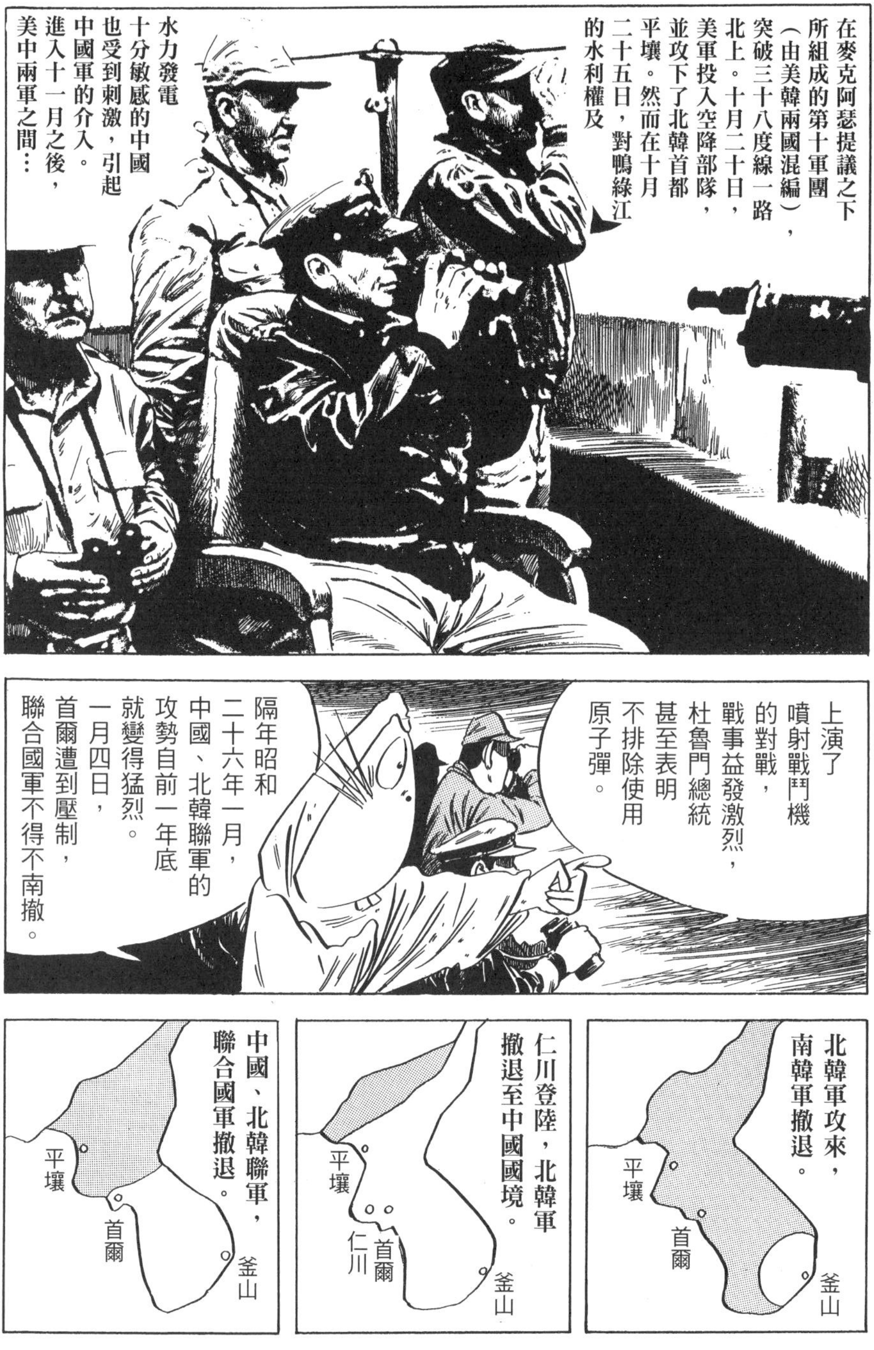

在麥克阿瑟提議之下所組成的第十軍團（由美韓兩國混編），突破三十八度線一路北上。十月二十日，美軍投入空降部隊，並攻下了北韓首都平壤。然而在十月二十五日，對鴨綠江的水利權及水力發電十分敏感的中國也受到刺激，引起中國軍的介入。進入十一月之後，美中兩軍之間…

上演了噴射戰鬥機的對戰，戰事益發激烈，杜魯門總統甚至表明不排除使用原子彈。
隔年昭和二十六年一月，中國、北韓聯軍的攻勢自前一年底就變得猛烈。一月四日，首爾遭到壓制，聯合國軍不得不南撤。

北韓軍攻來，南韓軍撤退。
平壤
首爾
釜山

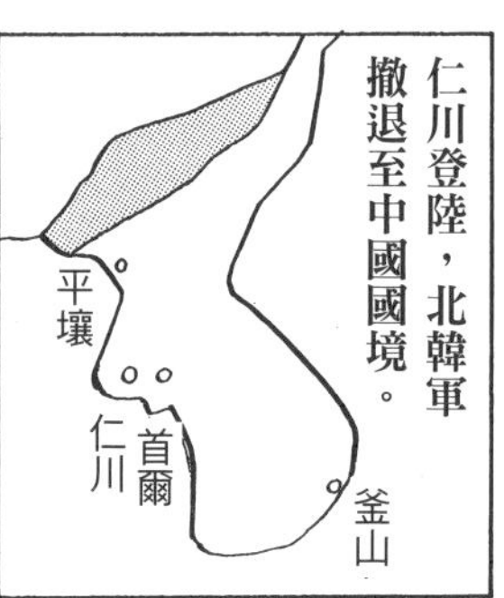
仁川登陸，北韓軍撤退至中國國境。
平壤
仁川
首爾
釜山

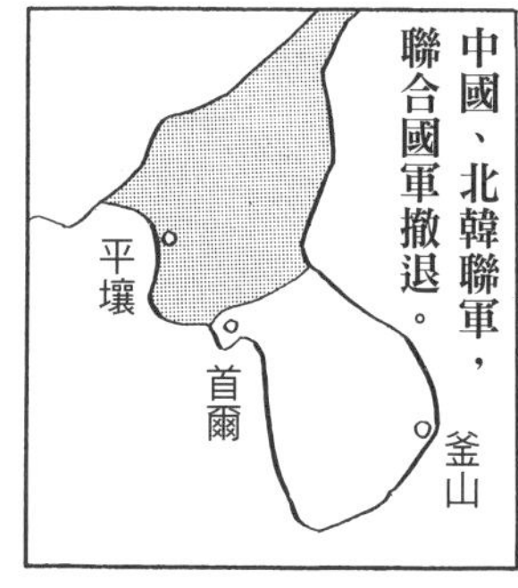
中國、北韓聯軍，聯合國軍撤退。
平壤
首爾
釜山

三月十五日，
隨著中國、北韓軍
開始從首爾撤退，
南韓軍也奪回了首爾。
可是在四月十六日，
麥克阿瑟的聯合國軍
最高司令官一職
遭解除而離開日本。
據傳是因為招致
中國軍的介入，
他才與杜魯門
總統意見對立。

他留下一句「老兵不死，
只是凋零」而離開日本，
就連麥克阿瑟這樣的強人
都會遭到「解任」……
這讓當時的日本人
感到非常訝異。

街頭巷尾盛傳，
麥帥是打算攻進中國，
而遭到杜魯門阻止。
七月十日，
在開戰的一年後，
終於開始交涉停戰。

然而停戰會談從第一天就陷入僵局，戰事仍不斷持續，包括空襲。
昭和二十八年（一九五三）七月二十七日，在※板門店簽署停戰協定，這場漫長又奇妙的戰爭，終於在表面上暫時平靜了下來。

死傷為南韓三十萬人、美軍十四萬人，北韓、中國合計共二百萬人。而南北韓之間的緊張對立，始終不曾化解。

拜韓戰之賜，隨著日本逐漸富足，幹紙芝居這行的人，
也就是敲著拍子木、賣著糖果，被稱為「賣人」的紙芝居從業者，也逐漸解減少。因為薪水較高的工廠林立，讓紙芝居逐漸衰退……

※「板門店」……位於朝鮮半島北緯三十八度線上的非武裝地帶。板門店周邊為「共同警備區」，分別由聯合國軍和北韓軍管理。二〇〇六年，美方把板門店的警備任務移交南韓。

第16章 紙芝居的凋零

最近都不怎麼受歡迎呢。

這部《墓場的鬼太郎》怎麼樣？

我雖然拼命畫著鬼太郎，但過了
兩、三天後…

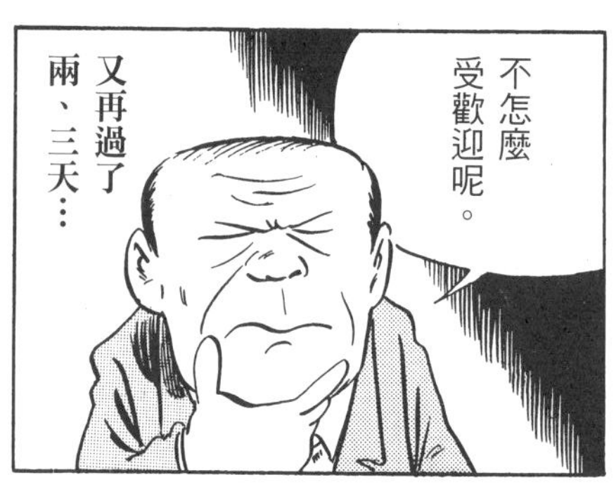
不怎麼受歡迎呢。
又再過了兩、三天…

實在不受歡迎呢。
呼哈。

不受歡迎的意思是指，賣人們的糖果銷路不佳，
而這對老板來說，可就大事不妙了。

哎呀，這位老師也不知何時會流落街頭。
呼哈。

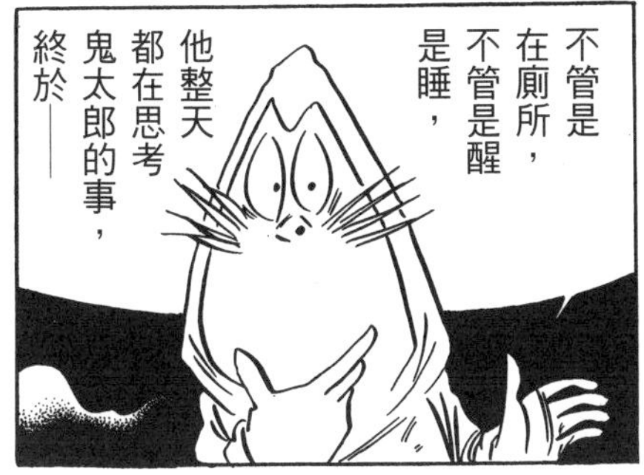
不管是在廁所，不管是醒是睡，他整天都在思考鬼太郎的事，終於——

這次大賣了。
呼哈。

然而只撐了不到一個月，
又得繼續畫出新作品來大賣不可。

這次就主打《河童三平》吧。

但裡頭有太多河童出場，因而失敗，畫到四十集就半途腰斬。
下一部作品務必大賣，否則就**死**定了。

受到這一席話的刺激，身體也不由得發起抖來。
總之，每天都得上演弱肉強食之爭，而且付錢又拖拖拉拉的。好比某次過年時，

如果把這三千元付給你的話，我就沒辦法過年了。
真的很辛苦。

這筆錢實在很不容易。
聽他這麼一說，就像我做了什麼壞事一樣。

就連每個月只去一次的喫茶店都得戒掉了。家中不僅有母親、嫂嫂、侄子，被關了八年的哥哥也從巢鴨出獄，與我們同住，實在很不好受。

接下來該如何是好呢。
這是我該說的話吧。
水木先生還算好的了，我們家可是有四個小孩……

景氣差的時候，紙芝居往往表現得特別強勁，一定沒問題的。
東京的加太大師這麼說。

可是就連賣人都越來越少了。
勝丸先生要不要一起吃個飯？

不了，就連稿費都付不出來了，怎麼能⋯⋯
當時也曾有過這一番悲傷的對話。

逼不得已，家中空間雖小，但還是只好將樓下租給柏青哥店。
一大早就叮鈴噹啷的，吵死人了。

經營者雖然才剛新婚，卻像被「惡靈」附體，得了肺炎猝死，最後連房租都沒收到。

當時我畫了《巨人哥吉拉》講鬼太郎和大海獸的故事，因此大受歡迎，

スイス堂

三菱カラー

但收入卻毫無增加。
即便如此，還是畫到一百集了呢。
那接著就畫「貓女」吧。

此後的兩、三個月，完全沒收到稿費。
究竟是怎麼回事？

四國的據點沒送錢來，
京都也不行了。

再這樣下去，這個行業也快不行了。
不行？

沒錯，不趕快想點辦法的話，就要餓死了。
餓死！

總之，如果想多活一天的話，就只能大賣了。
整個業界都快不行了。

就讓《小人橫綱》大賣特賣，好多撐上一個月吧。
呼哈，一個月？

每天幾乎都不眠不休地工作，竟然還無法**糊口**……
沒有比這更蠢的事了。
實在令人難以置信。
不久之後，就連態度強硬的加太大師也……從東京跑過來了。

在東京轉攻※貸本漫畫的人越來越多了唷。
是喔？

不知道我能不能勝任。
這個嘛，每十人中頂多一、兩個人合格吧。

其他人要怎麼辦呢？
改行賣木炭之類的。

如果我去東京的話，還行嗎？
只能暫時先畫紙芝居，同時兼畫貸本漫畫了。

這又能維持到何時呢……
可是再這樣下去的話……

沒錯，只能餓死了。
餓死！

※「貸本漫畫」……有別於一般書籍，為專門出版來流通於租書店的出租漫畫。印刷品質較赤本漫畫高。全盛期約為一九五〇年代末至一九六〇年代。

那我就去東京了。
咦！
你會送點錢回來嗎？

嗯……
行李呢……

就只有五枝筆和染料而已。
紙芝居是用染料畫的，所以是必需品。

我帶著五枝筆和染料，坐上前往東京的火車。那是昭和三十二年（一九五七）的事。哥哥嫂嫂為我做了六個飯團。

一個行業要凋零，果然是非同小可之事。我就算去了東京，也不保證有辦法生存。不過，如果想要存活，就只有勝利一途了。戰爭並沒有在南方落幕。究竟是生是死，請見下集激戰大東京篇——

漫畫昭和史　從終戰至韓戰｜完

主要參考文献

《1億人の昭和史》　毎日新聞社

《決定版昭和史》　毎日新聞社

《現代人名情報辞典》　平凡社

《広辞苑》　新村出・編　岩波書店

《国語辞典》　講談社

《コンビの研究》　半藤一利　文藝春秋

《最新昭和史事典》　毎日新聞社

《写真集　日本の軍艦》　福井靜夫　KKベストセラーズ

《写真週報》（昭和16年7月9日版）　内閣印刷局

《十五年戦争時代目録》（上・下）　松田光生　葦書房

《昭和史探訪》（1・昭和初期）　三國一利・井田麟太郎　角川書店

《昭和の反乱　三月クーデターから二・二六事件まで》（上・下）　石橋恒喜　高木書房

《昭和の歴史》（文庫版1〜7）　小學館

《世界地理風俗大系》　新光社

《大事典Ｄｅｓｋ》 講談社
《大辞林》 三省堂
《大東亜戦争・海軍作戦写真記録》（昭和17年12月1日版） 大本營海軍報道部編纂
《太平洋戦争》（中公新書84） 児島襄 中央公論社
《天皇陛下の昭和史》（87年版） 松村明・編 雙葉社
《20世紀全記録》 講談社
《日本海軍艦艇発達史》 潮書房
《日本近現代史辞典》 東洋經濟新報社
《日本軍閥暗闘史》（中公文庫） 田中隆吉 中央公論社
《日本史年表》 河出書房新社
《日本の戦史》 毎日新聞社
《日本の歴史》（週刊朝日百科） 朝日新聞社
《日本の歴史》（第24巻　中公文庫） 大内力 中央公論社
《敗因を衝く―軍閥専横の実相》（中公文庫） 田中隆吉 中央公論社
《報道写真にみる昭和の40年》 讀賣新聞社

大河 22

漫畫昭和史(3)
コミック昭和史(3)

作者——水木茂
譯者——酒吞童子
執行長——陳蕙慧
總編輯——李進文
責任編輯—陳柔君
編輯——徐昉驊、林蔚儒
行銷總監—陳雅雯
行銷企劃—尹子麟、余一霞
封面設計—霧室
排版——極翔企業有限公司

社長——郭重興
發行人——曾大福
出版者——遠足文化事業股份有限公司
地址——231新北市新店區民權路108-2號9樓
電話——(02)2218-1417
傳真——(02)2218-0727
電郵——service@bookrep.com.tw
郵撥帳號—19504465
客服專線—0800-221-029
網址——http://www.bookrep.com.tw
Facebook—日本文化觀察局(https://www.facebook.com/saikounippon/)
法律顧問—華洋法律事務所 蘇文生律師
印製——呈靖彩藝有限公司

初版一刷 西元2017年11月
初版十三刷 西元2023年03月